U0504596

国家社科基金后期资助项目
出版说明

后期资助项目是国家社科基金设立的一类重要项目,旨在鼓励广大社科研究者潜心治学,支持基础研究多出优秀成果。它是经过严格评审,从接近完成的科研成果中遴选立项的。为扩大后期资助项目的影响,更好地推动学术发展,促进成果转化,全国哲学社会科学工作办公室按照"统一设计、统一标识、统一版式、形成系列"的总体要求,组织出版国家社科基金后期资助项目成果。

全国哲学社会科学工作办公室

国家社科基金
GUOJIA SHEKE JIJIN HOUQI ZIZHU XIANGMU
后期资助项目

国际商事
仲裁裁决效力研究

The Effect Of International Commercial
Arbitral Award

杨桦　著

上海三联书店

目　录

引　言

一、选题的意义

　　一般认为,法律意义上的仲裁制度起源于奴隶制的古希腊与古罗马时期,但直到英国议会于 1697 年承认仲裁制度并于 1889 年制定仲裁法,以及瑞典于 1887 年正式制定有关仲裁的法律,现代意义的仲裁制度才告诞生。发展至今,国际商事仲裁制度的内容不断丰富,体系日趋完善。可以说,仲裁(特别是国际商事仲裁)已成为除司法诉讼外的最具效用和最制度化的一种纠纷解决方法。许多国家都已通过国内立法的形式来规范国际商事仲裁,以增强仲裁的法律性和仲裁裁决的法律效力。尤其是在以《承认和执行外国仲裁裁决公约》(以下简称《纽约公约》)与《联合国国际贸易法委员会(UNCITRAL)国际商事仲裁示范法》(以下简称联合国《国际商事仲裁示范法》)为代表的国际条约之推动下,国际商事仲裁制度的趋同化特征显现,各国均引导该制度向更加规范化的方向快速发展。在发展的道路上,国际商事仲裁裁决效力问题的重要性日益凸显。

　　首先,对国际商事仲裁裁决效力问题的研究,有利于明确仲裁在国际民商事纠纷解决中的角色和作用。当事人选择通过仲裁来解决纠纷的目的是想取得确定的、最终的解决方案。尽管这个“最终”相较于法院的判决结果而言只是相对的,但这种“相对”也绝不是将仲裁作为诉讼的前置程序,并使其依附于诉讼。如果国际商事仲裁裁决的效力不确定且能够随意更改,那么这不仅有损于仲裁庭的权威,而且也会使当事人失去对仲裁的信心。所以,国际商事仲裁裁决效力理论的完善,有助于维护仲裁的权威,巩固仲裁在民商事纠纷解决中的独立地位,从而有利于纠纷的最终解决。

　　其次,对国际商事仲裁裁决既判效力的科学认识,有助于明确当事人的合约义务,从而促进裁决的执行。在司法诉讼中,为了解决判决的终局性问题,法律设置了“既判力”制度和“一事不再理”原则;在国际商事仲裁中,裁决的“既判力”制度和“一事不再理”原则被赋予了新的意义,成为了裁决效力理论的核心内容。终结性不仅是仲裁权的权威性之体现,而且是对当事人遵守合约的要求。通常,各国的仲裁立法和一些国际组织与仲裁机构的仲裁规则中都会有类似"仲裁裁决是终局的,对双方均有约束力"的规定。例如,1998年的《德国民事诉讼法典》第1055条规定:"裁决是终局的,对当事人具有相当于法院判决的拘束力。"1996年的《英国仲裁法》第58条"裁决的效力"规定:"除非当事人另有约定,仲裁庭根据仲裁协议作出的裁决是终局的,对当事人及通过当事人或以其名义提出请求者均有约束力。"《联合国国际贸易法委员会仲裁规则》第32条第2款规定:"裁决应以书面作出,并应是终局的和对当事人双方具有约束力的。双方承担立即履行裁决的义务。"2021年的国际商会国际仲裁院《仲裁规则》(以下简称《国际商会仲裁规则》)第35条第6款规定:"凡裁决书对当事人均有约束力。通过将争议提经本规则仲裁,各当事人负有毫无迟延地履行裁决的义务,并且在法律许可的范围内放弃了任何形式的追索权,但以该放弃为有效作出为条件。"这也就是说,在双方通过签订仲裁协议之方式,决定将纠纷提交仲裁之时,当事人便为自己创设了两项主要的合同义务:其一,不得请求法院或者其他国家机关裁处的义务;其二,履行仲裁裁决的义务。[1]根据"约定必守"原则,既然当事人双方同意以仲裁的方式解决纠纷,那么这就意味着当事人自愿臣服于仲裁庭的权威,而且自动执行仲裁裁决是合同的应有之义。任何一方不能自动执行仲裁裁决之举动,都可以被视为违约行为。

再次,公正与效率是任何纠纷解决方式都在追求的价值目标,而国际商事仲裁裁决效力理论的提出,不仅旨在发挥仲裁的高效优势,而且也意在保证裁决的公正。因此,在裁决公正性缺失的情况下[2],即使仲裁庭作出了最终裁决,裁决的效力也会被变更或者否定。总体而言,有关裁决公正性的制度设计可以分为内部审查和外部监督两个方面。一方面,随着国际商事仲裁案件的影响力和重要性之提升,国际商事仲裁案件应否受到司法监督、如何监督等问题已成为热点并受到学者们的广泛讨论。例如,国际商事仲裁司法监督的主体和内容、裁决撤销权的行使等问题的解决,关键在于如何把握司法监督的"度"。对仲裁与司法的关系问题之讨论只能奠定立论基础,裁决效力制度的构建才能最终确定"度"的标准。另一方

---

[1] 刘想树:《中国涉外仲裁裁决制度与学理研究》,北京:法律出版社2001年版,第66—67页。

[2] 国际商事仲裁裁决公正性缺失的情况包括但不限于管辖权有瑕疵、程序不当、实体错误、违反公共秩序等。

面,作为外部监督的司法监督自有其局限性,而仲裁的内部审查制度(如内部上诉机制)则可以全面解决裁决公正性缺失的问题,此种制度已在国际商品仲裁中有所实践。① 当然,关于司法监督与内部审查间的协调和取舍也是我们需要考虑的问题。

最后,虽然国际商事仲裁裁决效力理论的研究只是广袤深邃的仲裁制度中的一部分,但其对构建体系化、科学化的涉外仲裁制度是有所裨益的,尤其是在面对涉外仲裁裁决效力的认定、涉外仲裁裁决的承认与执行等现实问题时,其能够提供一种较为稳定、合理的问题解决思路。同时,现代国际商事仲裁制度的发展有赖于各国的法律政策。不管法院插手仲裁是多是少,这永远都是一种平衡做法,但这一平衡做法也会随时间与环境的改变而改变。平衡得好,上述做法就会起到支持本国仲裁的持续发展与增加本国仲裁的国际竞争力之作用,从而使得本国仲裁制度受到国际上的欢迎与信任,保证本国仲裁制度不会变坏,增强对本国仲裁制度的信心,并照顾到其他"非仲裁"的方面,如法律(特别是商法)的持续发展、与法院如何合理分摊工作量等。② 可见,国际商事仲裁已不再仅仅局限于作为一种纠纷解决的方式,其呈现出多元化的发展趋势。

二、国内外文献综述

国际商事仲裁裁决效力理论受各国诉讼制度的影响较甚,因此在研究裁决的效力时,各国学者不免都带有各自法系的特色。受语言之限制,在收集大陆法系的资料时,笔者多参阅中文译著或至多是英文著作,缺乏法语论著、德语论著等一手资料。所以,总体来说,本书的外文资料多以英美法系的论著为主。

(一) 国外文献综述

判决效力理论是民事诉讼法学的重要组成部分。大陆法系和英美法系在法律传统上存在差异,因此二者在民事判决效力的理论和制度构建上各有特色。大陆法系的学者习惯将判决的效力区分为形式效力与实质效力:前者主要包括拘束力与形式上的确定力,也有部分学者认为还应当包括形成力;后者包括既判力与执行力。英美法系学者未对判决效力进行细

① 如伦敦谷物饲料贸易协会(GAFTA),国际油、油籽和油脂协会(FOSFA),咖啡贸易联合会(CTF),伦敦稻谷经纪人协会(LRBA)等机构的仲裁规则都实行两级仲裁制,任何一方当事人对一审仲裁裁决不服的,都有权提起仲裁上诉。

② 杨良宜等:《仲裁法——从1996年英国仲裁法到国际商务仲裁》,北京:法律出版社2006年版,第182页。

致的划分,他们只是集中讨论"排除效力"原则。"排除效力"原则可分为
"请求排除"(claim preclusion)和"争点排除"(issue preclusion),"请求排
除"有时也被称为"既判事项原则"(*res judicata*)。如果继后诉讼依据的
是另一项请求,那么"争点排除"有时也被称为"间接禁反言"(collateral
estoppel)。

然而,在国际商事仲裁裁决的效力问题上,两大法系却有融合之势,主
要体现为裁决效力内容的聚集——以裁决的既判力和执行力为核心。即
使是在大陆法系国家,仲裁裁决的形式效力也并未被学者单独作为重点论
述的对象。① 但是,在裁决的既判力与执行力之外,大陆法系的学者会单
独提及仲裁庭的终止管辖,并在这部分内容中着重说明仲裁庭在裁决作出
后,将受裁决约束,但其可以对裁决书做出文书上的修改。从本质上说,上
述问题可以归属于裁决形式效力中的拘束力部分。虽然英美法系无形式
效力的概念,但在裁决书的补正、解释等问题上,其仍然有所规定和论述。

国际商事仲裁裁决的既判力问题是两大法系不约而同的讨论重点。
2004 年,在柏林召开的第 71 次国际商事仲裁大会上,国际法协会
(International Law Association)形成了题为"既判力与仲裁"(*Res
Judicata and Arbitration*)的中间报告;2006 年,在多伦多召开的第 72 次
国际商事仲裁大会上,国际法协会形成了题为"同步审理与仲裁"(*Lis
Pendens and Arbitration*)的最终报告。虽然与著名的《纽约公约》相比,上
述报告并未有任何实质上的超越,但国际法协会对仲裁裁决既判力问题的
关注说明,无论在理论上还是在实践中,该问题都具有极其重要的价值。
综观笔者收集到的英文资料,从上世纪八九十年代开始,国外就有学者陆
续进行仲裁裁决既判力的研究。② 自本世纪开始,仲裁裁决的既判力问题

---

① 例如,〔德〕罗森贝克等:《德国民事诉讼法》,李大雪译,北京:中国法制出版社 2007 年
版,第 1404—1405 页;〔法〕让·文森、〔法〕塞尔日·金沙尔:《法国民事诉讼法要义》,罗结珍译,
北京:中国法制出版社 2001 年版,第 1458—1460 页;〔法〕洛伊克·卡迪耶:《法国民事司法法》,
杨艺宁译,北京:中国政法大学出版社 2010 年版,第 701—703 页、第 713—714 页;〔法〕菲利普·
福盖德等:《国际商事仲裁》(影印本),北京:中信出版社 2004 年版,第 775—780 页。

② Carlisle, "Getting A Full Bite of the Apple: When Should the Doctrine of Issue Preclusion
Make An Administrative or Arbitral Determination Binding in A Court of Law?", *Ford. L.
Rev.*, vol. 55, p. 63, 1986; Spatt, "Res Judicata and Collateral Estoppel", *Arb. J.*, vol. 42, p.
61, 1987; Motomura, "Arbitration and Collateral Estoppel: Using Preclusion to Shape Procedural
Choices", *Tulane L. Rev.*, vol. 63, p. 29, 1988; Shell, "Res Judicata and Collateral Estoppel
Effects of Commercial Arbitration", *UCLA L. Rev.*, vol. 35, p. 623, 1988; Hulbert, "Arbitral
Procedure and the Preclusive Effect of Awards in International Commercial Arbitration", *Int'l
Tax & Bus. Law.*, vol. 7, p. 158, 1989; Lowe, "Res Judicata and the Rule of Law in
International Arbitration", *African J. Int'l & Comp. L.*, vol. 8, p. 48, 1996.

受到越来越多学者的关注,理论成果也日渐丰富①,论文、相关著述,甚至
专著都已出现。在商事仲裁裁决的既判力问题上,英美法系的学者讨论较
多的内容主要涉及以下四个方面:(1)仲裁裁决在继后国内法院诉讼中的
排除效力;(2)国内法院判决和仲裁裁决在继后国际仲裁程序中的排除效
力;(3)国际仲裁中的"同步审理"(lis pendens)原则的适用;(4)国际仲裁
中的"遵循先例原则"之地位。② 以上是将排除原则作为基本理论支撑的、
更为务实的探讨,尤其强调了法律选择对仲裁裁决既判力的影响。相比于
英美法系学者在裁决既判力问题上的丰富文献资料,笔者能收集到的大陆
法系的资料多以中文译著为主,而这些译著又鲜有对裁决既判力做详尽论
述的。仅有的论述体现出大陆法系对法条主义之遵循,以及对国内诉讼制
度之依赖,这种依赖在德国体现得更为明显,法国则尤其在国际仲裁领域
显现出更多的支持仲裁之倾向。

由于得到《纽约公约》和联合国《国际商事仲裁示范法》的支持,国际社会对
国际商事仲裁裁决的执行力是否存在的争论已完全平息,仲裁裁决被公认为具
有如同生效判决一样的执行力。关于上述问题的论著多围绕《纽约公约》进行,
尤其是在对拒绝执行裁决理由的解释方面,相关论著可谓汗牛充栋。③ 当然,

① P. Barnett, *Res Judicata*, *Estoppel and Foreign Judgments*, Oxford: Oxford University Press, 2001; Brekoulakis, "The Effect of An Arbitral Award and Third Parties in International Arbitration: Res Judicata Revisited", *Am. Rev. Int'l Arb.*, vol. 16, p. 177, 2005; Gallagher, "Parallel Proceedings, Res Judicata and Lis Pendens: Problems and Possible Solutions", in L. Mistelis (ed.), *Pervasive Problems in International Arbitration*, Chapter 17, New York: Aspen Publishers, Inc., 2006; Hanotiau, "The Res Judicata Effect of Arbitral Awards", in ICC, Complex Arbitrations, *ICC Ct. Bull. Spec. Supp.*, no. 43, 2003; Haubold, "Res Judicata: A Tale of Two Cities", *Global Arb. Rev.*, vol. 2, no. 3, p. 19, July, 2007; Lowenfeld, "Arbitration and Issue Preclusion: A View From America", in "Arbitral Tribunals or State Courts: Who Must Defer to Whom?", *ASA Special Series*, vol. 55, no. 15, 2001; Reinisch, "The Use and Limits of Res Judicata and Lis Pendens as Procedural Tools to Avoid Conflicting Dispute Settlement Outcomes", *Law & Practice Int'l Cts & Tribunals*, vol. 3, p. 37, 2004; Söderlund, "Lis Pendens, Res Judicata and the Issue of Parallel Judicial Proceedings", *J. Int'l Arb.*, vol. 22, p. 301, 2005; Veeder, "Issue Estoppel, Reasons for Awards and Transnational Arbitration", in ICC, Complex Arbitrations, *ICC Ct. Bull. Spec. Supp.*, no. 73, 2003.

② Gary B. Born, *International Commercial Arbitration*, Hague: Kluwer Law International, 2009, p. 2880.

③ For example, see Van den Berg, *Some Recent Problems in the Practice of Enforcement under the New York and ICSID Conventions*, 2 ICSID Rev. -For. Inv. L. J. 439(1987); Barry, *Application of the Public Policy Exception to the Enforcement of Foreign Arbitral Awards under the New York Convention: A Modest Proposal*, 51 Temple L. Q. 832(1978); Sanders, *A Twenty Years' Review of the Convention on the Recognition and Enforcement of Foreign Arbitral Awards*, 13 Int'l Law. 269(1979).

不同国家对仲裁裁决执行方式的规定是不同的。总体来说,大陆法系与英美法系在仲裁裁决执行方式上的最重要区别是,英美法系除了仲裁裁决的简易执行外(如向法院申请执行命令,作为大陆法系国家的法、德将其视为执行宣告),还有普通法的执行方式。另外,各国在拒绝执行仲裁裁决的理由上也有差别。然而,本书的重点是将执行力视为仲裁裁决效力体系中的一部分,因此对执行之中的具体问题不做深究。相反,本书更加注重仲裁裁决的司法审查对执行效力的影响,并具体探讨撤销仲裁裁决与拒绝执行仲裁裁决的功能异同及其对当事人实现裁决书权利之影响。在笔者目力所及的范围内,还未出现有关执行力在仲裁裁决效力体系中的地位之理论探讨。

(二)国内文献综述

虽说我国已于 1991 年和 1995 年分别颁行了《中华人民共和国民事诉讼法》和《中华人民共和国仲裁法》,但至今为止,关于国际商事仲裁裁决效力问题的系统研究还是相当匮乏的。通过期刊网的检索,以"仲裁裁决效力"为主题的论文仅十余篇,其中有三篇论文研究裁决的既判力[①],两篇论文研究商事仲裁中的一事不再理原则[②],另外三篇论文则是以"仲裁裁决效力"为主题进行的总括性研究[③]。目前,关于国际商事仲裁裁决效力的专著在我国还是空白,只有个别学者在其他相关著作中的某些章节提及仲裁裁决的效力。例如,刘想树的《中国涉外仲裁裁决制度与学理研究》第四章第四部分"涉外仲裁裁决的效力"、乔欣的《比较商事仲裁》第五章第五节"商事仲裁裁决的效力"、刘晓红与袁发强合著的《国际商事仲裁》第七章第三节"国际商事仲裁裁决的效力"、齐湘泉的《外国仲裁裁决承认及执行论》第七章第一节、李井杓的《仲裁协议与裁决法理研究》第五章第八节"仲裁裁决的确定"等。

可以说,关于国际商事仲裁裁决的效力问题,我国学者的研究尚处于起步阶段。目前,我国学者的研究成果还主要停留在以仲裁裁决效力的正当性构建为立论基础的阶段,而针对效力的科学分类及其内涵解读等内容的深入、细致之研究较少。但是,这些文献资料至少也折射出相关问题正

---

① 肖建华、杨恩乾:《论仲裁裁决的既判力》,《北方法学》,2008 年第 6 期;宋明志:《仲裁裁决争点效之否定》,《仲裁研究》,第 16 辑;高薇:《论诉讼与仲裁关系中的既判力问题》,《法学家》,2010 年第 6 期。

② 丁伟:《一事不再理:仲裁制度中的"阿喀琉斯之踵"》,《东方法学》,2011 年第 1 期;朱瑶:《对国际商事仲裁中一事不再理原则适用的思考》,《法制与社会》,2008 年第 5 期。

③ 宋明志:《仲裁裁决效力论》,《北京仲裁》,第 71 辑;舒瑶芝:《仲裁裁决效力探析》,《当代法学》,2002 年第 9 期;郭艺圃:《仲裁裁决效力浅析》,《金卡工程》,2009 年第 5 期。

逐步为仲裁学界所关注,尤其是学者们都已意识到既判力与执行力在裁决效力体系中的重要地位。我国仲裁裁决效力理论研究不发达的原因如下:其一,受到我国民事判决效力理论研究滞后的影响,裁决效力的理论研究缺乏诉讼制度的根基;其二,在立法构建主义的影响下,我国的仲裁制度仍不完善,裁决效力制度还不具备精细的建构土壤。所以,现有的文献资料存在以下特点:第一,缺乏对国际商事仲裁裁决效力体系的系统论述,现有资料更偏向于以仲裁裁决的效力为研究对象,而对国际商事仲裁裁决的效力研究得较少;第二,论述的深度与广度极其有限,甚至于对一些基本概念的区分还存在误解,裁决效力的具体分类缺乏科学性,对裁决效力的认识尚需深入;第三,在对国外理论的研究上,介绍引用较多,系统梳理较少,尤其是缺乏针对两大法系的不同理论之比较研究。在此背景下,结合我国现状来进行具体分析的文献则更是少之又少。

因此,本书的创新主要在于细致比较了两大法系在仲裁裁决效力规定上的异同,系统梳理了国际商事仲裁裁决效力理论,较为全面地划分了裁决效力的内容,且进行了一定深度的研究。当然,本书也存在一些不足之处:第一,由于本书着眼于国际商事仲裁裁决效力体系的整体构建,因此在具体效力内容的论证深度上,仍有所欠缺。第二,本书主要以理论分析为主,实证研究略显薄弱。这一方面是因为国际商事仲裁的秘密性等特点使得实证研究的难度较大,另一方面则是因为两大法系的案例资料的收集难易程度不同,所以笔者无法从实证的角度对两大法系在国际商事仲裁裁决效力上的异同做更具说服力的论证。第三,文献资料的分析不足。在民事判决效力问题上,大陆法系的文献资料比英美法系丰富得多;而在国际商事仲裁裁决的效力问题上,情况却是相反。同时,囿于语言障碍,在研读大陆法系的文献资料时,笔者只能参考中文译著或少量英译著作,因此在分析裁决效力问题时,可能会存在有失偏颇的现象。

三、研究内容与方法

(一) 研究内容

国际商事仲裁裁决的效力理论既复杂又庞杂,我们不仅需要注意仲裁制度与诉讼制度的协调,而且要注意区分不同法系在此问题上的异同。因此,在确定本书的研究内容时,笔者主要考虑了以下几点:首先,仲裁裁决的效力制度受判决效力制度的影响较深,所以我们需要分析两大法系在判决效力问题上的异同,及其之于仲裁裁决效力制度的影响;其次,由于我国长期受大陆法系思维的影响,且民事判决的效力理论也多以大陆法系的理论为研究对象,因此在国际商事仲裁裁决效力体系的构建上,笔者还是借用了大陆法系的系统化思维,对效力内容进行了整合;最后,在构建我国的涉外商事仲裁裁决效力制度时,我们必须考虑我国仲裁制度的发展渊源与制度背景,以进行本土化设计。有鉴于此,本书的主要研究内容可以概括为:

1. 明确国际商事仲裁裁决效力的基础理论与效力来源。如何理解"国际""商事"和"裁决"的含义?国际商事仲裁裁决效力的来源如何,与国内仲裁裁决的效力来源有何异同?

2. 在国际商事仲裁裁决效力体系的构建上,以形式效力与实质效力进行总体划分。形式效力主要包括裁决的拘束力与形式确定力。在对判决的理解方面,两大法系的差异是否能在仲裁裁决形式确定力的理解上实现融合,是本部分的讨论重点。

3. 国际商事仲裁裁决的实质效力主要包括既判力与执行力。其中,仲裁裁决的既判力为两大法系所共同关注的重点问题。仲裁裁决的既判力与纠纷的终局性及仲裁制度的独立性之关系如何?前述问题的解决与法律选择的关系如何?在国际商事仲裁中,除了探讨既判力的主观范围、客观范围、时间范围等问题外,针对仲裁裁决之间、仲裁裁决与法院判决之间能否产生既判力作用的问题,以及外国仲裁裁决与外国判决能否在本国产生既判力的问题,我们也应当进行探讨。

4. 国际商事仲裁裁决的执行问题不完全等同于执行力,后者只是前者的一部分。在将执行力视为仲裁裁决效力的一部分时,我们必然需要说明执行力是如何产生的。当仲裁裁决需要申请法院强制执行时,法院的司法审查对仲裁裁决的执行力有何影响?两大法系在执行力的问题上有何异同?该如何认识和解决因立法差异而导致的裁决执行中的平行程序?

5. 国际商事仲裁裁决的效力常常因法院宣布裁决无效或撤销仲裁裁决、当事人拒绝承认与执行仲裁裁决、重新仲裁、上诉等情形而被阻却,我们如何认识这些制度的本质?各国立法的规定有何不同?这些制度之间的区别和联系是什么?如何协调这些制度?

6. 我国涉外仲裁裁决效力制度的构建是应当遵循现行的立法构造主义,还是应当参考历史的成败经验,重视制度建构前的基础建设?针对国际先进经验,我们采取拿来主义还是进行本土化?在构建裁决效力制度的同时,我们是否应该协调仲裁法同诉讼法及相关实体法的关系?

(二)研究方法

国际商事仲裁裁决的效力理论主要回答裁决为何具有这些效力、效力

的表现形式等问题。所以,在论证该选题的方法上,笔者将以解释性研究为主,具体拟运用如下研究方法:

1. 比较分析的方法。大多数学者认为,现代国际商事仲裁制度发源于西方。无论在立法中还是在实践中,欧美等国的确具有丰富的经验。再者,国际商事仲裁裁决的效力体系与各国的诉讼制度密切相关。虽然我国有清末民初的商会仲裁,但其发展并不成熟,而且当时也借鉴了部分欧洲国家的仲裁制度。为了更清晰地展示各国的诉讼制度对仲裁裁决效力体系的影响,以及国际商事仲裁中的两大法系在效力问题上的趋同之势,并在此基础上更好地构建我国的涉外商事仲裁裁决效力体系,比较分析的方法将成为本书的主要研究方法。

2. 历史分析的方法。各国的诉讼制度和仲裁制度都经历了几百年的发展与完善过程。在这个过程中,每一种新理论的提出,都有其特定的历史背景与合理性。同时,任何一种价值理念的革新与价值选择的变化,都可能为整体制度带来变革。例如,对诉讼与权利的关系之认识、既判力本质中的实体法说与诉讼法说等,都是在不同阶段呈现出的不同价值选择。在国际商事仲裁领域,上述变化也是明显的。从不同国家的不同时期之仲裁立法中,我们能够窥见不同的价值选择,即支持或压制仲裁。所以,历史分析的方法将被运用于本书对各种学说的描述与分析之中。

第一章　国际商事仲裁裁决效力概论

研究国际商事仲裁裁决效力体系的构建,我们首先应解决相关的基本理论问题。这些基本理论问题是构建国际商事仲裁裁决效力体系的基础,大致可以分为三个部分:国际商事仲裁裁决效力的内涵、国际商事仲裁裁决效力的正当性、国际商事仲裁裁决效力的来源。内涵的界定旨在厘清本书的研究对象,效力正当性的分析旨在剖析本书的立论之基,效力来源的说明旨在区分国际商事仲裁与国内商事仲裁裁决效力之基本差异。

第一节　国际商事仲裁裁决效力界说

国际商事仲裁裁决的效力,是一个内涵丰富的概念。虽然"国际""商事"和"裁决"是国际商事仲裁的基础概念,但是学者对三者的含义仍存争议,因此本书有先行明确之必要。之后,在国际商事仲裁裁决概念的基础上,本书将解读国际商事仲裁裁决效力的内涵。

一、国际商事仲裁之"国际性"

当前,各国立法和国际公约对国际商事仲裁中的"国际性"之判断主要依赖于两种不同思路。第一种思路是将上述问题视为一个国际私法领域的问题,并采用冲突规范的模式,分析各种可能的连结因素之于仲裁"国际性"的影响。众所周知,冲突法的逻辑是将法律问题归于特定法律秩序之下;依此逻辑,对仲裁"国际性"之判断,当然也应由相关国内法律规制。第二种思路则完全抛弃了冲突法的逻辑,其不再考虑各种连结因素的密切程度,而是更多地考虑经济因素,并强调通过争议本身所体现的关系来判断仲裁的"国际性"。

(一)法律标准

所谓法律标准,就是以实质性连结因素为认定标准,将仲裁是否具有国际性这一问题引入某一国内法律体系之中进行判断。在以国内法律的视角来观察仲裁的国际性问题之过程中,我们首先需要解决的问题是,究竟应依何国法律进行判定,因为能将一项国际商事仲裁与特定法域联系起来的因素是很多的。具体而言,主要因素包括仲裁地点、当事人的国籍、当事人的住所或居所、法人的住所或营业所等。除此之外,合同履行地、争议标的所在地、仲裁中的法律选择、仲裁员的国籍、仲裁机构所在地、仲裁裁决将来的执行地等要素也可以成为连结因素。

以上这些连结因素大致可以分为四类,即法律关系的性质、仲裁地点、法律选择和仲裁机构。[①]　实践中,如果以上连结因素全部在一国境内,那么毫无疑问,该仲裁是一个国内仲裁。问题是,如果上述连结因素有涉外情形,那么我们如何确定仲裁是否具有国际性?举例来说,如果纠纷的当事人具有相同国籍,且仲裁地点也在该国境内,但双方协议在另一个国家履行合同,或者争议的标的物在国外,或者协议规定适用某外国法律解决争议,那么在这些情况下,仲裁是否具有国际性?换言之,在判断仲裁是否具有国际性的时候,以上各因素是否有主次之分?这种"主"与"次"的判断是否有一种公认的规则?显然,这种规则是不存在的。"仲裁是否具有国际性适用某国法律",这是一条典型的冲突规范。在国际私法中,冲突规范连结点的确定方式由各国法律规定。对以上连结因素的重要性之理解将直接影响冲突规范的具体内容,从而引起各国冲突规范的冲突,并可能导致对仲裁国际性问题的不同判断。

依照法律标准来判断仲裁是否具有国际性,将不可避免地面临法律适用问题。由此表明,法律标准的立论之基在于承认仲裁的地方化理论,其逻辑结论也必然是法律关系只能由国内法律规制。然而,现实中的国际商事仲裁不仅由国内法律调整,而且受国际公约和仲裁规则的规制。尤其是在"非地方化"理论的影响下,国际商事仲裁愈加呈现出企图摆脱国内法律体系束缚的倾向,并展现出较多的自治特征。因此,依照法律标准来判断仲裁的国际性问题,既不符合国际商事仲裁的现实情况,又面临着"非地方化"理论的挑战。由是观之,在仲裁国际性的问题上,某国的国内法律独占适用的局面将很难出现。更何况,"仲裁是否具有国际性"已经远没有"国际商事仲裁究竟应适用何种实体规范"重要了。

[①]　参见杨桦:《论国际商事仲裁裁决的国籍》,《2011 年中国国际经济法学会年会暨学术研讨会论文集(第二卷)》,2011 年 10 月,第 90 页。

(二) 经济标准

经济标准不主张将仲裁的国际性与特定法律体系联系在一起,即不考虑以法律标准的冲突规范方式来解决问题。相反,经济标准主张以纠纷本身是否具有国际性为基础,考虑一些更为客观的因素。具体而言,经济标准将争议的性质作为认定的标准,即如果争议涉及到国际商事利益,那么仲裁就具有国际性。例如,《法国民事诉讼法》第 1492 条规定:"涉及国际商事利益的仲裁是国际仲裁。"[①]

与法律标准相比,经济标准是一种更为直观与简单的标准,其旨在通过一种简便的方式来确定仲裁是否具有国际性,从而将主要关注点由冲突规范的选择移至实体规范的适用上。受到经济标准的影响,《纽约公约》规定公约只适用于"外国仲裁裁决"和"非内国裁决",其并未对"国际仲裁"做出界定。但是,在判断仲裁是否涉及国际商事利益时,法律标准所适用的连结因素,通常也被视为经济标准的参考因素。例如,《联合国国际商事仲裁示范法》第 1 条第 3 款规定:"仲裁如有下列情况即为国际仲裁:(1)仲裁协议的当事各方在缔结协议时,他们的营业地点位于不同的国家;或(2)下列地点之一位于当事各方营业地点所在国以外:(a)仲裁协议中确定的或根据仲裁协议而确定的仲裁地点;(b)履行商事关系的大部分义务的任何地点或与争议标的关系最密切的地点;或(3)当事各方明确地同意,仲裁协议的标的与一个以上的国家有关。"上述规定就体现了以上两种认定标准的结合,但对该规定的评价也是毁誉参半。[②] 首先,第一项判断标准有过于严格之嫌,因为即使当事人的国籍相同,只要合同的主要履行地在国外,那么以此来认定仲裁具有国际性是非常合理的。其次,上述规定并未清楚阐明主要以当事人选择的方式来确定的仲裁地点,为何能够赋予仲裁国际性以正当性。最后,关于争议最大的第三种标准,由当事人通过意思自治来确定仲裁是否具有国际性有太过随意之嫌,因为当事人可能完全背离事实而任意确定仲裁是否具有国际性。我们暂且不论当事人的上述行为是否构成法律适用上的欺诈,至少从客观公正的角度而言,这种行为在国际贸易领域是不被允许的。

质言之,从法律标准至经济标准的转变历程中,我们可以看出:一方面,国际商事仲裁"国际性"的判断标准日渐简化且科学化;另一方面,对

---

① 参见刘想树:《中国涉外仲裁裁决制度与学理研究》,北京:法律出版社 2001 年版,第 9 页。

② 参见〔法〕菲利普·福盖德等:《国际商事仲裁》(影印本),北京:中信出版社 2004 年版,第 52—53 页。

"国际性"的解释呈扩大化趋势。

二、国际商事仲裁之"商事"

"商事"的含义之于国际商事仲裁界定的重要性已逐渐减弱。目前,不论是国际立法还是国内立法,对"商事"都采取了宽泛解释。只要是法人间发生的经济性质的国际仲裁,几乎都可以被认定为是商事的。但是,关于"商事"的含义,我们仍需做以下两点说明:一是商事与民事的区分,二是公法性质的主体参与仲裁的特殊情况。

(一) 商事与民事

联合国《国际商事仲裁示范法》在第1条的注释中说明,对"商事"一词应进行广义解释,以使其包含不论是契约性或非契约性的一切商事性质的关系所引起的种种事情。商事性质的关系包括但不限于下列交易:供应或者交换货物或服务的任何贸易交易;销售协议;商事代表或代理;保理;租赁;建造工厂;咨询;工程;许可证;投资;筹资;银行;保险;开发协议或特许;合营和其他形式的工业或商业合作;货物或者旅客的天空、海上、铁路或公路的载运。"商事"的解释出现在脚注中,这说明该解释只具有指导作用,各国享有充分的自由来决定是否采纳。上述解释阐明了一个基本立场,即有关动产、不动产及服务的所有交易行为都是商事的。这个定义如此宽泛,以至于包含以商品的生产、流通,以及与商品相关的服务、金融、银行等行为为客体的所有经济关系,但其并未考虑当事人的地位。因此,上述定义是否在经营者与非经营者间同等适用,并不明确。一般来说,雇佣合同与消费者合同中的仲裁条款之有效性是受质疑的,原因是受雇者与消费者都属于弱势群体,因此他们应受特殊法律的保护。有鉴于此,联合国《国际商事仲裁示范法》明确说明其不适用于消费者争议与劳资争议。

《纽约公约》也没有对"商事"的含义做出明确界定,其只是在第1条第3款中规定:"……任何缔约国可以声明,本国只对根据本国法律属于商事的法律关系,不论是不是合同关系,所引起的争执适用本公约。"这就是商事保留条款。目前,《纽约公约》的缔约方共166个,提出商事保留的国家有53个(中国、美国、印度、韩国等)[①],比例不足1/3。凡是提出商事保留的国家,都将适用本国法律来判定纠纷的商事性质,从而可能因"商事"定义的不同而产生冲突。例如,美国规定有关家庭、个人身份、雇佣关系的纠

---

① 　http://www.uncitral.org/uncitral/zh/uncitral_texts/arbitration/NYConvention_status.html,访问日期:2021年1月11日。

纷不属于商事范畴,印度规定包含有技术转让或专利条款的建筑合同纠纷也不属于商事纠纷。1986 年,在加入《纽约公约》时,我国发表了商事保留的声明。1987 年的最高人民法院《关于执行我国加入的〈承认及执行外国仲裁裁决公约〉的通知》第 2 条规定:"根据我国加入该公约(即《纽约公约》)时所作的商事保留声明,我国仅对按照我国法律属于契约性和非契约性商事法律关系所引起的争议适用该公约。所谓'契约性和非契约性商事法律关系',具体的是指由于合同、侵权或者根据有关法律规定而产生的经济上的权利义务关系,例如货物买卖、财产租赁、工程承包、加工承揽、技术转让、合资经营、合作经营、勘探开发自然资源、保险、信贷、劳务、代理、咨询服务和海上、民用航空、铁路、公路的客货运输以及产品责任、环境污染、海上事故和所有权争议等,但不包括外国投资者与东道国政府之间的争端。"由此可见,虽然各国立法在对"商事"的认定方面有些许差异,但这些细微的分歧并不足以抵消各国在"商事"认定方面的更广泛之共识。"商事"的解释已经如此宽泛,以至于因解释差异而产生的影响基本可以被忽略。

(二)仲裁当事人的性质与仲裁的性质

当国家、国际组织等一些公法性质的主体因参与国际商事活动而发生纠纷,从而诉诸仲裁时,仲裁是否会因为这些主体的参与而变得不再是商事性质的? 根据上文对"商事"含义的解读,"商事"一词更关注关系本身的经济性质,而较少关注当事人的身份。因此,当国家、国有企业、国际组织等主体以商事身份参加经济活动,并以当事人的身份参加仲裁时,该仲裁仍然具有商事性质。如今,国家等公法性质的主体也常常参与国际贸易活动,但在这种场合下,这些主体都不再享有公法上的特权,而是只具有通常的商事主体身份,他们与合同另一方平等地享有权利和承担义务。在国际商事仲裁实践中,如果东道国政府与外国投资者就自然资源的勘探、开采等特许权协议的履行发生争议,那么国家将成为国际商事仲裁的直接当事人。此外,基于国家间的双边投资保护协定,东道国政府会对外国投资者采取国有化、征收等措施,由此引发的国家与外国投资者的法律争议可交付"解决投资争议国际中心"(ICSID)仲裁解决。[1] ICSID 仲裁就是以国家为一方,以外国投资者为另一方的典型的特殊主体之商事仲裁形式。

目前,越来越多的条约或国际组织(如 GATT、NAFTA 等)参与到了双方都是公法性质主体的商事纠纷之解决过程中来(如两个国家间发生的商事纠纷),而仲裁也成为解决此种争议的重要手段之一。但是,如果在争

---

① 陈治东:《国际商事仲裁法》,北京:法律出版社 1998 年版,第 22 页。

议的解决过程中,相关主体只适用了国际公法,那么这种纠纷解决方式就不是商事仲裁。

总体而言,就现阶段来看,对"商事"的理解越来越宽泛。因此,学界有直接适用"国际仲裁"来替代"国际商事仲裁"的倾向。然而,这并不意味着仲裁范围的任意扩大,尤其是那些在签订《纽约公约》时提出商事保留的国家,他们通常都会小心翼翼地解释"商事"的含义,并将"民事"争议(如个人身份、雇佣合同、家庭争议等)和涉及"公法"或"公共利益"的争议排除在可仲裁范围之外。[①]

三、国际商事仲裁之"裁决"

裁决的作出是国际商事仲裁程序终结之标志,而"裁决"的含义之明确具有极其重要的意义。概括地讲,只有具有裁决地位的裁定或决定,才能产生相应的法律后果。所以,"裁决"的含义比本书所研究的裁决效力问题更具有决定性的意义,其指明了本书的研究对象和研究范围。

(一)"裁决"含义的立法缺失

关于"裁决",《纽约公约》和联合国《国际商事仲裁示范法》都没有明确的定义。《纽约公约》第1条第2款规定:"'仲裁裁决'不仅包括由为每一案件选定的仲裁员所作出的裁决,而且也包括由常设仲裁机构经当事人提请而作出的裁决。"上述规定明确了公约裁决包括机构仲裁裁决和临时仲裁裁决,但其未规定裁决的构成要件,因此是不全面的。联合国《国际商事仲裁示范法》曾经在起草阶段讨论过"裁决"的定义:"裁决指处理提交仲裁庭的所有问题的最终裁决,以及仲裁庭做出的最终确定任何实体问题或其有权管辖的问题或其他问题的任何其他决定,但是,在后一种情况下,仅在仲裁庭将其决定称为裁决时方如此。"但是,上述定义因造成了颇多争议而最终未获通过。[②] 同样,一些重要的国际商事仲裁机构的规则也未对"裁决"做出定义,只是规定了裁决作出的条件、形式等内容。例如,《国际商会仲裁规则》第34条规定:"仲裁庭应在签署裁决书之前,将其草案提交仲裁院。仲裁院可以对裁决书的形式进行修改,并且在不影响仲裁庭自主决定权的前提下,提请仲裁庭注意实体问题。在裁决书形式经仲裁院批准之前,仲裁庭不得作出裁决。"上述规定表明,只有经过仲裁院的批准,裁决书

---

① 杨良宜等:《仲裁法——从1996年英国仲裁法到国际商务仲裁》,北京:法律出版社2006年版,第515—517页。

② 〔英〕艾伦·雷德芬、〔英〕马丁·亨特:《国际商事仲裁法律与实践》(第四版),林一飞等译,北京:北京大学出版社2005年版,第378页。

才能成为正式裁决。

总体而言,不论是国际公约、机构仲裁规则还是国内法,它们要么未对"裁决"做出界定,要么是只进行了不全面或模棱两可的解释。所以,在实践中,我们也经常会看到仲裁庭随意使用"裁决""决定""命令"等术语的现象。

(二)"裁决"的构成要件

在国际商事仲裁程序的进行过程中,仲裁庭可能会根据情况做出多个决定,这些决定有的关于程序性事项,有的关于部分实体内容,也有的可能是一份解决了所有争议问题的最终裁决书。仲裁庭的决定是否都具有裁决的地位,这事关异议提出期限是否开始计算、决定能否被承认与执行等问题,并从根本上影响着纠纷的解决。因此,学者们从未放弃对"裁决"的含义之界定,并在不断试图总结出一项真正的裁决所应包含的要素。一般而言,学者们都认可裁决至少应包含三个要件,即适格仲裁员要件、形式要件和内容要件。[①] 具体而言,这些要件主要有:

第一,裁决应由仲裁员作出,而不能由仲裁机构作出。前述《国际商会仲裁规则》第34条就是很好的例证,仲裁机构只享有形式审查权,其不能决定实质性问题。

第二,裁决应至少解决了一项纠纷。"解决"一词是很重要的,因为其说明仲裁庭已经对纠纷进行了认定,从而会产生相应的法律后果——当事人不得就此纠纷再起争议、仲裁庭不得随意变更此裁决、当事人可依法对该裁决行使救济等。因此,只要是裁决,不论其是在仲裁程序进行中作出的,还是在仲裁程序的终结阶段作出的,从解决纠纷的效果而言,都应该是仲裁庭做出的最终决定。那些没有解决任何争议问题,而只是推进仲裁程序进行的决定,不能被认定为是裁决。当然,具有终结整个仲裁程序效力的程序性决定也应具有裁决的地位,因为这种决定实际上起到了确定当事人的实体权利义务关系之效果。所以,在判定一项裁定或决定是否构成裁决时,我们不能仅凭仲裁庭所使用的名称,还要根据裁定或决定的具体内容进行甄别。

第三,裁决可以是针对部分问题作出的。如上所述,裁决可能解决了部分争议,也可能解决了全部争议。总之,是否解决了争议是判定裁决地位的关键,解决争议数量的多少并不重要。例如,一个决定可能只解决了

---

① See Christoph Liebscher, *The Healthy Award: Challenge in International Commercial Arbitration*, Hague: Kluwer Law International, 2003, p. 115.

管辖权争议、法律适用、合同有效性、责任分担原则等诸多争议中的一项而非全部，但其也可以被认定为是裁决。因此，在一个仲裁案件中，除了一份认定了损失和赔偿内容的最终裁决书外，还可能会存在其他多份裁决。

第四，裁决应具有拘束力。裁决一经作出便具有拘束力，这种拘束力的产生不需要附加任何条件，也不需要经过当事人的同意。具有拘束力是仲裁裁决区别于调解协议、和解协议等文件的重要特征。[①]

综上所述，裁决的含义可以被表述为，裁决是仲裁庭在当事人授权范围内做出的解决部分或全部争议的最终决定，该决定可以针对纠纷的实质性争议，也可以针对具有终结仲裁程序效力的程序性争议。据此，裁决有终局裁决与中间裁决、部分裁决与全部裁决之分。联合国国际贸易法委员会于 2006 年对《国际商事仲裁示范法》进行了修订，原第 17 条的"临时措施"之规定得到了较为系统的完善，而且"临时措施"被认定为具有裁决的地位，其能够被承认与执行。

基于上文对"国际""商事"和"裁决"的含义之解读，国际商事仲裁裁决可以被界定为，仲裁庭在当事人的授权范围内，就当事人之间涉及国际商事利益的纠纷做出的解决部分或全部争议的最终决定。

四、国际商事仲裁之"裁决效力"

"裁决效力"是一个与"裁决"的含义密切相关的概念，"裁决"地位的认可是裁决发生效力的前提；同时，裁决的认定标准也内含着裁决所应具备的基本效力，只是二者的关注点并不相同。当法律认可仲裁解决纠纷的正当性时，仲裁裁决通常被笼统地赋予了与法院判决相类似的效力。但是，针对国际商事仲裁裁决效力的确切含义，学者们却未能给出比较合理的解释。例如，有学者认为，仲裁裁决的效力是指仲裁裁决是否具有终局性，对当事人是否具有约束力，当事人能否向法院或其他机构申请变更裁决。[②]在我国，持上述观点的学者不在少数，如"仲裁裁决的效力即仲裁裁决是否具有终局性，当事人能否以对仲裁裁决不服为由向法院提起诉讼"[③]。笔者以为，上述解释只说明了仲裁裁决效力的一个方面，并不全面。还有学者将仲裁裁决的法律效力依照不同标准进行了分类：根据效力作用的对

[①]　参见〔法〕菲利普·福盖德等：《国际商事仲裁》（影印本），北京：中信出版社 2004 年版，第 738—740 页。

[②]　陈治东：《国际商事仲裁法》，北京：法律出版社 1998 年版，第 113 页。

[③]　乔欣：《仲裁权研究——仲裁程序公正与权利保障》，北京：法律出版社 2001 年版，第 111 页。

象,仲裁裁决的效力可以分为对当事人的效力、对仲裁机构或人民法院的效力、对社会的效力;根据效力作用的内容,仲裁裁决的效力可以分为形式效力和实质效力。[1] 虽然这种分类方法无可厚非,但是其并没有阐明仲裁裁决效力的本质含义。

如果人们说一条法律规范是有效的,那么这就意味着这条法律规范对它所指向的那些人具有约束力。[2] 受此启发,如果我们说一项国际商事仲裁裁决是有效的,那么这也就意味着该裁决对它所指向的那些"人"具有约束力。具体来说,这种约束力应该包括如下三个方面的内容:第一,如果裁决设定了义务或禁令,那么它就要求相关义务方服从它和依从它;第二,如果裁决授予了权利或权力,那么这些权利或权力就必须得到相关方的尊重,而且在遭到侵损时,这些权利或权力应当得到司法机关的保护;第三,一项有效的裁决还必须由那些受托执行的机构来实施。裁决效力作用的对象包括当事人、仲裁庭和法院。综合上述分析,国际商事仲裁裁决的效力主要是指,裁决对当事人、仲裁庭和法院所产生的保护力、拘束力与执行力。具体而言,国际商事仲裁裁决要求败诉方服从和执行裁决,其不得将已经由仲裁庭决定的事项再提交法院解决;仲裁庭和法院应尊重裁决的终局效力,仲裁庭不得随意修改裁决,法院不得再受理已经由仲裁庭决定的争议事项,并且非经法定理由不得对裁决做出撤销、变更等决定;胜诉方有权依照法定程序向法院申请强制执行裁决,从而使自己的权利最终得到保护。

第二节　国际商事仲裁裁决效力的正当性

研究国际商事仲裁裁决效力体系的建构,我们首先应确定仲裁在纠纷解决体系之中的地位,其中的关键问题是处理好仲裁与法院的关系,核心是确定法院干预仲裁的程度。在仲裁裁决效力的具体内容之构建过程中,我们尤其应注意仲裁裁决效力的表现形式与判决效力的异同,以及国际商事仲裁中的特殊问题。例如,如何正确认识及处理仲裁裁决的既判力与法院对仲裁裁决的司法监督之关系,如何处理国际商事纠纷的当事人在不同

---

[1]　宋明志:《仲裁裁决效力论》,《北京仲裁》,第71辑,第52页。

[2]　〔美〕埃德加·博登海默:《法理学——法律哲学与法律方法》,邓正来译,北京:中国政法大学出版社2004年版,第347页。

的仲裁庭或者在仲裁庭与法院间同时开辟两个"战场"的问题,等等。国际商事仲裁裁决效力体系的建构,旨在以理论的视角来解决这些现实中的复杂问题。然而,在进行建构之前,我们首先需要说明制度设计的依据是什么,即解决合理性问题。与现实相比,任何理论学术都会黯然失色,因为他们都只不过是一种解说,而且永远都不会是最后的解说。尽管如此,解说却是重要的。对于一个人来说,解说能够帮助他将本来无序的世界化为有序,从而使世界变得似乎"有意义";而对于社会生活来说,从一定视角上看,一个社会的形成其实就是诸多解说相互冲突、磨合、融合的过程。在上述过程中,我们能够获得一种关于生活世界的相对确定的解说,其影响了人们的习惯性行为方式,构成了"制度",形成了文化的共同体。[①] 所以,本节旨在解释国际商事仲裁裁决具有法律效力的正当性之原因。

一、"国家与社会"分析框架

"国家与社会"的理论分析框架常常被用于解释社会秩序的正当性问题。国家与市民社会在学理上的分野,并不是为了用市民社会来反抗政治国家,而是为了用市民社会理论来重构更为合理的社会秩序。对于国际商事仲裁裁决效力的正当性解读来说,上述目的具有极其重要的意义。

(一) 国家与社会的关系理论

最初,市民社会是指称社会和国家的一个一般性术语,与"政治社会"(political society)同义;晚近,市民社会则意指除国家外的社会和经济安排、规范、制度。[②] 市民社会与国家的分野,旨在彰显市民社会平等、自由的契约精神,并说明国家存在的正当性。

关于"国家与社会"的关系理论,不同历史时期的学者从多个视角得出了不同甚至相反的结论,洛克的"市民社会先于或外于国家"的观点和黑格尔的"国家高于市民社会"的观点具有代表性。洛克认为,与市民社会相比,国家只具有工具性的作用,即帮助市民社会解决"不自足"的问题,因此其不能渗透与侵吞市民社会,而是受市民社会之制约。黑格尔则认为,国家是目的而不是手段,其是相对于市民社会而言的一个更高的新阶段。虽然上述两种理论架构都是在论说国家存在的合理性问题,但是在市民社会与国家究竟如何作用的问题上,两种理论架构存在着根本分歧。前者肯定

---

① 苏力:《法治及其本土资源》(修订版),北京:中国政法大学出版社 2004 年版,第 1—2 页。
② 邓正来:《国家与社会——中国市民社会研究》,北京:北京大学出版社 2008 年版,第 272 页。

了市民社会之于国家建构的积极作用,否定了国家之于市民社会的正面意义;而后者肯定了国家在型构市民社会方面的积极作用,否定了市民社会之于国家建构的正面意义。① 分歧不代表问题悬而未决,它展示了一个显而易见的道理,即由制衡走向平衡才是正解。

(二)市民社会理论与仲裁裁决的效力

国际商事仲裁制度被视为市民社会的典型代表,原因如下:其一,仲裁实质上是解决争议的一种合同制度②,其处处体现着市民社会的契约精神。当事人双方只有同意将纠纷提交仲裁解决,仲裁程序才能启动。仲裁协议既是仲裁制度的基石,又是仲裁制度的契约性特征之重要体现。在仲裁程序中,当事人有充分的自由对仲裁员、仲裁地点、仲裁程序问题和实体问题的准据法等事项做出选择,这些都体现了当事人的意思自治。于是,在这一切合意行为的基础之上作出的裁决,成为了合同行为的最终结果,并具有了契约的性质。

其二,国际商事仲裁机构的早期雏形缘起于市民社会的场景。公元15 世纪,"Civil Society"一词(源于拉丁文 *civilis societas*)开始为欧洲人所采用。当时,"Civil Society"不仅代表单个国家,而且也意指那种业已发达到出现城市的文明政治共同体中的生活状况。这种(高度发达的)共同体有自己的法典(*ius civile*),偏爱文明的举止和优雅的礼节(野蛮人和前城市文化不属于市民社会),出现了依据民法而存在且受其调整的民事合作活动,并发展出了"城市生活"和"商业艺术"。③ 恰在同一时期,商人习惯法诞生,其适用于那些从事国际贸易的商人之间。从本质上讲,此阶段的商人习惯法是一整套国际习惯法规则,其具有国际性,但不具有国内法的特质。商人阶层不仅按照上述这套规则行事,而且也有自己的专门法院来解决纠纷,如行商法院或"灰脚法庭"。行商法院(Piepowder)一词来源于法文中的"Prudhommes",即"正直的人"(或行家)。这些商事法院无疑是统一的,它们具有现代调解或仲裁庭的性质,但不是严格意义上的法院。此外,用现代术语表述就是,这些商事法院具有常设国际仲裁庭的特点,即非职业性的仲裁员被召集在一起,负责在各地解决争议,并且无论处理争

---

① 参见邓正来、亚历山大:《国家与市民社会——一种社会理论的研究路径》,北京:中央编译出版社 1999 年版,第 77—100 页。

② 〔英〕施米托夫:《国际贸易法文选》,赵秀文选译,北京:中国大百科全书出版社 1993 年版,第 674 页。

③ 邓正来:《国家与社会——中国市民社会研究》,北京:北京大学出版社 2008 年版,第272—273 页。

议的法院设在何处,以及地方惯例有何区别,它们都明确地适用相同的商业惯例。① 有鉴于此,"灰脚法庭"被视为现代国际商事仲裁机构的早期雏形,并且其因适用商人习惯法和高度的独立性而具备了市民社会的自治特点。

综上所述,"国家与社会"分析框架为国际商事仲裁制度存在的合理性提供了较有说服力的解释。对国际商事仲裁独立解决纠纷能力之肯定,凸显了政治国家对市民社会在某种程度上的妥协,而此种妥协正是现代法治社会理想模式的表征之一。② 虽然"市民社会"仅是在学理上被引入的一个概念抑或是一种实体,但是这无法否认"国家"这一政治实体的存在,所以国际商事仲裁领域常常会面临关于"国家与社会"的关系之困惑。从"国家与社会"的关系题域中,我们可以找寻国际商事仲裁自治的正当性基础,并意识到现代国际商事仲裁制度是在国家与社会二者关系的张力中寻求更广阔的发展空间。

简言之,赋予仲裁解决国际商事纠纷的正当性与承认仲裁裁决效力是一个硬币的正反面,对仲裁解决纠纷正当性的认可,就是对裁决效力的认可。所以,"国家与社会"框架可以成为研究国际商事仲裁裁决效力理论的进路之一。尤其是在市民社会的场景中演绎国际商事仲裁裁决效力理论之做法,能够轻松回答仲裁的契约属性及当事人意思自治之于国际商事仲裁的根基地位。当然,"国家与社会"的分析框架不是万能的,其可以作为研究国际商事仲裁裁决效力的理论基础,但缺乏更为具体的解释力。

二、权利救济与纠纷解决类型理论

众所周知,纠纷的产生源于利益冲突。有学者从社会学的角度出发,以社会结构理论来解构纠纷的产生,并认为纠纷形成的契机在于社会提供的角色和地位不能满足社会主体的欲望要求,或者主体因对自己的地位和角色不明确而使他们之间常常出现紧张关系。③ 仲裁成为缓和这种紧张关系的诸多方式之一,尤其是在国际商事纠纷解决领域,仲裁因其显著的优势而愈加受到欢迎。

---

① 〔英〕施米托夫:《国际贸易法文选》,赵秀文选译,北京:中国大百科全书出版社 1993 年版,第 7 页。

② 郭树理:《民商事仲裁制度——政治国家对市民社会之妥协》,《学术界》,2000 年第 6 期,第 190 页。

③ 徐静村、刘荣军:《纠纷解决与法》,《现代法学》,1999 年第 3 期,第 5 页。

(一) 社会型救济与仲裁裁决的效力

为了保障自己的权益,社会主体常常采取不同的救济方式,包括私力救济和公力救济。所谓公力救济,是指国家机关依权利人的请求,运用公权力对被侵害的权利实施救济,包括司法救济和行政救济。所谓私力救济,一种说法是当事人认定自身权利遭受侵害后,在没有第三方以中立名义介入纠纷解决的情形下,不通过国家机关和法定程序,依靠自身或私人的力量来解决纠纷,以实现权利,包括强制和交涉。[①] 也有学者认为,不应将"没有第三方以中立名义介入纠纷解决"作为私力救济的首要特征,因为虽然相对于公力救济和社会救济而言,私力救济以救济主体和救济方式的民间性或私人性为特征,但是其也可能会借助非公权力的第三方力量,如讨债公司等。与私力救济不同,自力救济是相对于"他力"而言的,其以有无第三方介入为标准。因此,将"没有第三方以中立名义介入纠纷解决"作为私力救济的首要特征显然不尽准确。同时,考虑到私力救济与自力救济如今常常不加区分地被混同使用之状况,我们可以将私力救济表述为,通过私人之间、共同体内部和其他民间力量实现个人权利、解决权益纷争的非正式机制。[②]

然而,私力救济与公力救济绝非泾渭分明,私力救济中存在"公力"因素,公力救济中也存在"私力"因素。[③] 以公力救济与私力救济来划分权利救济类型的这种传统方式,已无法适应现代救济方式日益多样化的现实,某些救济方式(如仲裁[④]、调解和部分 ADR)融合了公力救济与私力救济的特征,学者们称其为社会型救济[⑤]。实际上,社会型救济是从公力救济中分割出来的部分权力和私力救济的制度化,其是私力救济制度化和司

---

① 徐昕:《论私力救济》,北京:中国政法大学出版社 2005 年版,第 102 页。

② 具体可参见范愉:《私力救济考》,《江苏社会科学》,2007 年第 6 期,第 85—86 页。

③ 徐昕:《论私力救济与公力救济的交错——一个法理的阐释》,《法制与社会发展》,2004 年第 4 期,第 50 页。

④ 基于对私力救济的不同理解,"临时仲裁"有时也被纳入私力救济的范畴。参见范愉:《私力救济考》,《江苏社会科学》,2007 年第 6 期,第 87 页。

⑤ 有人将社会型救济定义为,依靠社会权力,对被侵害的权利进行救济。参见辛国清:《公力救济与社会救济、私力救济之间——法院附设 ADR 的法理阐释》,《求索》,2006 年第 3 期,第 84 页。笔者认为,用"社会权力"来界定社会型救济不甚确切。所谓社会权力,是指社会主体因其所拥有的社会资源而对社会与国家产生的影响力和支配力。社会权力有两个向度:其一,维系社会组织内部的秩序,其首领和职能部门对其成员行使组织章程所规定的行政管理权力;其二,社会组织对外行使的社会权力,包括对国家机构和对其他社会组织与公民个人行使其影响力及支配力。参见郭道晖:《社会权力:法治新模式与新动力》,《学习与探索》,2009 年第 5 期,第 137—142 页。以社会权力来定义社会型救济不仅无法阐明社会型救济的内涵,而且使得其与公力救济和私力救济间的划分界限更加模糊。

法社会化相结合的产物。[①] 国际商事仲裁制度的发展之路是以私力救济为开端,并以向社会型救济的转型为其现代化的主要标志的。国际商事仲裁裁决也从最初的以契约为本质的一般合同债务,转变成具有公权力特征和强制效力的法律文书。同时,学者们对仲裁的性质仍争论不休,司法性与契约性孰多孰少的问题难以被定量分析。更容易达成的共识是,仲裁既含有契约的因素,又含有司法的因素。因此,国际商事仲裁裁决效力制度的构建应当走社会型救济之路,左边是司法性,右边是契约性。

(二)"合意性—决定性"纠纷类型下的仲裁裁决

日本学者棚濑孝雄着眼于纠纷解决过程中的个体行为对纠纷解决之影响,他提出了合意的纠纷解决与决定的纠纷解决之分类方式。所谓合意的纠纷解决,是指由于双方当事人就以何种方式和内容来解决纠纷等主要问题达成了合意而使纠纷得到解决之情形,典型的如交涉等。所谓决定的纠纷解决,是指第三者就纠纷应当如何解决做出一定的指示,并据此终结纠纷之情形,典型的如审判等。[②] 区分合意的纠纷解决与决定的纠纷解决之标准是,纠纷的解决是根据第三者的判断还是根据当事者之间的合意。"合意性—决定性"这条分析之轴不仅划分出了两种典型的纠纷解决类型,而且更重要的是,其可以被用来解释现实中根本不可能泾渭分明的种种纠纷解决过程,因为更多的纠纷解决类型通常是二者的混合,游走于两极之间。

在当今社会,完全属于合意型或者决定型的纠纷解决过程是极其罕见的,即使是作为典型代表的交涉和审判也并非完全对立,而是日渐呈现取长补短之势。在"合意性—决定性"的分析模型之下,国际商事仲裁也显现出了合意性与决定性的交错,即程序合意与实体决定之结合。当事人的合意是程序启动的前提,仲裁员的最终决断又是程序终结的标志。有鉴于此,依凭纠纷解决的方式来判断解决过程的合意性或者决定性显然过于武断,因为任何一种纠纷解决过程都有兼具合意因素和决定因素的可能性。笔者认为,"合意性—决定性"的动态基轴体现了纠纷解决方式之间相互模仿的态势。一方面,此种态势为纠纷解决方式的制度构建及改革提供了参考蓝本,如仲裁、调解的类诉讼化、审判与调解的结合等;另一方面,在面对纠纷处理的现实复杂性时,此种态势也体现了人们对纠纷解决成效的关注度要远胜于对纠纷的解决过程是否在解决方式的名义之下的关注度。

---

① 范愉:《私力救济考》,《江苏社会科学》,2007 年第 6 期,第 86 页。

② 〔日〕棚濑孝雄:《纠纷的解决与审判制度》,王亚新等译,北京:中国政法大学出版社 2004 年版,第 10—18 页。

权利救济与纠纷解决具有相同或近似的功能,无论是权利救济的类型划分还是纠纷解决类型的划分,目的都已不再是强调公力救济与私力救济、合意解决与决定解决间的差异。相反,伴随着这些划分,各类型的纠纷解决方式由分散方向变为收敛方向,并通过相互渗透、相互作用之途径发展完善,他们的目标均指向如何更好地解决纠纷。一项纠纷解决机制只有功能发挥良好,才能受到当事人和社会的认可,从而获得生存的契机。国际商事仲裁正是遵循着这条发展之道,将自己定位于社会型救济。虽然纠纷解决的过程具有合意性的特点,但是裁决的效力却体现了决定性纠纷解决方式的强制性。

三、国际商事仲裁裁决效力体系的价值观

作为一种为法律所认可的纠纷解决机制,仲裁在其制度构建上充分体现了公正与效率的价值目标。公正是仲裁制度的生命之源,背离了公正目标的仲裁裁决不能获得当事人的认同,更不会得到法律的认可。虽然效率价值不能直接对仲裁裁决的效力产生影响,但是其会产生间接影响。

(一)仲裁裁决制度中的公正与效率价值

在古今中外的学术论著中,关于正义的解释和分类可谓众说纷纭。从客观正义论、主观正义论,到亚里士多德的分配正义与矫正正义,以及罗尔斯的实质正义与程序正义,正义有着一张普洛透斯似的脸,变幻无常,随时可呈现不同形状并具有极不相同的面貌。[①] 然而,变化无常的学说并非迥然相异,它们都试图从不同角度说明"通过一定过程实现了怎样的结果才合乎正义"这一核心问题。当人们决定以仲裁的方式来解决他们之间的纠纷时,他们的目标都是寻找正义的结果。当然,这种对正义结果的找寻隐含了对仲裁程序的信任,否则当事人完全可以选择通过诉讼或其他解纷方式来获得同样的结果。在日常生活中,当人们遇到争议或纠纷时,若他们不能自行解决,则通常都会求助于彼此信任的第三者,这可算是仲裁的雏形。[②] 至于作出裁决的依据究竟是法律、习惯还是惯例,甚或是仅凭仲裁员内心的公允原则,都在所不问。在此种意义上,仲裁就是一种为了解决纠纷而存在的正当程序。

因此,在架构国际商事仲裁裁决效力理论的体系时,对程序是否正义

---

① 〔美〕埃德加·博登海默:《法理学——法律哲学与法律方法》,邓正来译,北京:中国政法大学出版社 2004 年版,第 261 页。

② 宋连斌:《国际商事仲裁管辖权研究》,北京:法律出版社 2000 年版,第 1 页。

的考量就十分重要。按照美国学者罗尔斯的观点,程序正义可以体现为三个立面,即纯粹的程序正义、完全的程序正义和不完全的程序正义。① 程序正义的三个立面也反映在整个国际商事仲裁制度的建构中。例如,纯粹的程序正义可以释明当事人基于合意来选择仲裁程序的行为本身是否正当。完全的程序正义和不完全的程序正义是两种效果相反的正义状态,前者从当事者的主观感受出发,表明了在制度构建中不断接近正义的必要性,后者则从客观实际出发,正视了任何裁判结果都是裁判技术对案件真实的一种妥协。因此,程序正义的三个立面并不是截然对立的,它们完全可以被呈现在一种程序设计中。笔者认为,更准确的理解应是,所谓"纯粹""完全"和"不完全",都只是从不同角度考查了正义的不同属性,以使主观的完全程序正义与客观的不完全程序正义相融合,从而达至纯粹程序正义的主客观相融状态。在实体的正义被相对化,且纠纷所涉及的关系越来越复杂的当代社会中,程序正义将直接引致裁判结果的正当化。国际商事仲裁程序架构的理想模式就是通过平衡正义的主观心理与正义的客观标准,以依据正义的程序得出公正的裁决结果,从而赋予裁决以法律效力,并同时区分出经非正义的仲裁程序作出的裁决,其效力应被否定。

如果公正标准尚具有主客观之分,那么效率则是完全可以被量化的主客观相统一的概念。按照通俗的理解,效率就是单位时间内完成的工作量。高效率就是一个生产过程以最少的投入总成本生产出既定水平的产出,或者一个生产过程可使既定的投入组合得到的产出水平达到最大。② 国际商事仲裁的效率有多维度的体现,最为直接的当属经济成本和时间成本。"由于仲裁员仲裁的案件与法院审判的案件是不相同的,因而将实际仲裁程序的平均成本和速度与法院实际案件进行比较并不具有特别的意义。……而且,仲裁在一个国家可能比诉讼更便宜或更快,但在另一个国家则并非如此。"③ 随着国际商事仲裁案件的争议金额及复杂程度之增加,

---

① 所谓纯粹的程序正义,是指关于什么才是合乎正义的结果并不存在任何标准,存在的只是一定程序规则的情况,即遵守程序本身就是一种正义。所谓完全的程序正义,是指在程序之外存在着决定结果是否合乎正义的某种标准,且同时也存在着使满足这种标准的结果得以实现的程序正义的情况,如"切蛋糕"理论。所谓不完全的程序正义,是指虽然在程序之外存在着衡量什么是正义的客观标准,但是百分之百地使满足这个标准的结果得以实现的程序却不存在。尤其在刑事诉讼中,没有一种程序能使案件真相重现,从而避免无罪被判有罪、有罪被判无罪的错误。参见〔日〕谷口安平:《程序的正义与诉讼》,王亚新等译,北京:中国政法大学出版社 2002 年版,第 2 页。

② 〔美〕罗伯特·D. 考特、〔美〕托马斯·S. 尤伦:《法和经济学》,上海:上海三联书店 1994年版,第 24 页。

③ 〔美〕克里斯多佛·R. 德拉奥萨、〔美〕理查德·W. 奈马克:《国际仲裁科学探索——实证研究精选集》,陈福勇等译,北京:中国政法大学出版社 2010 年版,第 16 页。

成本与速度的说服力已逐渐减弱。然而,与诉讼或其他非讼方式相比,仲裁在解决国际商事纠纷方面还存有一个突出的优势——国际范围内的执行力,这一优势能够有效地促使纠纷得到彻底解决。因此,从纠纷解决的效率角度来看,国际商事仲裁的确是一种高效率的解纷机制。

(二)仲裁裁决效力体系构建中的价值选择

在民商事领域,纠纷以何种方式解决,主要取决于当事人的选择。因此,在自主权衡利弊后,当事人会选择诉讼或者仲裁等 ADR 方式。就此种意义而言,各种纠纷解决方式的独立存在还需仰仗良性的竞争关系。若欲成就一项有效的纠纷解决机制,则除了对公正价值的追求外,效率也是当事人所关注的重要价值。有学者运用实证研究的方法,总结出国际商事仲裁具有的最重要的两个优势,即仲裁庭的中立性和法律框架的优越性。[①]国际商事纠纷的当事人之所以选择仲裁而非诉讼解决纠纷,一方面是因为怀疑对方所在国的法院在处理案件过程中存在公正性问题,另一方面是因为在影响日隆的《纽约公约》之下,裁决的国际执行得到了可靠保障。仲裁庭的中立性关乎公正,裁决的国际执行性关乎效率。由此可见,公正和效率是人们最为关注的价值,仲裁制度植根于斯,成长于斯。

然而,在论及国际商事仲裁裁决效力的问题时,公正与效率却被视为一对难以调和的矛盾,颇有一种不在二者之间做出选择就不能进行制度构建之势。在架构国际商事仲裁裁决效力体系的过程中,我们需要解决的核心问题就是裁决的终局性问题。通常认为,为了保证裁决的公正,我们必然需要设置与诉讼类似的裁决监督体制,甚至我们有时需要直接借助法院的力量才能获得公正的结果,而这种监督体制又是以牺牲仲裁的效率为代价的。所以,在制度设计方面,我们容易陷入两难境地,即究竟是为选择公正目标而舍弃效率价值,还是"效率优先,兼顾公平"。笔者认为,公正与效率既对立又统一,国际商事仲裁裁决效力制度的建构需要在二者间求得衡平,原因如下:

首先,国际商事仲裁将程序正义作为主要的价值追求。自罗尔斯提出程序正义以来,国内外学者掀起了关于程序正义与实质正义孰轻孰重的热烈讨论。基于人类认识的局限性,实质正义存在相对性,即不论采取何种程序,我们都只能接近而不能到达客观真实。在人类力所能及的范围内,程序正义可以使人们通过不断完善程序得到更接近正义的结果。程序正义优于实质正义逐渐成为学者们的共识。况且,国际商事仲裁起源于西方

---

① See Christian Bühring-Uhle, *Arbitration and Mediation in International Business*, Hague: Kluwer Law International, 1996, pp. 127-156.

社会,因此在程序正义优先的土壤中,其必然以程序正义为价值本位。

其次,追求公正与追求效率非但不矛盾,而且还有着千丝万缕的联系。一方面,公正价值是所有纠纷解决机制和当事人所追求的目标。只有在公正的基础上,纠纷解决才能真正地实现高效,因为效率的提高不仅是成本的降低和时间的减少,而且还包括裁决执行可能性的增加。依照《纽约公约》第 5 条的规定,针对违反程序公正而作出的裁决,被申请国法院有拒绝执行的权力。所以,如果我们一味强调速度而忽略质量,那么即使法院迅速作出了裁决,其也无法获得执行,从而拖延了纠纷的最终解决,并导致欲速则不达之后果。另一方面,效率的价值追求也内含了对公正的追求。正如法谚"迟到的正义是非正义"所表明的,正义的结果是有时间界限的,程序本身的高效就是一种正义的体现。所以,在裁决监督体系的设计过程中,我们绝不是不顾一切地追求最终结果的正义,而是更应该重视提高仲裁程序的效率。这也就是说,效率离不开公正的评价,而效率又是公正的前提。人为地割裂公正与效率的联系,最终的结果只能是二者都无法实现。

由此可见,市民社会的正当性、社会型救济方式的产生、合意性—决定性纠纷解决类型模型以及公正与效率的价值平衡,从不同侧面解释了国际商事仲裁裁决何以具有法律效力,而且在构建国际商事仲裁裁决效力体系时,这些理论也将发挥重要的作用。

第三节　国际商事仲裁裁决的效力来源

作为解决纠纷的一种方式,国际商事仲裁展现自身解决纠纷之效果的直接载体为仲裁裁决。仲裁裁决能否得到当事人的遵守、能否获得法院的支持、内容能否实现等问题皆可归结为仲裁裁决的效力问题。如果司法判决的效力依据被建立在国家司法权的权威地位这一基础之上,那么仲裁裁决的效力依据则因仲裁权性质的多重性而呈现出多元化特征。总体来说,仲裁裁决的效力来源于当事人的授权与法律的授权,这种效力来源的分类与国际商事仲裁的性质是密不可分的。众所周知,关于国际商事仲裁的性质历来有契约说、司法权说、混合说、自治说等各种观点之争。有学者从国际商事仲裁历史发展的角度论述混合说的合理性[①];有学者从唯物辩证法

① 何炼红:《论国际商事仲裁的性质》,《湖南省政法管理干部学院学报》,2002 年第 4 期,第 31—33 页。

现象与本质的关系角度论述契约性、自治性、司法性有机结合的准确性[①]；也有学者从仲裁权的角度进行论述[②]。究其本质，上述这些学说的争论焦点主要集中在仲裁的契约性和司法性上。失去了契约性，国际商事仲裁不能构成一种独立的纠纷解决方式，其缺乏存在基础；缺少了司法性，国际商事仲裁无法得到法律的保障，从而失去了发展的动力。[③] 因此，长久以来的争论并没有出现某种学说占据统治地位的情况，各国的立法与司法实践也是根据对仲裁性质的不同理解而给予仲裁更多支持或者更多限制。所以，笔者得出的结论是，国际商事仲裁兼具契约性和司法性，不同时代背景下的国际商事仲裁只是在这二者的角力间寻求新的平衡。同样，性质问题反射到裁决效力的来源上，也呈现出混合的态势。只有在当事人与法律共同授权的基础之上，国际商事仲裁裁决才能产生效力。

一、当事人的合意

当事人的合意是国际商事仲裁裁决效力的重要来源。一般来说，商事纠纷的解决只关乎当事人的个人利益，具有较强的私人性。纠纷当事人有权选择自己认为恰当的解纷方式，既可以是私力救济性质的和解与协商，也可以是公力救济性质的诉讼或融合公力救济与私力救济特征的仲裁。因此，我们可以说，在商事纠纷中，任何纠纷解决方式的运用都是当事人意思自治的体现。同时，任何一种纠纷解决方式也只有在被当事人选择后，才能介入纠纷，即纠纷解决机制具有被动性。与司法权具有被动性和消极性一样[④]，没有当事人的授权，仲裁程序也是无法启动的；没有当事人的请求，仲裁庭不得随意审查其他事项。然而，基于仲裁的契约属性，与司法权相比，仲裁权的被动性有着更为特殊的体现方式。

（一）当事人的合意决定仲裁程序的启动

首先，司法程序的启动只需纠纷一方当事人的请求，而仲裁程序的启

---

① 宋航：《国际商事仲裁之性质述评》，《荆州师范学院学报》，1999 年第 6 期，第 103—104 页。

② 乔欣：《仲裁权论》，北京：法律出版社 2009 年版，第 32—48 页；张春良：《国际商事仲裁权的性质》，《西南政法大学学报》，2006 年第 4 期，第 20—26 页。

③ 杨桦：《论网上仲裁程序法的适用》，《重庆师范大学学报（哲学社会科学版）》，2011 年第 2 期，第 117 页。

④ 所谓司法权的被动性（消极性），是指在司法权的整个运行过程中，法院只能根据当事人的申请（包括申请行为和申请内容）进行裁判，其不能主动启动司法程序或擅自变更当事人的诉请内容，主要表现为启动的被动性和司法裁判范围的有限性，即司法裁判的范围不能超越诉的范围。参见刘瑞华：《司法权的基本特征》，《现代法学》，2003 年第 3 期，第 89—90 页。

动还需要有仲裁协议的存在。也就是说,诉讼是单方意思表示的结果,而仲裁却是双方合意的结果。商事仲裁法的首要原则是当事人意思自治原则,即除非当事人同意将其争议提交仲裁而不是在法院诉讼,否则仲裁程序不会启动。[①] 如果司法程序的启动也需要当事人的授权,那么仲裁程序的启动之关键就在于"合意"二字。通常,当事人的合意是以仲裁协议为表现形式的。仲裁协议是当事人合意选择通过仲裁方式来解决商事纠纷的意思表示之法律化形式。[②] 因此,仲裁协议是整个仲裁制度的基石,其是仲裁程序进行和仲裁裁决作出的依据。

其次,仲裁程序中的当事人比司法程序中的当事人享有更广泛的意思自治。纠纷一旦进入司法程序,为了保证必要的程序公正,各项工作通常都会按照法律的规定得到推进,当事人只能在极其有限的范围内享有程序决定权,如自愿达成和解协议等;而在仲裁程序中,当事人享有较多的程序选择权,双方除了可以在签订仲裁协议时明确约定要适用的仲裁规则外,还可以合意对程序规则进行变更或补充,这是为国际组织、国际仲裁机构和国内法所认可的。联合国《国际商事仲裁示范法》第 19 条第 1 款规定:"以服从本法的规定为准,当事各方可以自由地就仲裁庭进行仲裁所应遵循的程序达成协议。"《伦敦国际仲裁院仲裁规则》第 14 条第 1 款规定:"当事人可以并且仲裁院也鼓励当事人就仲裁程序的进行达成一致,只要其始终符合仲裁庭的一般义务。"《瑞士联邦国际私法法典》第十二章"国际仲裁"第 182 条规定:"(1)当事人可以直接地或者按照仲裁规则确定仲裁程序,他们也可以按其选择的程序法进行仲裁程序;(2)当事人没有确定程序的,仲裁庭应当根据需要,直接或者按照法律或者仲裁规则,确定仲裁程序;(3)无论选择何种程序,仲裁庭应当确保平等地对待双方当事人,以及在辩论的程序里对当事人的权利进行审理。"同时,在司法程序中,受英美法系的"当事人主义"诉讼模式与大陆法系的"职权主义"诉讼模式存在区别之影响,当事人的程序推进作用有大有小。但是,任何一种法律传统都不会影响当事人在推进国际商事仲裁程序中的作用。

(二)当事人合意的限制

在国际商事仲裁中,当事人的合意能够启动仲裁程序与决定仲裁事项,而且整个仲裁程序都贯穿着意思自治的因素。除了上述对仲裁程序的

---

① 〔英〕施米托夫:《国际贸易法文选》,赵秀文选译,北京:中国大百科全书出版社 1993 年版,第 611 页。

② 乔欣:《比较商事仲裁》,北京:法律出版社 2004 年版,第 98 页。

选择,当事人的合意还包括对仲裁机构和仲裁员的选择、对实体法律适用的选择等。当然,自由都是相对的、有界限的,因此当事人的意思自治也是有限度的。一方面,仲裁当事人的这种自由本身都是由法律赋予的,即法律允许在司法诉讼之外,当事人还可以通过仲裁来解决国际商事纠纷。法律承认仲裁裁决的效力,并要求法院提供适当范围内的支持,以强制执行仲裁裁决。同时,各国法律一般也都规定了可以仲裁的事项范围。针对法律所规定的不可仲裁之事项,即使当事人做出约定,该约定也被认为是无效的,因此据此作出的仲裁裁决也不会得到法律的认可和支持。

另一方面,法律对当事人的意思自治也会设定要求,其中有的属于任意性规范,有的属于强制性规范。在当事人的意愿与仲裁法律或仲裁规则的任意性规范并存时,当事人的意愿应该受到尊重和保护,因为法律的任意性规范实质上是对不明确的当事人意思之后续补充;在当事人的意愿与仲裁法律或者仲裁规则的强制性规范相冲突时,当事人的意愿必须服从于法律的要求。[1] 例如,在上述关于当事人对仲裁程序之选择的规定中,虽然国际法、国内法及仲裁机构的仲裁规则赋予了当事人选择仲裁程序的自由,但是这些文件也都规定了该种选择应符合法律规定或程序正义的一般要求。再如,各国法律几乎都规定,法院有权对仲裁裁决进行司法审查,并且当事人是不能通过仲裁协议或其他独立协议来合意排除法院的这项权力的。在法国和德国,法院对仲裁裁决的司法审查权被视为是一种公共政策或涉及公共的利益;在奥地利、英国和瑞士,虽然法律允许当事人在仲裁协议中合意排除法院救济,但是此项规定被附加了严格的限制条件。《英国仲裁法》原则上不允许当事人以协议的形式合意排除法院救济,唯一的例外是在临时仲裁协议中出现这种合意时,仲裁庭才有权自己审查协议的有效性,并在此基础上排除法院的复审。《瑞士联邦国际私法法典》应当算是最为开明的,其允许当事人以书面的、明示的方式合意放弃向法院寻求部分或全部救济的权利,但条件是双方当事人在瑞士均无住所、惯常居所或营业所。而且,一旦当事人申请在瑞士执行裁决,其就必须遵守《纽约公约》,包括其中的法院救济条款。[2] 有相似规定的国家还包括比利时、瑞典、突尼斯等。[3] 因此,虽然当事人合意是仲裁裁决效力的根本来源,但是只有符合法律规定的合意才能产生相应的法律效力。

---

① 乔欣:《仲裁权论》,北京:法律出版社 2009 年版,第 88—89 页。

② Christoph Liebscher, *The Healthy Award: Challenge in International Commercial Arbitration*, Hague: Kluwer Law International, 2003, p. 380.

③ 参见赵秀文:《国际仲裁中的排除协议及其适用》,《法学》,2009 年第 9 期,第 144 页。

二、法律的授权

在国际商事仲裁中,从仲裁协议的缔结到最终裁决的作出,都会涉及多种法律适用问题,主要包括仲裁协议的法律适用、仲裁程序法的适用、仲裁实体法的适用等。我们通过这些法律适用问题可以看出,从程序到实体、从程序启动到裁决作出,国际商事仲裁归根结底都会受制于某国的法律制度。从宏观角度来看,在法律的授权下,仲裁裁决才能具有法律效力;从微观角度来看,仲裁裁决的效力将受法律选择的影响,裁决是否有效,最终取决于相关国内法的规定。

(一) 影响国际商事仲裁裁决效力的法律范围

根据适用范围的不同,影响国际商事仲裁裁决效力的法律体系总体可以分为国际法与国内法。国际法体系既包括多边国际公约、双边条约,又包括仅具有指导意义的法律文书。作为多边国际公约典型代表的《纽约公约》第 3 条规定:"在以下各条所规定的条件下,每一个缔约国应该承认仲裁裁决具有约束力,并且依照裁决需其承认或执行的地方程序规则及如下各条的规定予以执行。"同时,《纽约公约》第 5 条第 1 款 e 项规定:"被请求承认或执行裁决的管辖当局只有在作为裁决执行对象的当事人提出有关下列情况的证明的时候,才可以根据该当事人的要求,拒绝承认和执行该裁决:……裁决对当事人还没有约束力,或者裁决已经由作出裁决的国家或据其法律作出裁决的国家的管辖当局撤销或停止执行。"根据上述两条规定,《纽约公约》承认仲裁裁决具有法律效力,并暗示了与裁决效力相关的法律包括裁决作出地法律、仲裁程序适用的法律、被申请承认与执行地法律。基于多边公约数量的增多及影响力的增强,以仲裁为主要内容的双边条约日渐减少,将仲裁内容作为其他主事项条约的附属条款越来越多,从而便利了仲裁协议与裁决的相互执行。[①] 由此可见,针对国际商事仲裁裁决的效力,现行国际法更多地只是提供了一条冲突规范,以指引某国的国内法律进行判断,因此最终起决定作用的仍是国内法。有鉴于此,作为国际社会最重要的国际组织,联合国在推进各国国内仲裁立法统一化的道路上做出了重大贡献。

联合国国际贸易法委员会先后制定了《仲裁规则》、联合国《国际商事仲裁示范法》等具有较大影响力的指导性法律文书。虽然这些法律文书没

---

① 参见〔法〕菲利普·福盖德等:《国际商事仲裁》(影印本),北京:中信出版社 2004 年版,第 109—117 页。

有国际条约和国内立法的强制力,但是它们为国际商事仲裁的趋同化和标准化提供了很好的参照,并在实践中获得了国际社会的广泛认可。目前,已有包括世界主要贸易国家在内的 84 个国家根据联合国《国际商事仲裁示范法》制定了本国的仲裁法。① 联合国《国际商事仲裁示范法》关于裁决效力的规定与《纽约公约》如出一辙②,其基本确定了将裁决作出地法律、仲裁程序法律适用地、被申请承认与执行地法律作为影响裁决效力的主要法律。通过以上方式,各国在承认国际商事仲裁裁决的效力及执行裁决方面已经达成了广泛共识。即便如此,考虑到国际商事仲裁案件的复杂性,裁决作出地、程序法律适用地、被申请承认或执行地很可能分属不同国家,这三地的法律之内容也可能出现不尽相同甚至相冲突的情形。在此种情况下,我们将以何地法律来判定裁决的效力呢? 或者这三地的法律在判定国际商事仲裁裁决效力方面的作用如何呢?

(二) 国际商事仲裁裁决的效力来源于国籍国法律

关于国际商事仲裁裁决效力的讨论是以承认仲裁的地域性特征为基础的。曾流行于上世纪 60 年代的"非地方化"理论就否定了国际商事仲裁的地域性,其认为裁决的强制效力并不必然来自仲裁地法,仲裁可以独立于仲裁地法进行,即使裁决不依仲裁地法作出也同样有效,而且可以在他国得到承认和执行。③ "非地方化"理论力图使国际商事仲裁程序完全摆脱仲裁地法的控制和支配,并以此为基础,构建一种新型的、完全自治的国际商事仲裁体系。④ 尤其是在网上仲裁出现以后,"非地方化"理论更获得了现实支持。然而,"非地方化"理论却不免带有浓厚的理想主义色彩,因此也饱受非议,反对者认为该理论面临着裁决的有效性及承认与执行的难题。虽然仲裁制度肇始于民间,并发轫于当事人的意思自治,但是现代仲裁制度却早已被纳入了法律的框架。仲裁不应该背离法律太远,因为这会

---

① http://www.uncitral.org/uncitral/zh/uncitral_texts/arbitration/1985Model_arbitration_status.html,访问日期:2021 年 1 月 10 日。

② 联合国《国际商事仲裁示范法》第 35 条第 1 款规定:"仲裁裁决不论在何国境内作出,均应承认具有约束力,而且经向管辖法院提出书面申请,即应依照本条和第 36 条的规定予以执行。"同时,联合国《国际商事仲裁示范法》第 36 条第 1 款 a 项规定:"仲裁裁决不论在何国境内作出,仅在下列任何情形下才可拒绝予以承认或执行:(a)援用的裁决所针对的当事人提出如此请求,并向被请求承认或执行的管辖法院提出证据,证明有下列任何情况:……(v)裁决对当事人尚无约束力,或者已经由作出裁决的国家或裁决依据的法律所属的国家法院所撤销或者中止执行;……"

③ J. Paulsson, "Delocalization of International Commercial Arbitration: When and Why It Matters", *International and Comparative Law Quarterly*, vol. 32, p. 53, 1983

④ 王瀚:《国际商事仲裁的非当地化理论之探析》,《法律科学》,1998 年第 1 期,第 61 页。

严重损害仲裁的权威,即仲裁结果的可预见性和确定性。① 事实上,当事人选择仲裁并非意味着放弃法律规则。② 如同上文所述,国际商事仲裁的自治应在法律的范围内,仲裁裁决的有效性需要得到法律的确认,仲裁裁决的承认与执行更离不开法律的支持。所以,飘荡于法律真空之中的"浮动仲裁"(floating arbitration)或"浮动裁决"(floating awards)根本不可能存在。在国际商事仲裁中,有关地域的确定从来都十分重要,如仲裁地、裁决作出地、程序法律适用地等,因为仲裁不与特定国家的国内法相联系,就不会产生法律上的拘束力。③

由此可见,国际商事仲裁裁决的效力来源于裁决国籍国法律,而且也只有仲裁裁决的国籍国才能行使撤销裁决的权力。裁决的国籍并不是实践中的概念,其在相关的国际立法或国内立法中也从未被提到过。事实上,裁决的国籍只是理论上为了解释裁决的效力受何国法律支配而被提炼出来的一个术语。《纽约公约》第 1 条第 1 款规定:"仲裁裁决,因自然人或法人间之争议而产生且在申请承认及执行地所在国以外之国家领土内作成者,其承认及执行适用本公约。本公约对于仲裁裁决经申请承认及执行地所在国认为非内国裁决者,亦适用之。"据此,公约裁决可分为"外国裁决"和"非内国裁决",前者依据裁决作出地确定④,后者依据仲裁程序所适用的法律确定⑤。公约裁决被如此划分,一方面是两大法系在裁决国籍问题上进行斗争的结果,另一方面也表明公约的目的是尽可能地扩大适用范围,并希望各缔约国能够对这两类裁决一视同仁地承认或执行。

在《纽约公约》、联合国《国际商事仲裁示范法》等国际公约的不懈努力下,仲裁在解决国际商事纠纷方面的能力得到了普遍认同,国家间基本达成了支持仲裁的共识,因此裁决的承认和执行方面的阻碍将会越来越少,裁决国籍因素的重要性也会相应地降低。然而,在裁决撤销权的行使方面,裁决的国籍问题却是无法回避的。通常,《纽约公约》第 5 条第 1 款 e 项的规定被理解为是公约将裁决的撤销权赋予了裁决作出地或仲裁程序

---

① 杨桦:《论网上仲裁程序法的适用》,《重庆师范大学学报(哲学社会科学版)》,2011 年第 2 期,第 117 页。
② 齐飞:《国际商事仲裁中当事人意思自治领域的新发展——以《纽约公约》第 5、6、7 条的修改为中心》,《仲裁研究》,第 9 辑,第 19 页。
③ 周鲠生:《国际法(上册)》,北京:商务印书馆 1976 年版,第 248 页。
④ 裁决作出地标准为英、美等普通法系国家所主张,其认为仲裁裁决的国籍取决于裁决作出的地点,即仲裁裁决在何国作出就具有该国国籍,而不论仲裁适用的是何国之程序法。
⑤ 程序法律适用标准为以法国和德国为代表的部分大陆法系国家所主张,主要是指国际商事仲裁裁决的国籍取决于进行仲裁程序应当适用的法律,适用何国的程序法就具有何国国籍。

法律适用地,即裁决国籍国。联合国《国际商事仲裁示范法》第36条第1款a项也做了与《纽约公约》相似的规定。裁决的撤销就意味着对裁决效力的否定,当事人的实体权利义务将因此受到重大影响,所以裁决撤销权的行使必须首先明确权力行使的主体。然而,在现行的国际法律体系下,行使裁决撤销权的主体并不是唯一的,尤其是当裁决作出地与仲裁程序法律适用地不同时,究竟该由何地行使撤销权,以及两地分别行使撤销权后的效力如何,这些问题值得研究。再者,《纽约公约》并没有规定撤销权的行使条件,仅具有指导作用的联合国《国际商事仲裁示范法》倒是在第34条①中规定了撤销的条件。因此,不论从裁决撤销权的行使主体来看,还是从行使条件来看,裁决的撤销目前还是由各国依据国内法自行处理,但各国法律的不同会导致潜在的冲突。在《纽约公约》的推动下,虽然商事仲裁裁决能够获得较普遍的承认与执行,但是其依旧面临着被裁决国籍国撤销的风险。更为棘手的问题是,被其国籍国撤销后,仲裁裁决还不一定能为被申请承认与执行地所认可。

综上所述,国际商事仲裁裁决的效力首先来源于当事人的合意。仲裁裁决的作出必须以当事人的合意为基础,没有当事人的合意,仲裁程序无法启动,相关主体也无法作出裁决、解决纠纷。当然,当事人合意行为的效力是在法律的授权之下的,法律的授权也必然是仲裁裁决效力的重要来源。关于当事人合意与法律授权到底何者为先的问题,笔者认为这无异于走入了"鸡生蛋、蛋生鸡"的怪圈。如同"国家与社会"分析框架一样,国家与市民社会到底何者为前提并不重要,重要的是这种框架所传达的相互制衡之理念。所以,无论是当事人的合意,还是法律授权,它们都是国际商事仲裁裁决效力的来源。

---

① 联合国《国际商事仲裁示范法》第34条第2款规定:"有下列情形之一的,仲裁裁决才可以被第6条规定的法院撤销:(a)提出申请的当事人提出证据,证明有下列任何情况:(ⅰ)第7条所指仲裁协议的当事人有某种无行为能力情形;或者根据各方当事人所同意遵守的法律或在未指明法律的情况下根据本国法律,该协议是无效的;(ⅱ)未向提出申请的当事人发出指定仲裁员的适当通知或仲裁程序的适当通知,或因他故致使其不能陈述案情;或(ⅲ)裁决处理的争议不是提交仲裁意图裁定的事项或不在提交仲裁的范围之列,或者裁决书中内含对提交仲裁的范围以外事项的决定;如果对提交仲裁的事项所做的决定可以与对未提交仲裁的事项所做的决定互为划分,仅可以撤销含有对未提交仲裁的事项所做的决定的那部分裁决;或(ⅳ)仲裁庭的组成或仲裁程序与当事人的约定不一致,除非此种约定与当事人不得背离的本法规定相抵触;无此种约定时,与本法不符;或(b)法院认定有下列任何情形:(ⅰ)根据本国的法律,争议的事项不能通过仲裁解决;或(ⅱ)该裁决与本国的公共政策相抵触。"

第二章　国际商事仲裁裁决的形式效力

关于国际商事仲裁裁决效力的具体内容,大陆法系与英美法系有不同的理解,这种差异源于二者对民事判决效力的不同解读。相比较而言,大陆法系的民事判决效力理论更具抽象化和理论化的特点,而英美法系的民事判决效力理论更注重实践中的具体应用,但其同样具有自己独特的体系。虽然两大法系看问题的角度不同,但是它们有非常相似的认识,尤其是在对诉讼经济、定纷止争、诚实信用等价值的理解上,它们不仅是一致的,而且是相互借鉴的。我国民事诉讼法学界的权威之一江伟先生发表的《论判决的效力》一文,基本奠定了大陆法系的理论架构在我国民事判决效力研究领域的主流地位。此外,作为一种"准司法"的解纷方式,国际商事仲裁与民事诉讼有着千丝万缕的联系,因此本书将以大陆法系效力理论的架构为分析主轴,并与英美法系就同一问题的理解进行互动。

不论是大陆法系的学者还是英美法系的学者,他们对民事判决效力类型的研究,皆以既判力和执行力为重点。当然,大陆法系的学者更擅长提炼出一组体系化的概念,而英美法系的学者更乐于着手解决实践中可能出现的各种问题。所以,德国学者罗森贝克等将判决效力区分为形式既判力、实质既判力、执行力、形式效力、事实构成效力、辅助参加效力和先例效力。[1] 法国学者洛伊克·卡迪耶将判决效力分为实体性效力和程序性效力。[2] 日本学者中村英郎将判决效力分为程序上的形式效力、对诉讼对象的实体效力以及其他效力,包括有既判力、参加效力、构成要件的效果(反射效力)、事实上的效果等。[3] 我国学者江伟则明确将判决效力分为形式

---

① 〔德〕罗森贝克等:《德国民事诉讼法》,李大雪译,北京:中国法制出版社2007年版,第1143—1147页。

② 〔法〕洛伊克·卡迪耶:《法国民事司法法》,杨艺宁译,北京:中国政法大学出版社2010年版,第509—524页。

③ 〔日〕中村英郎:《新民事诉讼法讲义》,陈刚等译,北京:法律出版社2001年版,第225—227页。

效力和实质效力,判决的形式效力包括判决的拘束力、判决形式上的确定力,判决的实质效力包括判决的既判力、执行力和形成力。[①] 判决的形式效力主要是指判决在程序上所具有的效力,其区别于基于判决内容而产生的实质效力。根据作用对象的不同,形式效力可以分为对法院产生的拘束力和对当事人产生的形式确定力。

第一节　国际商事仲裁裁决的拘束力

总体来说,不论是将判决的拘束力称为羁束力,还是将其视为一种未命名的程序性效力,大陆法系的学者所指的都是一种因宣判而产生的作用于法院之效力,其核心是一旦作出判决(无论是终局判决还是中间判决),法官就不得再行处理其裁断的争议,即使事后发现判决不当或错误,法官也不能再擅自做出取消或变更判决之决定,除非出现了可以变更或更改判决的情况。随着判决的宣告或者宣告的送达,法院的裁判也就产生了,因此从外部看,诉讼被裁判法院(全部或者部分)终结了。因此,法官的裁判和他所持有的理由不再能单方面被裁判法院消灭或者纠正,这显然是理所当然的。[②] 虽然英美法系没有专门概括判决拘束力的术语,但是其同样承认判决应具有"最终的"(final)和"拘束的"(binding)效力,并认为这是判决产生既判力的前提。[③] 而且,两大法系普遍认可判决拘束力的产生时间为判决宣示之后,以区别于部分判决效力需在判决确定后才能产生。判决的宣布意味着法官的案件管辖权之用尽,而在此基础上,判决的其他效力将会显现。当然,判决的拘束力也不是绝对地禁止法官再行处理案件,即存在例外的情况,如各国通常都规定法官有权解释判决书、对判决书的文字性遗漏或错误进行补正、在特定情况下将案件发回重审等,而且对漏判事项和超判事项的处理也部分体现着判决拘束力的例外。

一、国际商事仲裁裁决拘束力的含义

国际商事仲裁裁决也是一种裁判文书,只不过它的效力来源既包括法

---

① 江伟、肖建国:《论判决的效力》,《政法论坛》,1996 年第 5 期,第 1 页。

② 〔德〕汉斯-约阿希姆·穆泽拉克:《德国民事诉讼法基础教程》,周翠译,北京:中国政法大学出版社 2005 年版,第 291 页。

③ 〔美〕格兰农:《民事诉讼法(第四版)》(注译本),孙邦清等注,北京:中国方正出版社 2004 年版,第 481 页。

律的授权,又包括当事人的授权。所以,总体来说,国际商事仲裁裁决具有类似于法院判决的效力,但是仲裁制度的契约属性会导致其效力的内涵不尽相同。国内学者对国际商事仲裁裁决拘束力的研究较少,有学者提出了仲裁裁决形式拘束力的概念,并认为仲裁裁决的形式拘束力主要是指仲裁裁决一经作出就产生程序上的确定力,其与仲裁裁决的内容无关。这种形式拘束力一方面体现为作出裁决的仲裁机构不得任意将裁决撤销或废除,另一方面体现为负有监督义务的法院也不得未经法定程序而取消裁决的效力。[①] 更多的学者未就仲裁裁决的效力做如此细致的区分,他们只是笼统地提出了仲裁裁决的既判力。[②] 笔者认为,朝令不得夕改是对国际商事仲裁裁决拘束力的概括解释,即国际商事仲裁裁决拘束力是一种因裁决的作出而产生的作用于仲裁庭之效力。一旦作出裁决(无论是最后裁决、中间裁决还是部分裁决),仲裁庭就不得再行处理其裁断的争议,即使事后发现裁决不当或错误,仲裁庭也不能擅自做出取消或变更裁决之决定,除非出现了可以变更或更改裁决的情况,英美法系称此为"functus officio"。[③]根据1996年的《英国仲裁法》第58条之规定,除非当事人另有约定,仲裁庭根据仲裁协议作出的裁决对当事人及其相关方具有最终的和拘束的效力,此效力不影响当事人通过上诉、复审等程序声明对裁决不服的权利。虽然大陆法系未使用"裁决拘束力"这一概念,但是其在立法规定中适用了与判决拘束力相同的解释。例如,《德国民事诉讼法》第1056条规定,仲裁程序以作出最终裁决终止,仲裁员职务也同时终止。《法国民事诉讼法》第1475条规定,仲裁裁决一经作出,仲裁庭即停止管辖。同时,《法国民事诉讼法》还规定仲裁员的权力可参照法典第461—463条的有关法官权力之规定。[④] 由此可见,两大法系都认可仲裁裁决应具有拘束力,而且这种拘束力既是国内仲裁裁决所应具有的效力,又是国际商事仲裁裁决所应具有的效力。联合国国际贸易法委员会在其《国际商事仲裁示范法》第32条中规定,仲裁程序依终局裁决或仲裁庭按照本条第(2)款发出的裁定宣告终止;……仲裁庭之委任随仲裁程序的终止而终止,但须服从第33条和第34(4)条的规定。

---

① 宋明志:《仲裁裁决效力论》,《北京仲裁》,第71辑,第53页。

② 齐湘泉:《外国仲裁裁决承认及执行论》,北京:法律出版社2010年版,第243—254页;刘想树:《中国涉外仲裁裁决制度与学理研究》,北京:法律出版社2001年版,第184—187页。

③ Thomas H. Webster, "Functus Officio and Remand in International Arbitration", *ASA Bulletin* no. 27, p. 441, 2009.

④ 〔法〕让·文森、〔法〕塞尔日·金沙尔:《法国民事诉讼法要义》,罗结珍译,北京:中国法制出版社2001年版,第1458—1459页。

国际商事仲裁裁决拘束力的功能是终结仲裁程序,其通常将仲裁庭作出裁决的日期作为裁决拘束效力产生的起始时间点。与判决类似,仲裁裁决的成立与确定之间也是有时间差的。在成立后,裁决就会对仲裁庭产生拘束力,但这种拘束效力只可作用于仲裁庭,目的是防止仲裁员作出前后不一致的裁决,从而损伤仲裁的权威性,并动摇仲裁在国际商事纠纷解决中的重要地位。裁决的拘束力是其他效力产生的基础,因为仲裁裁决只有在相当确定,并不再会因通常的不服声明而被改变后,才能对当事人甚至法院产生约束效力。由此见可,仲裁裁决拘束力的产生是其他一切效力产生的先决条件,发生效力的时间与作用对象是区分仲裁裁决拘束力和其他效力的关键点。有学者提出的仲裁裁决的形式拘束力之作用对象也包括法院①,就是其混淆了裁决的拘束力与其他效力。另外,拘束力不仅仅是最终裁决所具有的效力,中间裁决或部分裁决也同样具有拘束力,因为不论仲裁庭在仲裁程序的何种阶段做出决定,只要该决定具有"裁决"的地位,其就是仲裁庭对纠纷解决的一次判断,所以同样不能朝令夕改。如果仲裁庭在最终裁决中推翻了自己先前作出的中间裁决或部分裁决,那么这种做法就是破坏了裁决的拘束力。当然,国际商事仲裁裁决的拘束力并不是完全禁止针对裁决书的任何修改,多数仲裁规则和法律都规定了仲裁裁决拘束力的例外情况。

二、国际商事仲裁裁决拘束力的例外

虽然在作出裁决后,仲裁庭的权力即告终结,但是例外的情况也是存在的,如对裁决书的补正。

裁决书的补正也存在不同的情况,有单纯的类似誊写、计算等方面的错误的,有应当事人的请求解释裁决书的,也有针对漏裁事项作出补充裁决的。通常,各国立法、国际规约及机构仲裁规则都规定了仲裁庭享有补正的权力,并将其作为裁决拘束力的例外情况。例如,《法国民事诉讼法》第 1475 条规定,仲裁庭可参照第 461—463 条的规定,对仲裁裁决进行解释,补正裁决中的文书错误和疏漏,以及对其遗漏裁决的请求事项作出补充裁决。《德国民事诉讼法》第 1057—1058 条规定,仲裁庭可以作出费用确定的特别裁决,也可以为了更正、解释或者补充原来的裁决而作出裁决。1996 年的《英国仲裁法》第 57 条详细规定了如何修改裁决书或追加裁决书(additional award),当事人可以对裁决书的修改或追加进行自由约定,

---

① 宋明志:《仲裁裁决效力论》,《北京仲裁》,第 71 辑,第 53 页。

如无约定则适用法律的规定。同时,1996 年的《英国仲裁法》第 57 条第 3 款及之后的条款对修改或追加裁决书的条件、范围、期限等事项做出了细致规定:仲裁庭可主动或在一方当事人的申请下修改或更正裁决书,以消灭任何文书上的错误或无意中的错漏,或者澄清或消灭任何在裁决书中的不明朗之处;针对任何已经向仲裁庭提出了但没有在已作出的裁决书内处理的索赔(包括索赔利息或费用),仲裁庭可以制作一个追加裁决书;当事人申请或者仲裁庭主动修正裁决的期限为自裁决书作出之日起 28 天内;仲裁庭修改裁决书应在 28 天内完成,追加裁决书应在 56 天内完成。联合国《国际商事仲裁示范法》第 33 条[1]规定了裁决的更正和解释及补充裁决的事项,内容与上述各国的国内立法大体相似。《国际商会仲裁规则》第 35 条[2]规定了裁决书的更正与解释,《伦敦国际仲裁院仲裁规则》第 27 条[3]规定了裁决书的更正和补充裁决。

　　据此,在作出裁决书后,仲裁庭并不是一定不能对裁决书做出任何修

---

[1]　联合国《国际商事仲裁示范法》第 33 条:"(1)除非当事人约定了另一期限,在收到裁决书后三十天内:(a)一方当事人可在通知对方当事人后请求仲裁庭更正裁决书中的任何计算错误、任何笔误或打印错误或任何类似性质的错误;(b)当事人有约定的,一方当事人可以在通知对方当事人后请求仲裁庭对裁决书的具体某一点或某一部分做出解释。仲裁庭认为此种请求正当合理的,应当在收到请求后三十天内做出更正或解释。解释应构成裁决的一部分。(2)仲裁庭可在作出裁决之日起三十天内主动更正本条第(1)(a)款所指类型的任何错误。(3)除非当事人另有约定,一方当事人在收到裁决书后三十天内,可以在通知对方当事人后,请求仲裁庭对已在仲裁程序中提出但裁决书中遗漏的请求事项作出补充裁决。仲裁庭如果认为此种请求正当合理的,应当在六十天内作出补充裁决。(4)如有必要,仲裁庭可以将依照本条第(1)款或第(3)款做出更正、解释,或作出补充裁决的期限,予以延长。(5)第 31 条的规定适用于裁决的更正或解释,并适用于补充裁决。"

[2]　《国际商会仲裁规则》第 36 条第 1—3 款规定:"(1)仲裁庭可以自行更正裁决书中的誊抄、计算、打印错误或者其他类似性质的错误,但该等更正必须在秘书处依据第 35 条第 11 款发出裁决通知后三十天内提交仲裁院批准。(2)当事人要求更正第 36 条第(1)款所述错误的请求,或者要求解释裁决书的请求,必须在其收到裁决书之日后三十天内提交秘书处。(3)针对仲裁庭在仲裁程序中因疏忽而未作出裁决的请求,当事人必须在收到裁决书后三十天内向秘书处提出补充裁决的请求。"

[3]　《伦敦国际仲裁院仲裁规则》第 27 条规定:"(1)在收到裁决书后 28 日内,一方当事人可书面通知登记员(抄送所有其他当事人),要求仲裁庭更正裁决书中计算、誊抄、打印错误或类似性质的任何错误。如果仲裁庭在与其他当事人讨论后认为该请求有正当理由,则应在收到请求后 28 日内做出更正。任何更正应采用独立的备忘录形式。……(2)仲裁庭可同样采用备忘录的形式,在与当事人讨论后,于作出裁决后 28 日内自行更正第(1)项所述性质的任何错误。(3)在收到最终裁决书后 28 日内,一方当事人可书面通知登记员(抄送所有其他当事人),要求仲裁庭对仲裁中提出而未在任何裁决书中裁决的请求或反请求,作出补充裁决。如果仲裁庭在与其他当事人讨论后认为该请求具有正当理由,应在收到请求后 56 日内作出补充裁决书。……(4)对于仲裁中提出而未在任何裁决书中裁决的请求或反请求,仲裁庭也可在与当事人讨论后,于作出裁决后 28 日内自行作出补充裁决。(5)第 26 第 2 款至第 7 款的规定适用于上述备忘录或补充裁决书。备忘录应被视为裁决书的一部分。"

改,无论是法律还是仲裁规则都赋予了仲裁庭解释和更正裁决书,以及对漏裁事项作出补充裁决的权力。上述补正权力的授予至少基于以下两个原因:第一,在裁决书的制作过程中,仲裁庭难免出现语言含混或疏漏的情况,而这种含混或疏漏不是仲裁庭的本意,因此为了更清楚、准确、完整地表达仲裁庭的真实意思,这种补正不仅必要,而且是程序公正的要求。第二,仲裁庭的权力部分来自于当事人的授予,当事人与仲裁员之间存在契约关系。当事人一般都会约定仲裁庭的审理范围,所以如果仲裁庭遗漏了部分事项,那么这就意味着其未按约定完成工作。在此情况下,仲裁庭应该按照约定继续履行职责,即作出补充裁决。综上所述,不论是修改裁决书中的错漏,还是对漏裁事项作出补充裁决,仲裁庭都既可以将当事人的申请作为依据,又可以将自身的意愿作为依据。当然,需要区分的是,如果裁决书存在超裁事项,那么仲裁庭无权自行补正。针对超裁事项,一旦缺乏当事人的事先授权,仲裁庭就不能自行补正,当事人只能向相关法院提起撤销仲裁裁决之诉。相关法律都有涉及上述内容,如《法国民事诉讼法》第 1492 条①之规定,1996 年的《英国仲裁法》第 68 条②之规定,联合国《国际商事仲裁示范法》第 34 条③之规定等。以上所述也是法院补正判决书与仲裁庭补正裁决书在权限方面的最主要区别,法院是有权自行对超出当事人的诉讼请求范围之判决书进行补正的。

裁决书的补正缘起于仲裁庭在履行职责过程中的疏忽,即仲裁庭还未行使完自己的权力。在此种情况下,仲裁庭应当继续履行职责。仲裁庭对裁决书的解释、更改或补充,应产生与原裁决书相同的效力,并构成原裁决书的一部分。尤其需要注意的是,对裁决书的补正必须基于一个原则——仲裁庭不得再行考虑已做出决定的事项,其不能借解释、更改或补充裁决

---

① 《法国民事诉讼法》第 1492 条规定:"仅在下列情况下才可撤销裁决:……3. 仲裁庭的决定不符合其权限;……"

② 《英国仲裁法》第 68 条规定:"(1)仲裁程序的一方当事人可(在通知其他当事人和仲裁庭后)以仲裁程序中出现了影响仲裁庭、仲裁程序或裁决的严重不正常情况为由向法院申请对裁决的救济。……(2)严重不正常是指包含如下一种或几种不正常情况,且法院认为这些情况已经或将会导致对申请人的重大不公平:……(e)裁决书包括了双方当事人没有要求仲裁庭作出裁决的争议;……(3)如果出现影响仲裁庭、仲裁程序或裁决的严重不正常情况,法院可以:(a)将裁决全部或部分发回仲裁庭重新考虑;(b)全部或部分撤销裁决;或(c)宣布裁决全部或部分无效。……"

③ 联合国《国际商事仲裁示范法》第 34 条第 2 款规定:"有下列情形之一的,仲裁裁决才可以被第 6 条规定的法院撤销:(a)提出申请的当事人提出证据,证明由下列任何情况:……(ⅲ)裁决处理的争议不是提交仲裁意图裁定的事项或不在提交仲裁的范围之列,或者裁决书中内含对提交仲裁的范围以外事项的决定;如果对提交仲裁的事项所做的决定可以与对未提交仲裁的事项所做的决定互为划分,仅可以撤销含有对未提交仲裁的事项所做的决定的那部分裁决;……"

书之名而重新考虑已经做出的决定。当然,此处强调的"不得重新考虑",并非等同于结果的实质性变更。例如,由于誊写、计算错误等原因,原裁决书中的胜方可能反为败方,而败方反为胜方,或者费用的金额等发生变化。在经过这种补正后,当事人的权利义务关系发生了重大改变,甚至是翻天覆地的变化,但由于这些改变不是因仲裁庭的重新考虑而导致的结果,而是其先前就有的判断,只不过形式上的疏漏影响了裁决的实质结论,因此我们不能认为这属于仲裁庭补正裁决书的情况。如此看来,裁决书的补正其实并未违反裁决拘束力的要求;相反,在补正过程中,仲裁庭遵循的"不得重新考虑"原则仍然是对拘束力的进一步确认。因此,严格地讲,裁决书的补正并不是国际商事仲裁裁决拘束力的例外情况,真正的例外情况应是重新作出裁决。

综上所述,国际商事仲裁裁决拘束力的功能是约束仲裁庭,已经作出的裁决就是"一言既出,驷马难追",或者说是"覆水难收"。但是,"人非圣贤,孰能无过",允许仲裁庭对裁决书进行补正还是有必要的。补正不是重新考虑裁决,也不是对拘束力的否定,而是在严格遵守拘束力的前提下,完整、准确地表达出自己的本意。而且,在仲裁程序或仲裁裁决涉及到重大的不公平情形之时,当事人通常还可以向法院寻求救济。在支持仲裁的环境下,法院应尽量少干涉仲裁,即使面对重大的不公平情形,法院也不宜直接插手或者接管案件,其应该将裁决发回仲裁庭重审。所以,裁决的补正与发回仲裁庭重审之间存在基本的相同点,即二者同样尊重仲裁裁决的拘束力。裁决的补正自不必说,发回仲裁庭重审的情况看似是仲裁庭又重新考虑了先前的决定,实则这种考虑是需要法院的授权的,仲裁庭自己并没有此种权限。而且,如上文所述,发回仲裁庭重新考虑是有严格的范围限制的,即仲裁庭只能在法院明确要求的范围内享有管辖权,其不能借发回重审的机会将仲裁程序全部再进行一次,或者修改法院授权范围以外的决定。所以,在仲裁裁决发回重审后,仲裁庭重新作出裁决的行为也是充分尊重裁决拘束力的。由此可见,仲裁裁决的拘束力之效力对象是仲裁庭,法院与当事人都不是此种拘束力的作用对象。

同时,裁决的补正与发回重审之间也存在着本质的差别,但二者同样都表现出对仲裁裁决拘束力的尊重。与裁决书的补正不同,重新作出裁决还意味着仲裁庭可以重新考虑先前做出的决定。是否允许仲裁庭重新考虑先前的决定,这是区分裁决的补正与发回重审的标准之一。另外,裁决的补正之发起主体包括当事人和仲裁庭,最终是仲裁庭自行对裁决进行补正;而发回重审之发起主体只能是当事人,最终由法院做出是否发回的决定。如果裁决的补正还只是仲裁体制内的一种自我完善的话,那么发回重审就是当事人寻求仲裁体制外的救济之途径了。救济的一般原则是权利用尽,即当事人必须在穷尽了仲裁体制内的补救方式后,才能动用司法救济这道最后防线。因此,在解读 1996 年的《英国仲裁法》第 57 条第 3 款(修改或更正裁决书中的错漏、澄清或消灭裁决书不明朗之处)与第 68 条第 2 款 d 项(未处理当事人提出的所有争议)及 f 项(裁决书不肯定或含糊不清)之间的关系时,我们就应当明了裁决的补正是"在前救济",而向法院申请发回重审则是"在后救济"。在支持仲裁的语境下,当事人对救济途径的选择应从仲裁制度本身入手,即在不能达成目的之情况下,才寻求司法救济。在仲裁裁决的监督方面,尤其是在国际商事仲裁裁决的监督方面,法院应该也是将较经济的发回重审作为第一选择的;在不宜发回重审时,法院才会撤销裁决。

第二节　国际商事仲裁裁决的形式确定力

大陆法系的学者一般认为,民事判决在诉讼程序上的效力不仅包括对法院产生的拘束力,而且包括对当事人产生的形式确定力。例如,德国学者罗森贝克认为,对每个裁判从一开始就不可声明不服或者以后变得不可声明不服,这样它就获得了所谓的形式(或者外在的)既判力。[①] 另一位德国学者汉斯-约阿希姆·穆泽拉克认为,法院的裁判可以获得形式(外在的)既判力(formelle Rechtskraft),只要它不能被上诉手段或者法律救济手段声明不服。[②] 日本学者中村英郎认为,诉讼程序上的效力有两种:因宣判对法院产生的效力叫"羁束力";因确定(生效)对当事人产生的效力叫"形式确定力",判决的确定能够终结该诉讼程序(终结力)。[③] 判决形式上的确定力,又被称为"判决的不可撤销性"。不可撤销性原理是基于如下认识而产生的,即虽然作出判决的法院不能变更或无视判决,但是在当事人提起上诉或提起异议申请时,经过上级法院的审查,判决仍有被撤销的可

---

① 〔德〕罗森贝克等:《德国民事诉讼法》,李大雪译,北京:中国法制出版社 2007 年版,第 1143 页。

② 〔德〕汉斯-约阿希姆·穆泽拉克:《德国民事诉讼法基础教程》,周翠译,北京:中国政法大学出版社 2005 年版,第 323—324 页。

③ 〔日〕中村英郎:《新民事诉讼法讲义》,陈刚等译,北京:法律出版社 2001 年版,第 225 页。

能性。然而,即使是上诉法院,也无权随意更改判决,只有在当事人对该判决提出不服声明后,法院才能依职权撤销原判。如果上述通常的不服声明的方法已被用尽,那么这就意味着特定的判决在其诉讼程序中已失去被撤销的机会。当判决达到用通常的不服声明不能剥夺其存在的诉讼状态时,判决就确定化了。[1] 能产生形式确定力的判决以终局判决为限,全部终局判决和部分终局判决都可以产生形式上的确定力。所以,形式确定力的产生时间有以下几种情况:凡一开始不准提出不服申请的判决,一经宣布就被确定;在上诉期间,当事人没有提出不服声明的,期间届满后,判决就被确定;在上诉期间,当事人放弃上诉权的,该判决因当事人放弃上诉权而被确定;在上诉期间,当事人一旦提起上诉,确定就被切断,直至上诉判决被作出为止。[2] 对判决的形式确定力之研究具有重要意义,它是判决产生实质效力的前提。只有当事人不能对判决提出任何上诉时,判决才会具有既判力。[3]

英美法系学者的研究重点是判决的既判力和执行力,他们根本未就判决的效力做出形式效力和实质效力之区分。而且,英美法系学者提出的判决确定(conclusive)之概念与大陆法系不同,如美国学者斯蒂文·N. 苏本认为,生效的和终局的对人判决(personal judgment),除在上诉或其他直接复审中者外,于下列范围内在当事人之间具有终结性:(1)如果法院判决原告胜诉,那么请求消灭并混同于判决之中,一项新的请求根据该判决而产生;(2)如果法院判决被告胜诉,那么请求消灭,该判决阻碍(bar)就同一请求提起继后诉讼(subsequent action);(3)在原被告之间基于相同或不同的请求而产生的继后诉讼中,就曾实际诉讼并作出过判决的任何争议而言,如果该争议的确定对于判决来说具有重要性,那么无论判决支持原告还是支持被告,该判决均具有终结性(conclusive)。[4] 从表面上看,英美法系也是支持只有终局判决(final judgment)才具有确定性,然而两大法系对"终局"的理解明显不同。无论过去还是现在,初审判决(在英国)通常都被当作终局判决,别的普通法国家大体也是如此。上诉没有中止效力,除

---

① 〔日〕兼子一、〔日〕竹下守夫:《民事诉讼法》,白绿铉译,北京:法律出版社,1995 年版,第154 页。

② 陶志蓉:《民事判决效力研究》,中国政法大学博士论文,2004 年 5 月,第 19 页。

③ 〔法〕洛伊克·卡迪耶:《法国民事司法法》,杨艺宁译,北京:中国政法大学出版社 2010年版,第 513 页。

④ 〔美〕斯蒂文·N. 苏本等:《民事诉讼法——原理、实务与运作环境》,傅郁林等译,北京:中国政法大学出版社 2004 年版,第 760—761 页。

非法院发出了暂缓执行的命令,否则初审判决一经作出即可执行。① 美国的《判决重述(第二次)》总结道,多数法院认为初审法院的终局判决一旦作出就具有既判力,即使该判决正在上诉过程中。② 可见,英美法系的民事诉讼非常重视纠纷的一次性解决,其严格限定了上诉的范围,并赋予初审判决以"终局"效力,从而使当事人免于承受多次诉讼的成本和讼累、节省司法资源、维护判决的一致性、促进司法的威信。因此,不论是否还在上诉程序中,判决一旦作出就具有既判力和执行力,这是根本不同于大陆法系将判决的形式确定力之产生作为判决实质效力产生的前提之做法的。或者可以说,大陆法系着眼于整体诉讼程序的构建,其在最复杂的诉讼程序中分解判决的效力,形式确定力是其特有的概念;而英美法系则着眼于具体的纠纷解决,判决作出就意味着确定,形式确定力的概念在英美程序法体系中并不具有特别的功能。

一、国际商事仲裁裁决形式确定力的含义

正如上文所述,大陆法系与英美法系对民事判决的形式确定力之认识不同(主要体现在形式确定力的产生时间上),从而使得形式确定力在两大法系中所处的地位完全不同。那么,民事诉讼法上的差别是否在国际商事仲裁裁决的效力问题上也有所体现呢?

(一)部分国内立法的规定

《德国民事诉讼法》第 1055 条规定,仲裁裁决在当事人中间具有生效判决的效力,但该效力也只有在当事人没有约定向高等仲裁庭提出申请时才能产生。当事人有约定的,既判力自高等仲裁庭作出裁决或者当事人在法律救济期间届满前没有提出申请时才发生。③《法国民事诉讼法》第 1476 条规定,仲裁裁决一经作出,即对其所裁决的争议具有既判力。1996 年的《英国仲裁法》第 58 条规定,除非当事人另有约定,仲裁庭依仲裁协议作出的裁决,对当事人及相关方具有最终的和约束性的效力,此效力并不影响当事人通过任何上诉、重审等仲裁程序或者符合法律规定的其他途径对裁决进行救济的权利。由此看来,两大法系的判决效力理论同样影响了

---

① 〔英〕J. A. 乔罗威茨:《民事诉讼程序研究》,吴泽勇译,北京:中国政法大学出版社 2008 年版,第 269 页。

② 〔美〕格兰农:《民事诉讼法(第四版)》(注译本),孙邦清等注,北京:中国方正出版社 2004 年版,第 482 页。

③ 〔德〕罗森贝克等:《德国民事诉讼法》,李大雪译,北京:中国法制出版社 2007 年版,第 1404 页。

仲裁裁决效力方面的规定。作为大陆法系的代表,法、德两国并未在立法中明确规定仲裁裁决的形式确定力,二者只是规定了既判力的产生。但是,以德国为例,其立法中的对仲裁裁决效力产生时间之详细规定,已暗含了对仲裁裁决的形式确定力之认可。此外,英国也在其立法中再次表明了与其判决效力理论相一致的观点,即裁决一经作出就具有确定力,既判力与执行力也同时产生,而至于当事人在之后采用的其他法律救济方式并不会影响确定力的产生。其实,形式确定力本是学者为了规范效力体系而提炼出的概念,其主要被用来说明裁判在经过一定程序后所具有的形式上的效力,即一种程序性效力,以区别于根据判决内容而产生的实质上的效力。在实践中,形式效力与实质效力有时也是很难区分的。可能是基于上述困难,英美法系直接将形式效力与实质效力相混同,并使形式效力成为了实质效力产生的不言而喻之前提。与此同时,在对形式确定力的认识上,两大法系也有相互借鉴的地方。譬如,为了保障裁判的执行效率、防止败诉方借上诉程序而拖延执行等目的,大陆法系对将形式确定力的产生作为执行力的产生条件之做法进行了修正。再如,虽然法国在其民事诉讼法的第1486条中规定,只有当事人在规定期限内没有对裁决提出上诉或撤销之诉的,裁决才会具有执行力,但是其同时又设置了假执行制度。①

如果大陆法系构建判决形式确定力的概念是为了区分出判决的成立与判决的确定,并以此说明判决的既判力、执行力等实质效力通常产生于判决确定之后的道理的话,那么该理论在仲裁裁决效力方面的适用实际上是非常有限的。众所周知,国际商事仲裁程序的重要原则之一是"一裁终局"。除了部分特殊的仲裁机构规则会规定针对仲裁裁决的内部上诉机制外,各国的仲裁法及相关的国际条约均规定了仲裁裁决是一裁终局的。所以,对于仲裁裁决来说,裁决的作出通常既意味着裁决的成立,又意味着裁决的确定,但针对部分受制于特殊仲裁规则的仲裁裁决形式确定力之产生问题,我们仍有必要做一些交待。

(二)仲裁内部上诉机制中的仲裁裁决形式确定力

国际商事仲裁的内部上诉机制主要存在于某些国际商品贸易协会的仲裁规则中,如伦敦谷物与饲料贸易协会(GAFTA)的仲裁规则、伦敦油脂油籽协会联盟(FOSFA)的仲裁规则、伦敦可可协会(CAL)的仲裁规则、咖啡贸易协会(CTF)的仲裁规则等。上述这些协会的仲裁规则都规定了两级仲裁。一级仲裁程序进行得非常快捷和较为非正式,对签发于一级仲裁

---

① 关于假执行制度,本书将在第四章中进行详解。

程序中的裁决不满意的一方当事人,可以按照时效的规定提起上诉。如果当事人提起了上诉,那么只有在上诉庭签发了终局裁决后,仲裁程序才被认为已经结束。如同法院民事判决的上诉一样,这种仲裁体制内的上诉既包括事实审,又包括法律审,其是对案件的全新审理,可以接受新的证据和辩论意见。[①]

两级仲裁是国际商品贸易仲裁的一大特色,而关于设计此项制度的原因,有学者认为,无论争议金额是多少,在每一项仲裁内,商品生产者的赌注都非常高,因为单一裁决宣布的货物质量在行业内有非常重要的声誉反响。[②] 与此同时,即使仲裁规则中有上诉程序,这也丝毫不影响仲裁的效率。一方面,仲裁程序本身具有加速性,如仲裁申请的时限规定较短、律师被排除在仲裁程序之外等;另一方面,仲裁员都是业界的行家里手,他们不仅非常熟悉行业规则,而且由于纠纷类型相似,仲裁员通过长期实践积累了丰富经验,因此在审理案件时,他们也会得心应手,且效率较高。[③]

鉴于国际商品贸易仲裁既确保了裁决公正,又兼顾了效率,有学者提出可以将此种仲裁程序推而广之,在普通国际商事仲裁程序中也构建内部上诉机制,以此克服司法救济范围的有限性等缺陷。[④] 对此,笔者不敢苟同。国际商品贸易协会的仲裁规则是特定领域的产物,其在诞生之初主要是以解决商品质量纠纷为目标,因此这种仲裁方式被形象地称为"看和闻"(look and sniff)。作为仲裁员的贸易专家不需要具备专业法律素养,其只需运用丰富的行业经验便可居中作出令双方都很信服的裁决。此种背景下的两级仲裁制度更像是对商品质量的二次检测,而非现代意义上的类似于司法上诉的程序。当然,国际商品贸易仲裁的声望与日俱增,其目前已从"看和闻"的商品质量仲裁阶段演化至包含诸多复杂法律问题的技术性仲裁(technical arbitration)阶段,并且专业化成为其显著优势。历经岁月的变迁,作为国际商品贸易仲裁的标志,仲裁的内部上诉机制仍被保留下来,并在经受着新的检验。关于内部上诉制度是否依旧能发挥良好作用,

---

① 张旗坤:《论商品贸易协会仲裁制度及对我国的启示》,对外经济贸易大学博士论文,2007年11月,第75页。

② William H. Knull Ⅲ and Noah D. Rubins, "Betting the Farm on International Arbitration: Is It Time to Offer an Appeal Option?", *The American Review of International Arbitration*, vol. ll, p. 19, 2000.

③ Stephen SMID, "The Expedited Procedure in Maritime and Commodity Arbitrations", *Journal of International Arbitration*, vol. 10, pp. 59 – 68, April, 1993.

④ 石现明:《国际商事仲裁错误裁决司法审查救济制度的缺陷与克服》,《南京师大学报》(社会科学版),2011年第1期,第43—50页。

以平衡公正与效率的价值追求,我们尚且拭目以待,至于将其引入到普通商事仲裁制度之中的建议,则应属激进或率性之为。

暂且不论国际商品贸易仲裁的两级仲裁制度之发展趋向如何,仅从目前该制度的设定来看,仲裁裁决的形式确定力应当是在一级仲裁程序结束,且当事人在上诉时效期间内放弃上诉后产生,或者在一方当事人于规定期限内提出上诉,且上诉庭签发了终局裁决后产生。由此可见,国际商事仲裁裁决的形式确定力主要是指,仲裁庭作出仲裁裁决后,只有在当事人不能再通过仲裁的内部上诉机制变更或撤销仲裁裁决之情况下,裁决才对当事人产生约束效力;或者,在没有此种内部上诉机制的情况下,裁决一经作出就对当事人产生约束效力。

二、国际商事仲裁裁决形式确定力的产生时间

国际商事仲裁裁决形式确定力的内涵界定之关键点在于,明确该确定力的产生时间。前已述及,除了国际商品贸易领域的部分协会实行内部上诉的两级仲裁制度外[1],国际商事仲裁通常遵循"一裁终局"的原则。但是,无论在何种情况下,国际商事仲裁裁决形式确定力的产生均应以仲裁裁决在仲裁程序中失去被撤销、被更改的机会为标准,亦即当事人不得再通过通常不服声明的方式剥夺仲裁裁决的存在时,仲裁裁决就被确定化了。采取上述标准的原因如下:第一,国际商事仲裁裁决形式确定力指涉的是裁决作出后所产生的程序上的后果。当事人既然选择以仲裁方式解决纠纷,那么在仲裁程序结束后,仲裁庭作出的最终裁决对当事人具有约束力。以国际商品贸易协会的内部上诉程序为例,如果当事人因对一次裁决不服而申请二次裁决,那么上诉庭作出的二次裁决是最终裁决,其能产生裁决的形式确定力。第二,国际商事仲裁裁决形式确定力的产生以裁决在仲裁程序中失去被撤销的机会为起算标准。尤其要注意的是,仲裁裁决还可获得仲裁方式以外的、主要为司法性质的救济。我国就有学者认为,仲裁裁决的形式确定力只有在当事人不得通过提出上诉或运用其他通常的控告方式废除裁决效力的情况下才产生,并得出在不断削弱法院对仲裁裁决实体审查权力的趋势下,仲裁的这种形式拘束力将更加明显的结论。[2] 还有学者认为,仲裁裁决的形式确定力是指当事人在一定时期内对

---

[1] 当然,实行内部上诉机制的还有伦敦海事仲裁员协会仲裁,解决投资争端国际中心(ICSID)的仲裁规则中也有类似上诉的"进一步程序",但受篇幅所限,本书只选取国际商品贸易仲裁的内部上诉机制作为典型代表进行分析。

[2] 参见宋明志:《仲裁裁决效力论》,《北京仲裁》,第71辑,第53页。

仲裁庭或者仲裁员作出的仲裁裁决没有提出不服申请或者不存在通常的不服申请的方法,且仲裁裁决在其仲裁程序内不存在撤销可能性时,裁决对当事人产生的形式上的确定力。上述定义本来也无可厚非,虽然其不甚确切,但是也算不上错误,然而该学者接着对"不服申请或者不存在通常的不服申请的方法"所做的解释就很值得商榷了,他的解释是"如当事人放弃撤销之诉或者已起诉但法院拒绝请求的场合以及当事人撤回已提起的诉讼时"[①]。在界定国际商事仲裁裁决形式确定力产生的时间时,以上学者将仲裁程序外的因素——司法监督也纳入了进来,而这正是未理解何谓仲裁程序的表现。

作为一种独立解决纠纷的方式,仲裁已被广泛认可,各国立法及国际公约都承认仲裁裁决的约束效力,国际商事仲裁更是被誉为"唯一适合于解决国际交易争议的方法"。[②] 所以,一个完整的仲裁程序只应以仲裁庭签发终局裁决书为终结点,至于当事人在仲裁程序结束后采取的司法救济等措施都不属于仲裁程序的范围。有学者表达了关于仲裁裁决效力的最朴素之观点:"仲裁裁决的效力即仲裁裁决是否具有终局性,当事人能否以对仲裁裁决不服为由向法院提起诉讼。"[③]从这个意义上讲,对国际商事仲裁裁决形式确定力的正确认识,就是对仲裁在解决国际商事纠纷过程中的独立地位之真正理解。然而,国际商事仲裁的发展却始终无法摆脱法律的桎梏。虽然当事人获得了终局裁决,但是其也有就某些问题向法院提出上诉的权利,而该权利的行使可能使裁决结果发生根本性改变。因此,上述学者也可能据此认为,裁决应待穷尽司法救济后才能得到确定。从本质上讲,这种论证逻辑并未直接划分裁决效力,而是通过裁决产生法律效力后的后果来阐释裁决的效力,从而犯了"以因为果,以果为因"的逻辑错误。所以,对国际商事仲裁裁决形式效力的理解,应被限定在仲裁程序的框架内。

在我国,仲裁裁决效力理论的模糊状态与曾经的判决效力理论的混乱状态非常相似。在初期的判决效力理论研究工作中,我国的民事诉讼法学者未能正确地处理好判决的成立、判决的确定与判决的生效三者之间的关

---

① 参见李井杓:《仲裁协议与裁决法理研究》,北京:中国政法大学出版社 2000 年版,第 180 页。

② 〔英〕施米托夫:《国际贸易法文选》,赵秀文选译,北京:中国大百科全书出版社 1993 年版,第 627 页。

③ 乔欣:《仲裁权研究——仲裁程序公正与权利保障》,北京:法律出版社 2001 年版,第 111 页。

系,因此他们往往将判决的成立、确定与生效混为一谈。^①在判决的效力上,"不直接将判决的效力加以划分,而是通过判决发生法律效力后的后果来阐释判决的效力"。^②国际商事仲裁裁决不同于民事判决,其成立、确定和生效不能被混为一谈。一方面,如前所述,国际商事仲裁通常遵循"一裁终局"之原则,裁决一般自作出之日起成立并对仲裁庭产生拘束力,且裁决的确定力也因一裁终局规则而产生。如在国际商品贸易领域内的部分协会的特殊仲裁程序中,虽然裁决的成立同样对仲裁庭产生拘束力,但是只有在仲裁规则规定的上诉期限届满后,当事人放弃上诉或提出上诉且上诉庭签发了终局裁决时,裁决的确定力才能产生。另一方面,虽然两大法系划分裁决效力的方式不同,但是裁决作出后,其或多或少都会产生相应的效力,因此可被称为生效裁决。综上所述,从严谨的学理角度来看,国际商事仲裁裁决的成立、确定和生效,三者之间仍然有明显的区分界线,而对这三者的关系之明确,将有利于我们科学地划分仲裁裁决的效力类型。

---

①　江伟、肖建国:《论判决的效力》,《政法论坛》,1996 年第 5 期,第 4 页。作者认为,判决因宣示或送达而成立,判决一旦成立,就会发生一定的效力,如对法院产生拘束力。因此,"判决的生效"本身是个不科学的概念,因为其不能科学地划分判决效力的类型,可行的方法是将判决分为确定判决和未确定判决。当达到用通常的不服声明不能剥夺其存在的诉讼状态时,判决就被确定化了。判决的确定是使判决完全发挥效力的条件,其既包括判决的形式效力,又包括判决的实质效力。

②　张卫平:《程序公正实现中的冲突与衡平》,成都:成都出版社 1993 年版,第 375 页。

第三章　国际商事仲裁裁决的
实质效力(一):既判力

　　如同判决的实质效力是基于判决的内容而生的效力,国际商事仲裁裁决的实质效力也是基于裁决的内容而生的效力。无论两大法系在判决效力的划分方式上存在何种差异,它们都不否认既判力与执行力是判决实质效力的主要内容,区别只不过是大陆法系有形成力的概念,并且其将形成力作为实质效力的内容之一,而英美法系则无与此相对应的概念。基于诉讼类型与民事实体权利的种类——一对应之关系,诉讼类型可以被划分为给付之诉、确认之诉与形成之诉(或变更之诉),分别对应着请求权、支配权与形成权。形成力就是因形成之诉而产生的效力。具体而言,形成力是指依判决之宣告使法律关系发生、变更或消灭的效力,学者又称之为判决之创设力。[①] 形成之诉可以分为如下三类:第一类为实体法上的形成之诉,其以变更实体法上的法律关系为标的,如婚姻的撤销、离婚等大部分人事诉讼案件;第二类为诉讼法上的形成之诉,其以改变诉讼法上的法律效果为标的,如再审之诉、撤销仲裁裁决之诉等;第三类为形式上的形成之诉,其以创设法律状态为标的,但法律并未对形成要件做出规定,因此法官要通过自由裁量来予以认定,如共有物分割之诉、确定土地地界之诉等。

　　笔者认为,国际商事仲裁裁决的实质效力不包含形成力,原因如下:第一,形成之诉的标的基本不会出现于国际商事仲裁案件之中。国际商事仲裁所解决的纠纷类型具有商事特征,且大多以合同关系为基础。不论各国对可仲裁事项范围的规定之宽窄如何,有关人身性质的纠纷一般都是不可仲裁的事项。因此,实体法上的形成之诉的标的一般都属于不可仲裁的事项。至于诉讼法上的形成之诉,因为仲裁庭缺乏此种管辖权限,所以此类纠纷也非国际商事仲裁所能解决之对象。第二,关于形成之诉是否独立存在,诉讼法学界尚存争议,因此以形成之诉为基础的形成力之存亡更是

---

① 　王甲乙等:《民事诉讼法新论》,台北:三民书局 2002 年版,第 501 页。

颇具悬念。在诉讼类型的"三分说"是否科学，法院的职责究竟是对实体法律状况进行确定、创造、变更还是终止，形成之诉是否还具有区别于其他诉讼类型的显著特征等争论下，形成之诉的独立地位岌岌可危，有学者建议将其纳入确认之诉。[①] 第三，形成之诉与形成力的概念为德国学者所倡导，日本和中国（包括中国台湾地区）也是效仿德国而遵此说法，但在世界范围内，各国尚难统一认识，而国际商事仲裁裁决效力制度的效用大小取决于其基础构架是否能得到广泛认同，所以国际商事仲裁裁决的实质效力也不宜包含形成力，其只应包含既判力和执行力。

第一节　国际商事仲裁裁决既判力的基础理论

在两大法系的诉讼法制度中，民事判决的既判力问题都居于重要地位，众多学者的目光为其所吸引，并各自形成了比较完备的理论体系和实践模式。大陆法系的学者围绕既判力的主观范围、客观范围、时间范围等问题进行讨论并不断完善判决的既判力制度，而英美法系的学者则通过总结司法实践对诉因、关联交易、相互关系人等术语的诠释和运用，致力于构筑有关既判事项原则和争点排除规则的理论体系。虽然既判力制度在各国的具体规定有所不同，但是总体来说，大多数国家是承认民事判决具有既判力的，而且大陆法系立法中的既判力理论与英美法系司法实践中的排除原则在法律原理上都是相近的。与此同时，国际（和国内）商事仲裁裁决的既判力也得到了广泛认可，并被视为国际法上的惯例或者一般法律原则。然而，国际商事仲裁裁决的既判力也只能在国际范围内实现有限的一致，其目前仍然停留在一般原则的层面。一方面，国际条约或者权威机构的规则都鲜有关于既判力的明确规定；另一方面，大多数国家的国内立法都有关于国际商事仲裁裁决的既判力或排除效力的规定，这就造成了仲裁裁决的既判力受各国民事判决既判力制度的影响较大，从而呈现出因国而异的局面。因此，本节关于既判力的基础理论之讨论总体构建在两个层面之基础上，即国际法层面与国内法层面。然而，仲裁毕竟不同于诉讼，二者是共性与差异并存的，所以国际商事仲裁裁决既判力理论不可能盲目借鉴判决既判力理论，国际商事仲裁裁决既判力理论中的独特问

---

① 参见陈桂明、李仕春：《形成之诉独立存在吗？——对诉讼类型传统理论的质疑》，《法学家》，2007 年第 4 期，第 113—121 页。

题也是本节的讨论重点。

一、国际商事仲裁裁决既判力的相关立法

在民事诉讼领域,大陆法系的既判力制度与英美法系的"排除效力"(preclusion)原则相对应,二者具有相似的内容。判决的既判力又被称为判决实质上的确定力,其是指确定判决对后诉的拘束力。[①] 终局判决一旦获得确定,该判决针对请求所做出的判断就成为规制双方当事人今后法律关系的规范,当双方当事人对同一事项再度发生争执时,他们就不能再提出与此判决相矛盾的主张,而且当事人不能对该判断进行争议,法院也不能做出与之相矛盾或抵触的判断。[②] 德国学者将既判力分为形式既判力(formelle Rechtskraft)与实质既判力(materielle Rechtskraft),形式既判力也就是本书之前提到的形式确定力,实质既判力才是本章所指之既判力。形式既判力和实质既判力是两个完全独立的概念,但二者却处于无法分割的相互关系之中,即形式既判力是实质既判力的必要条件,实质既判力却不总是形式既判力的后果,因为不是每个裁判都有可以发生实质既判力的确定内容。[③] 英美法系的"排除效力"原则可以分为"请求排除"(claim preclusion)和"争点排除"(issue preclusion),"请求排除"有时也被称为"既判事项原则"(*res judicata*)。如果继后诉讼所依据的是另一项请求,那么"争点排除"有时也被称为"间接禁反言"(collateral estoppel)。《布莱克法律词典》对"res judicata"一词的解释包含两个层面:第一,"已由司法判决作出终局性判定的争议事项";第二,前者所具有的"绝对地阻止相同当事人就同一请求或就产生于同一(系列)交易过程的、完全可以于第一次诉讼中提出的其他请求再次起诉的效力"。可见,既判事项原则的本质在于禁止因人为地分割诉因(splitting a cause of action)而导致的重复诉讼,所以其又被称为"反对分割诉因规则"(the rule against splitting a cause of action)。[④] 争点排除规则的基本内容是,在双方当事人的继后诉讼中,如果提交前次诉讼的争议已经被充分审理并得到确定,那么该种确定原则上

---

① 〔日〕中村英郎:《新民事诉讼法讲义》,陈刚等译,北京:法律出版社 2001 年版,第 229 页。
② 〔日〕高桥宏志:《民事诉讼法——制度与理论的深层分析》,林剑锋译,北京:法律出版社 2003 年版,第 477 页。
③ 〔德〕罗森贝克等:《德国民事诉讼法》,李大雪译,北京:中国法制出版社 2007 年版,第 1144 页。
④ 丁宝同:《英美法系判决效力制度初考》,《宁夏大学学报》(人文社会科学版),2009 年第 1 期,第 110 页。

是终结性的,继后诉讼在涉及该争议时不得重复审理或做出矛盾认定。如果继后诉讼所依据的是另一项请求,那么判决的这一效力有时被指称为间接禁反言。虽然大陆法系的既判力制度与英美法系的"排除效力"原则不尽相同,但是在说明制度的合理性时,二者都会提及如下两点:一是公众利益要求所有的诉讼必须要有尽头,而非漫无止境地纠缠下去;二是不能为了同一个诉因而向对方追索两次。

(一) 国际商事仲裁裁决既判力的国际法规定

关于国际商事仲裁裁决既判力的国际法规定,国内学者的研究较少,并且在国际范围内,关于此问题的研究所取得的进展也十分有限。譬如,在召开于 2004 年与 2006 年的国际商事仲裁大会上,国际法协会(International Law Association)分别以"既判力与仲裁"(*Res Judicata and Arbitration*)和"同步审理与仲裁"(*Lis Pendens and Arbitration*)为主题做了报告,但这些报告都未超越著名的《纽约公约》之规定。

众所周知,当事人选择以仲裁的方式解决国际商事纠纷的主要原因之一,就是规避国内法院诉讼的繁琐程序与不公正风险,所以国际商事仲裁制度的主要目标首先应当是为纠纷的解决提供一种最终的、具有拘束力的解决方式。虽然从表面上看,《纽约公约》的目的是为仲裁协议和仲裁裁决的承认与执行提供便利,但是仲裁裁决得到承认与执行的前提应当是仲裁裁决对双方当事人具有拘束力。而且,"仲裁裁决具有拘束力"出自《纽约公约》的具体条文,其并不是依据公约精神被简单推定出来的。由此说明,《纽约公约》明确要求缔约国应当遵守约定,各缔约国无权再根据各自对公约精神的任意解读来决定是否赋予仲裁裁决以拘束力。首先,《纽约公约》第 2 条规定:"当事人以书面协定承允彼此间所发生或可能发生之一切或任何争议,如关涉可以仲裁解决事项之确定法律关系,不论为契约性质与否,应提交仲裁时,各缔约国应承认此项协定。……当事人就诉讼事项订有本条所称之协定者,缔约国法院受理诉讼时应依当事人一造之请求,命当事人提交仲裁,但前述协定经法院认定无效、失效或不能实行者不在此限。"上述规定要求各缔约国承认仲裁协议的效力,并认可以仲裁方式处理国际商事纠纷的正当性,即认可仲裁裁决具有终结当事人之间纠纷的效力。因此,上述认可已经超越了对仲裁协议本身的效力之认定,其从本质上体现出了对仲裁裁决既判效力的认可。其次,与第 2 条相比,《纽约公约》第 3 条更为直接地阐明了仲裁裁决具有拘束力,该条规定:"各缔约国应承认仲裁裁决具有拘束力,并依援引裁决地之程序规则及下列各条所载条件执行之。承认或执行适用本公约之仲裁裁决时,不得较承认或执行内国仲裁裁决附加过苛之条件或征收过多之费用。"《纽约公约》第3条不仅要求缔约国"执行"仲裁裁决,而且特别要求"承认"裁决具有"拘束力"。虽然《纽约公约》第3条使用的是"拘束力"(binding),而不是"既判力"(*res judicata*)或"排除效力"(preclusive effects),但是根据条约的上下文及承认或执行仲裁裁决的实际程序可知,这种拘束力不只是一种形式,其还应当能够对当事人产生实质上的约束效力。在承认或执行仲裁裁决之前,各国必然会首先判断仲裁裁决是否具有拘束力,一项具有拘束力的仲裁裁决应当能够阻止当事人将已经通过仲裁程序得到解决的争议事项再次提交诉讼或仲裁。如果当事人还能将争议再次提交诉讼或仲裁,那么这说明该裁决不能够产生拘束当事人的效力,这样的裁决也当然不会得到国内法院的承认。因此,虽然《纽约公约》使用的是"拘束力",但是这种拘束力已经内含了既判力的基本精神。

在明确了《纽约公约》要求缔约国承认仲裁裁决的既判力之后,接下来的核心问题就是确定既判力或者排除原则的具体内容。然而,《纽约公约》第3条只是勾勒出了仲裁裁决既判力的框架,其并未详细解说既判力的具体含义。与此相类似的是,国际商事仲裁领域的另一份重要法律文件——联合国《国际商事仲裁示范法》的第35条第1款规定:"仲裁裁决不论在何国境内作出,均应当承认具有约束力,而且经向管辖法院提出书面申请,即应依照本条和第36条的规定予以执行。"上述条款同样使用了"拘束力"(binding)这个笼统的概念,而且遗憾的是,条文也没有进一步阐明"拘束力"的具体内涵。不可否认,联合国《国际商事仲裁示范法》对各国的国内仲裁立法之影响以及对现代国际商事仲裁制度的促进作用并不逊于《纽约公约》,但二者的区别也是显而易见的,即联合国《国际商事仲裁示范法》不具有强制效力。因此,即使各国在制定本国仲裁法时参照了联合国《国际商事仲裁示范法》,对"拘束力"的解释、是否赋予国际商事仲裁裁决既判力、既判力的内容如何等问题也仍然应该由各国自己进行考量。

通过上述分析,虽然《纽约公约》强制要求缔约国承认仲裁裁决的既判力或排除效力,但是其条文规定不详,因此在既判力的具体内容上,《纽约公约》并不能真正起到统一各缔约国认识的作用。与《纽约公约》相似,联合国《国际商事仲裁示范法》也在仲裁裁决既判力的内涵上保持沉默。因此,在国际范围内能达成共识的仅是,国际商事仲裁裁决具有既判效力,而既判力的具体内涵则完全交由各国的国内仲裁立法进行规定。

(二)国际商事仲裁裁决既判力的国内法规定

从各国立法来看,有关仲裁裁决既判力的规定比有关司法判决既判力的规定要粗糙得多,大多数法律的规定是仲裁裁决的效力参照判决的效力。《德国民事诉讼法》第 1055 条规定:"仲裁裁决在当事人中间具有生效判决的效力。"《德国民事诉讼法》第 322 条规定:"仲裁裁决具有实质既判力的效力,并且具有生效判决的事实要件效力。"《法国民事诉讼法》第 1476 条规定:"仲裁裁决一经作出,即对其解决的争议具有已决事由之既判力。"《比利时司法法》第 1703 条规定:"除非仲裁裁决违反公共政策或争议不具有可仲裁性,仲裁裁决一经作出并通知当事人即具有既判力,该裁决不受任何仲裁庭的挑战。"《荷兰民事诉讼法》第 1509 条规定:"终局的仲裁裁决和终局的部分仲裁裁决从裁决作出之日起具有既判力。"《日本仲裁法》第 45 条第 1 款规定:"仲裁裁决(无论仲裁地是否在日本境内)应具有与终局的确定判决相同的效力。"1996 年的《英国仲裁法》第 58 条规定:"除非当事人另有约定,仲裁庭依仲裁协议作出的裁决,对当事人及相关方具有最终的和约束的效力。此效力并不影响当事人通过任何上诉、重审的仲裁程序或者符合法律规定的其他途径对裁决进行救济的权利。"实践中,仲裁裁决的既判力也得到了多数国家的认可。[1] 例如,法国将既判力原则视作公共政策,如果仲裁庭未能遵守既判力原则,那么仲裁裁决将面临被撤销的风险。美国的司法判例也认为,仲裁员无权漠视先前裁判的排除效力。同样,瑞士也将既判力原则视为公共政策,并要求仲裁庭承认外国裁判的既判力。

通过上述的立法,我们似乎较难看出国际商事仲裁裁决的既判力与民事判决的既判力究竟有何异同,但可以肯定的是,各国的民事判决既判力制度深刻影响着裁决的既判力。一方面,在国际商事仲裁裁决效力体系的构建上,作为诉讼外的一种纠纷解决方式之仲裁,只有被赋予解决纠纷的终局效力,才能获得真正的独立地位。因此,仲裁裁决的既判力至少应与判决的既判力具有相同的效果,否则仲裁将无法达成终结当事人之间纠纷的目的,其作为一种独立纠纷解决方式的意义也将不复存在。概括而言,仲裁裁决既判力的作用与民事判决既判力的作用在本质上是一致的,仲裁裁决的既判力至多是在判决既判力模式上的修正。此处需要对友好仲裁做一特别说明。所谓友好仲裁(amiable arbitration),是指当事人协商决定,不依严格的法律规定而依据公平原则和商业惯例进行的仲裁。那么,友好仲裁是否还有必要遵守作为一项法律原则的既判力原则呢? 诚然,不

① Gary B. Born, *International Commercial Arbitration*, Hague: Kluwer Law International, 2009, p. 2916.

必遵守法律是友好仲裁的主要特征,然而在对公平、诚信等价值的追求方面,友好仲裁与既判力原则却是一致的。因此,既然仲裁庭可以适用其他法律原则,那么其就没有理由不适用既判力原则。

另一方面,在仲裁裁决既判力制度的具体构建上,不同国家在民事判决既判力制度上的差异也必然会影响到仲裁裁决的既判力。例如,大陆法系对仲裁裁决效力的理解以民事判决的既判力理论为基础,而英美法系也会将民事判决的排除原则适用于仲裁裁决,从而对仲裁裁决的请求排除与争点排除原则进行区分。不同国家对既判力的表述不同,具体适用的制度即使在同一法系的国家内也会有所不同。① 在国际商事仲裁领域,上述矛盾日趋激化。具体体现为,不仅不同国家的法院对仲裁裁决既判力的认识存在差异,而且不同仲裁庭在执行既判力原则时也可能不同。虽然仲裁庭也要遵守仲裁地的程序法之规定,但是相较于法院而言,这种遵守义务稍显随意,因此即使是同一仲裁庭,既判力规则之适用也会出现前后宽严不一致的情况。那么,国际商事仲裁裁决的既判力理论究竟是应当在一般国际法原则之下,以各国国内法中的民事判决既判力制度为模型来不断发展完善,还是应当以国际公约中(如《纽约公约》)的原则性规定来统一既判力原则的国际标准呢? 这就是本章接下来需要阐明的国际商事仲裁裁决既判力的法律适用问题。

(三)法律选择对国际商事仲裁裁决既判力的影响

一项国际商事纠纷所涉及的法律适用问题可能非常复杂,其将与多国法律产生联系。即使只讨论仲裁裁决既判力的法律适用问题,我们也至少会接触到如下法律:(1)新请求提出地法律;(2)先前仲裁裁决作出地法;(3)其他法律(如实体问题适用法、仲裁协议适用法等)。② 上述这些法律都或多或少地与仲裁裁决既判力的判断有关,问题是究竟该适用何种法律。虽然有关法律适用问题的探讨接触到不多见,但是不论在理论上还是在实践中,该问题都具有非常重要的意义。只有解决了仲裁裁决既判力的法律适用问题,我们才不至于挫伤既判力的应有作用,尤其是避免败诉当事人通过挑选法院来否定仲裁裁决既判力,从而获得再次诉讼或仲裁的机会,因为这种做法与仲裁制度高效、终局地解决纠纷之价值目标是相违背的。

---

① 具体的比较分析将在本章的余下各节中展开。

② Nathalie Voser & Julie Raneda, "Recent Developments on the Doctrine of Res Judicata in International Arbitration from a Swiss Perspective: A Call for a Harmonized Solution", *ASA Bulletin* vol. 33, no. 4, p. 762, December, 2015.

　　有学者认为,在国际商事仲裁裁决既判力的法律选择方面,我们应在公正与良好程序秩序的基础上,选用务实的、非技术性的方法,而不应采纳国内诉讼法中的那些复杂的技术性要件。同时,上述学者还主张,我们应将分析问题时的焦点更多地集中于当事人的仲裁协议及其对仲裁程序的期望上,而非国内诉讼法中的既判力原则之规定。[①] 对此,笔者不敢苟同。前文已述及,国际商事仲裁裁决的效力来源于当事人与法律的共同授权,二者同等重要,不可偏废。在仲裁制度中,仲裁协议固然具有基石的作用,但法律的认可为仲裁制度的现代化发展提供了不可估量的助推力。当然,以《纽约公约》为核心的国际法体系也功不可没,其为仲裁裁决既判力制度的统一发展奠定了坚实基础。然而,如上所述,《纽约公约》只提供了既判力的框架,关于既判力的具体内涵,《纽约公约》既未进行详解,又没有能力解读。虽然在追求纠纷解决的经济性、禁止程序滥用等原则上,各国有统一认识,但是他们的既判力制度还是有很大区别。因此,笔者主张,国际商事仲裁裁决的既判力问题仍应回归至某国的国内法体系,并以法律选择的方法来确定适用的法律。在诸多法律中,国籍国法(即先前裁决作出地法)似为一个较适宜的选择。一方面,《纽约公约》在既判力问题上的原则性规定,无法指导具体实践,因此为了调和制度上的不可避免之差异,我们必须为既判力原则的适用寻找确定的法律标准。另一方面,根据前文的分析,国际商事仲裁裁决的既判力主要被规定在各国的民事诉讼法或者是仲裁法中,这两类法律在性质上都可归为程序法的范畴。如果国际商事纠纷的当事人选择机构仲裁,那么仲裁程序的进行既要符合体现当事人意思自治的仲裁规则,又要符合仲裁地的程序法律。

　　关于国际商事仲裁的程序应适用何种法律之问题,学界主要存在"仲裁地法"(lex arbitri)与"非地方化理论"(delocalization)之争。[②] 经过长期的争论,"仲裁地法"在不断的自我完善中得到了立法和司法实践的广泛肯定,笔者也是赞同仲裁程序适用仲裁地法的。因此,无论从理论上还是从实践上来讲,国际商事仲裁裁决既判力的确定适用国籍国法(或者说是仲

---

　　① Gary B. Born, *International Commercial Arbitration*, Hague: Kluwer Law International, 2009, p. 2912.

　　② 仲裁地法主张,仲裁程序应适用仲裁地国的法律;非地方化理论主张,国际商事仲裁在本质上是自治体系,其不应受任何国家法律约束,而且由于仲裁地的选择也具有偶然性,因此仲裁程序不必然受仲裁地法的规制。此外,非地方化理论认为,在面临承认和执行问题时,仲裁裁决必须求助于某国的国内法律,所以仲裁程序适用执行地的法律更为合理。上述两种观点的主要分歧在于,仲裁地法坚持双重监督(仲裁地国与裁决执行国),而非地方化理论坚持单一监督(裁决执行国)。

裁地法)都是最合适不过的选择。国际商事仲裁裁决的既判力适用国籍国法,不仅可以弥补《纽约公约》等文件在规定上过于宽泛的不足,从而尽量减少仲裁庭在适用该规则时的随意性,而且如果对国籍国法的适用能够在世界范围内达成共识,那么这也将有助于当事人预测案件结果,从而增强其对仲裁的信心。

综上所述,我国有学者将仲裁裁决的既判力界定为,在仲裁机构对作为诉讼标的之法律关系作出终局裁决后,当事人不得以该法律关系为标的再行提起仲裁或诉讼,并且作为既定的裁决,当事人在其他仲裁或诉讼中提出的论点或论据都不得与其相抵触,仲裁机构或法院在其他仲裁或诉讼中不得作出与其相反的裁决或判决。[①] 也有学者认为,在仲裁领域引入既判力的理念是必要的,但我们不应将其称为既判力,而应称其为仲裁裁决的既裁力,其内容包括对当事人的约束力和对仲裁机构与法院的约束力两方面。但是,上述学者并未对仲裁裁决的既裁力做出具体界定,其只是借鉴民事判决既判力的内容,分别介绍了既裁力的时间范围、客观范围和主观范围。[②] 国外有学者认为,既判力包含如下三个不同方面之内容:首先,裁决对当事人之间现存争议的效力;其次,裁决对当事人之间此后争议的效力;最后,裁决对第三人的效力。[③] 按照大陆法系的理论,上述第二个方面和第三个方面实际上分别说明了裁决既判力的客观范围与主观范围,而第一个方面还说明了裁决既判力与法院司法监督权之间的特殊关系。笔者认为,在国际商事仲裁裁决的效力体系构建中,对效力的细分及对效力的含义之界定是十分必要的,不论是以裁决的既判力或是以既裁力来命名,重要的是内涵的表达。由于国际商事仲裁裁决既判力的概念涵盖范围较广,因此我们必须基于本章后段的逐一论述才能较全面地辨清其内涵全貌。故笔者将通过对如下问题的解读来表达对国际商事仲裁裁决既判力的理解。

二、国际商事仲裁裁决既判力的正当性之基础

关于民事判决既判力的正当性基础,有学者称之为既判力的本质。所谓既判力的本质问题,是指在理论上如何说明既判力的效果,这一效果来

---

① 肖建华、乔欣:《仲裁法学》,北京:人民出版社 2004 年版,第 201 页。
② 参见齐湘泉:《外国仲裁裁决承认及执行论》,北京:法律出版社 2010 年版,第 243—254页。
③ 〔英〕艾伦·雷德芬、〔英〕马丁·亨特:《国际商事仲裁法律与实践》(第四版),林一飞等译,北京:北京大学出版社 2005 年版,第 414 页。

自何方,以及将其作为什么现象来看待。① 在实践中,民事判决既判力的正当性基础主要被用来解释"不当判决为何也具有既判力"这一问题。关于国际商事仲裁裁决既判力的本质,我们不仅需要在有关民事判决既判力本质的争论中寻找其定位,而且应当根据仲裁制度的特性对本质理论进行修正。

(一) 既判力本质理论的代表学说

1. 实体法说与诉讼法说

在大陆法系国家,民事判决既判力的本质主要以实体法说与诉讼法说为代表,并在此基础上发展出权利实在说与新诉讼法说。实体法说曾在德国占据着通说的地位,该种学说认为,确定判决就如同双方当事人达成的和解协议,双方当事人之间原有的实体法上的法律关系随着判决的确定而与判决内容一致。简而言之,"既判事项创造了当事人之间的法"之理念是实体法说的根据。诉讼法说认为,判决的既判力是纯粹的诉讼法上的效力,其具有命令后诉法院不得作出与前诉判决的内容相抵触的判决之效力。与实体法说的观念不同,诉讼法说源于"既判事项被视为真实"之理念。实体法说将判决解释为一种能够拘束与诉讼无关的任何第三人的形成判决,这与既判力通常只在双方当事人之间发生效力的原则是矛盾的;而虽然诉讼法说能够合理地说明既判力的相对性问题,但是其完全割裂了同实体法之间联系的做法也受到了抨击。

应当说,实体法说与诉讼法说的先后出现,与作为大陆法系国家的民事诉讼法鼻祖之德国民事诉讼法体系的发展历史具有极为重要的关系。② 在德国民事诉讼法的发展历程中,诉讼法最初被定位为实体法的辅助法,诉讼法中的很多概念与制度被理解为实体法概念与制度在诉讼法中的直接反映。在这种没有权利就没有诉讼的理论背景下,实体法说获得了通说的地位。当诉讼法逐渐从实体法中分离出来,并独自构建其学科体系的时候,有关既判力本质的解说出现了诉讼法说。诉讼法说的兴起,不仅解决了实体法说无法自圆其说的实体权利对世性与既判力相对性之矛盾,而且其通过诉讼技术的发展,引领了诉讼法制度的现代化变革,从而更加丰富了与既判力理论密切相关的部分概念,如诉讼标的、当事人等,有关这些概念的不同认识将直接影响到人们对既判力的主观范围与客观范围之理解。在重新审视上述两种学说时,我们会发现二者分别体现了德国诉讼法发展

---

① 叶自强:《论既判力的本质》,《法学研究》,1995 年第 5 期,第 23 页。
② 林剑锋:《民事判决既判力客观范围研究》,厦门:厦门大学出版社 2006 年版,第 25 页。

史上的两种最极端之理论——完全剥夺诉讼法在诉讼过程中的独立地位与完全赋予诉讼法在诉讼过程中的独占地位。然而,现实中的诉讼并不是实体法或者诉讼法的单一作用下之过程,而是二者合力作用的场。

2. 权利实在说与具体法规范说

随着既判力理论的发展,日本学者兼子一教授提出了权利实在说。权利实在说认为,诉讼前的权利不过是一种假象或虚像,而正是通过裁判的作用,这种权利假象才得以实在化,至于既判力则是这种获得实在化的权利来规范法院及诉讼当事人的效力。与权利实在说相类似的,是日本学者中村宗雄提出的具体法规范说,即在诉讼发生之前,法规范(及其所规定的法律关系)都是抽象化的,而(这种抽象的法规范)通过裁判成为规制当事人之间的具体化法规范,既判力就是作为这种具体法规范来规制双方当事人的准则。[①]

与实体法说和诉讼法说不同的是,权利实在说和具体法规范说都否认了既存的诉讼前权利之观念,这两种学说认为诉讼之前的所谓权利或者法规范要么是一种假象,要么是抽象的,其只有经过裁判,才能转化为实在权利或具体的法规范。简言之,权利实在说与具体法规范说主张"没有诉讼就没有权利",而这种法律观念与大陆法系的"没有权利就没有诉讼"的命题是截然相反的,但其却与英美法系的传统观念如出一辙。在英美法系学者看来,没有诉讼程序的发现过程,实体法是不存在的。所以,程式化的诉讼形式是英美法系在几个世纪中的法律之基础。当实体法从诉讼程序中分离出来后,实体法、实体权利和实体义务才被视为是既存的、独立于司法判决而存在的。由此看来,作为德国法之继受国的日本在既判力本质问题上的认识,也部分受到了英美法系的法律观念之深刻影响。

3. 新诉讼法说

在对传统的诉讼法说进行修正的基础上,部分学者提出了新诉讼法说。新诉讼法说认为,既判力的作用就是阻止既判事项一再重复,即法院在当事人就同一既判事项重新起诉的情况下,不得就诉讼重新进行实体审理,并且应立即以起诉不合法为由驳回起诉。新旧诉讼法说都认为既判力是诉讼法上产生的拘束力,然而二者的区别也是显而易见的,即旧诉讼法说认为既判力只阻止后诉法院作出与前诉判决相矛盾的判决,其并不阻止法院的重复受理,而新诉讼法说则认为既判力的作用在于阻止后诉法院重复受理。因此,持旧诉讼法说的学者认为既判力只具有拘束力的作用,而

---

① 林剑锋:《民事判决既判力客观范围研究》,厦门:厦门大学出版社 2006 年版,第 28 页。

持新诉讼法说的学者则认为既判力具有一事不再理的作用。

目前,新诉讼法说已经成为大陆法系的通说。既判力的本质问题属于诉讼法学中的基础理论,关于该问题的观点将直接影响到对既判力的产生根据、既判力的作用、既判力的范围等问题的认识。因此,有学者认为,对民事判决既判力的本质之正确认识,应从既判力的产生根据及其目的两个方面入手:既判力的产生根据是国家审判权,因此新旧诉讼法说是比较可取的;既判力的首要目的是保障国家利益和社会公共利益,其次才是维护当事人的利益,所以我们也不能完全否认既判力的本质与实体法之间的必然联系。[1]

(二) 国际商事仲裁裁决既判力的产生根据和目的

虽然国际商事仲裁裁决既判力的本质不能完全移植民事判决既判力的本质,但是笔者认为,上述以既判力的产生根据与目的为切入点的方法论同样可以适用于仲裁。

1. 国际商事仲裁裁决既判力的产生根据

国际商事仲裁裁决既判力的产生根据是仲裁权。所谓仲裁权,是指在法律授权的范围内,经双方当事人协议授权的仲裁庭所享有的,对所提交仲裁的当事人之间的争议作出公正裁决的权力。[2] 仲裁权的来源既包括法律的授权,又包括当事人的授权。没有当事人的授权,仲裁权根本不可能产生;但是,如果当事人的授权超出了法律规定的范围,那么此种授权也是无效的。所以,仲裁权来源于当事人在法律范围内的授权,这与审判权的来源是不同的。国家的审判权全部来自于法律的授权,所以其具有当然的权威性。依据国家审判权作出的民事判决也因此具有权威性,这种权威性的重要体现就是在民事诉讼中设置既判力制度,具体包括赋予判决以终结当事人之间纠纷的效力、阻止纠纷再度被提起、禁止法院作出前后相矛盾的判决、促进纠纷的一次性解决、达成诉讼经济之目的等。因此,民事判决的既判力在本质上应属于诉讼法上的概念。同时,仲裁权也部分来源于法律的授权,其在属性上含有司法权的特征。法律对仲裁解决纠纷的能力之承认,就是通过赋予仲裁裁决既判力来体现的。所以,仲裁裁决也应当具有权威性,仲裁的权威性也需要通过类似于既判力的制度来表达。仲裁裁决的既判力以"一裁终局"为核心,并且在解决纠纷这个终极目标上,在定纷止争、诉讼经济等价值选择上,司法与仲裁并无区别。

---

[1] 参见叶自强:《论既判力的本质》,《法学研究》,1995 年第 5 期,第 25—27 页。
[2] 乔欣:《仲裁权论》,北京:法律出版社 2009 年版,第 17 页。

　　然而,由于仲裁权的来源具有复杂性,尤其是包含有当事人授权的因素,并且仲裁协议也具有实体法上的特征,因此仲裁裁决既判力的本质能否完全采诉讼法说也是存疑的。诉讼法说对实体法说的批判之一为,实体法说不能说明当事人能否合意排除既判力。① 如果我们将民事判决既判力视为诉讼法上的制度,那么当事人确实不得合意排除既判力,即使有合意也应归于无效。然而,如果我们将民事判决既判力视为实体法上的制度,那么当事人是有权合意排除既判力的。因此,关键并不是实体法说不能说明当事人能否合意排除既判力,而是实体法说与诉讼法说在该问题的认识上存有分歧,即前者认为可以合意排除,而后者认为不可以合意排除。由于在最初研究民事判决效力问题之时,我国的多数甚至几乎全部的民事诉讼法学者都是将大陆法系的法制作为参考的,而大陆法系认为民事判决的既判力是一项公共政策,并且其属于法院依职权调查的范围,因此我国的学者们也依此推论既判力应产生诉讼法上的效果,不得约定排除。殊不知,英美法系对民事判决的既判力有另一番不同的认识,英美法系的学者认为既判力在本质上应属于一种"私权",其不属于法院依职权调查的范围,当事人负有举证责任。因此,美国的《判决重述(第二次)》在第 84 条第 4 款中规定:"如果当事人在仲裁协议中约定裁决不具有既判力,此种约定也应受到尊重。"这也就是说,当事人是可以合意排除仲裁裁决的既判力的。然而,在实践中,上述协议几乎从未出现过,而且如果当事人约定仲裁裁决不具有拘束力或既判力,那么此种裁决也不能被称为"仲裁裁决"。由此看来,虽然当事人享有自由约定"仲裁裁决"不具有既判力的权利,但是这种约定因为违反了仲裁裁决的基本特质——拘束力,而使得此裁决非彼裁决。更准确地说,上述这种解决纠纷的方式将不能被称为仲裁,我们称其为协商、磋商等可能更为贴切。综上所述,国际商事仲裁裁决既判力的本质首先也应具有诉讼法上的效果,但其实体法上的效果也不可小觑。

　　2. 国际商事仲裁裁决既判力的目的

　　国际商事仲裁既判力的首要目的是维护当事人的利益,其次才是保障国家利益和社会公共利益,这是由仲裁制度鲜明的契约属性所决定的。不论是从发展历程来看,还是从制度内容来看,仲裁都是一种为当事人量身定做的程序,其首要目的当然是维护当事人的利益。尤其是在契约必守原则的指引下,当事人对仲裁程序的选择暗含了对裁决结果的遵守,仲裁制

---

① 叶自强:《论既判力的本质》,《法学研究》,1995 年第 5 期,第 26 页。

度的运行甚至不需要法律的干预,这就是"自治论"者的核心观点。然而,现代国际商事仲裁制度是程序的合意与实体的决定相结合的产物,仲裁制度也不仅仅是为解决当事人的纠纷而存在的,一套运行良好的仲裁制度还会起到维护国家利益和社会公共利益的作用。何况在现代仲裁制度愈加法制化的背景下,法律的规制不再是主权国家意图规范纠纷处理方式的一厢情愿,纠纷的当事人也希望获得这种法律上的保障。所以,赋予仲裁裁决以既判效力,一方面是使当事人之间的纠纷得到解决、权利义务状态趋于稳定之要求,另一方面是仲裁裁决使纠纷得到终局解决、维护社会稳定、与法院合理分摊工作量从而节约司法资源等方面的需要。所以,国际商事仲裁裁决既判力制度的设立,既维护了当事人的利益,又符合了国家利益和社会公共利益。

　　综上所述,从当事人的仲裁心理来看,选择仲裁是对"在国内法院进行国际纠纷诉讼出现的特定问题"的一种反映,而不是期望"创建一种根本不同于诉讼的程序"。[①] 从当下的立法及司法实践出发进行分析,国际商事仲裁裁决的既判力受到了国内民事判决既判力理论的深刻影响,其理论的构建将不可避免地涉及到民事判决既判力的几乎所有问题。总体而言,民事判决既判力制度是较为复杂的,这反映在国际商事仲裁裁决的既判力问题上就显得更为棘手。如果民事判决既判力制度旨在解决司法体系内部的前诉与后诉间的相关问题,那么国际商事仲裁裁决既判力制度则不仅要处理仲裁体系内部的裁决效力问题,而且要协调仲裁体系与司法体系的关系。所以,本章接下来将分析国际商事仲裁裁决既判力的作用表现及其范围,并期望能在比较两大法系的民事判决既判力制度之基础上,梳理仲裁裁决既判力制度的异同,从而为达至国际商事仲裁裁决既判力制度的统一寻找契机。

三、国际商事仲裁裁决既判力的作用

　　如前所述,民事判决既判力的本质论主要讨论既判力的效果来自何方,实体法说与诉讼法说从各自的立场出发,为既判力概念的归属设计了基础定位,然而这种定位只具有抽象意义。事实上,诸如前诉判决既判力究竟能发挥什么样的作用、排斥后诉请求的条件是什么、受前诉判决既判力影响的当事人及相关主体之范围有多大、前诉判决能够对后诉请求中的

---

①　〔美〕克里斯多佛·R.德拉奥萨、〔美〕理查德·W.奈马克:《国际仲裁科学探索——实证研究精选集》,陈福勇等译,北京:中国政法大学出版社 2010 年版,第 16 页。

哪些事项产生既判效果、既判力从何时产生等具体问题,才是司法实践需要直接面对的困境,多数学者将其称为既判力的作用,而笔者认为这也是既判力的具体内容。如今,更多的学者已将视线从抽象意义上的既判力本质论移向了更具实践意义的作用论。

(一) 拘束力说与一事不再理说

作为解决国际商事纠纷的重要手段,仲裁的独立地位之确立离不开裁决法律效力的确认。"诉讼应有尽头""不能为了同一诉因而向对方追索两次"等法律理念,常常被用于说明民事判决被赋予既判力的理由,而这些理念同样适用于仲裁。因为赋予仲裁裁决以既判力,既符合当事人的正当期望,又有利于法院的调处纠纷职能之实现,更能维护国际商事仲裁制度的权威性。鉴于判决与仲裁裁决在解决纠纷功能上具有同质性,有关民事判决既判力作用的学说可为我们解读仲裁裁决既判力的作用提供有益参考。

1. 分野与融合

拘束力说与一事不再理说是诉讼法学者在民事判决既判力作用论方面的两种代表性学说,这两种学说的提出与对既判力本质的认识密切相关。大陆法系的学者对民事判决既判力的研究始于有关既判力本质的争论,他们先后提出了两种主要学说,即实体法说与诉讼法说。实体法说认为,确定判决就如同双方当事人达成的和解协议,双方当事人之间原有的实体法上的法律关系随着判决的确定而变得与判决内容一致。简而言之,"既判事项创造了当事人之间的法"之理念是实体法说的根据。诉讼法说认为,判决的既判力是纯粹的诉讼法上的效力,其具有命令后诉法院不得作出与前诉判决的内容相抵触的判决之效力。与实体法说的观念不同,诉讼法说源于"既判事项被视为真实"之理念。当诉讼法说逐渐代替实体法说,并成为大陆法系的通说时,其内部也悄然发生了分歧,即既判力究竟是发挥拘束力的作用,还是发挥一事不再理的作用。诉讼法说内部的争论不仅导致了旧诉讼法说与新诉讼法说的分野,而且直接影响了学者对既判力作用的认识。

持旧诉讼法说的学者认为,既判力只发挥拘束力的作用。具体而言,既判力的作用是阻止后诉法院作出与前诉法院相矛盾或相抵触的判决,但其并不禁止法院重复受理同一事项。持新诉讼法说的学者认为,既判力应发挥一事不再理的作用。具体而言,既判力的作用是禁止法院再度受理同一事项。上述两种学说的争论焦点在于:拘束力说强调既判力产生内容层面上的效力,也就是说,后诉法院必须在受理并经过实质审查后,才能使用既判力原则驳回诉讼请求;一事不再理说强调的是既判力在形式层面上的效力,其主张后诉法院只需经过形式审查,就可以运用既判力原则驳回起诉。一事不再理说抨击拘束力说不禁止法院重复受理的做法,并认为该做法显然违反了既判力制度促进司法经济的宗旨;而拘束力说指责一事不再理说只经过形式审查,不考虑纷繁复杂的民事纠纷会随时间的流逝而发生变化的情况,从而有可能会剥夺非同一案件当事人的诉权。由此看来,上述两种学说都无法就既判力的作用给出令人信服的阐释。因此,民事诉讼法学界目前的通说为两作用说,即既判力既在内容上发挥拘束力的作用,又在形式上发挥一事不再理的作用。

2. 一事不再理的广狭义之辨

关于既判力的拘束力作用,我们比较容易理解,即要求法院不得作出前后相矛盾的判决。但是,关于一事不再理的含义,诉讼法学者们仍有不同的理解。概括而言,诉讼法学界在一事不再理的含义方面大致有如下两种观点[①]:一种观点认为,一事不再理原则仅仅在已有生效的实体裁判的情况下才发挥作用;另一种观点则认为,一事不再理原则除了要求法院对任何已经生效的裁判予以处理的案件不得再行审判外,还应当包括诉讼系属的含义。

诉讼系属乃大陆法系民事诉讼法的基本概念之一,其是对某诉讼事件现正存在于法院之事实状态的科学概括。具体而言,诉讼系属是指特定当事人之间的特定请求已被某个人民法院受理,从而现存在于法院而成为法院应当终结的诉讼事件之状态。诉讼系属在诉讼法上的作用表现为,其能阻止法院就同一案件进行双重裁判。诉讼系属的核心价值观还是诉讼的经济性,所以其与一事不再理原则在价值追求方面存在重合。例如,《德国民事诉讼法》第 261 条第 3 款第 1 项规定:"在'争议案件'诉讼系属过程中,不允许任何当事人让该案件另外系属。"如果一事不再理原则包含有诉讼系属的概念,那么这就说明在前一个诉讼提起后,法院未作出判决前,当事人也不得就同一争议另行起诉。诉讼系属的导入,扩大了一事不再理的范围,即从尊重前诉法院的判决结果扩大到尊重前诉法院的管辖权。再进一步说,如果既判力的作用表现为含有诉讼系属的一事不再理,那么最直接的后果就是既判力产生时间的提前。诉讼系属的作用不只是阻止案件的双重裁判,还包括管辖权的持续、限制诉的变更等,诉讼系属甚至还能发

---

① 　宋英辉、李哲:《一事不再理原则研究》,《中国法学》,2004 年第 5 期,第 128 页。

挥某些实体法上的作用。① 所以,有学者将诉讼系属视作起诉效力约束的范畴,而不将其纳入一事不再理的调整范围。②

依照目前的国际立法与国内立法之相关规定,国际商事仲裁裁决既判力制度的构建基本以判决既判力制度为蓝本。然而,众所周知,仲裁与诉讼的最大不同就在于,诉讼是权利救济的最后防线。无论法律赋予仲裁多么独立地解决纠纷的地位,至少从近期来看,各国法院都不会轻易放弃监督仲裁的权力。所以,国际商事仲裁裁决的既判力问题比判决的既判力问题要更为复杂,因为其不仅要协调前后仲裁的关系,而且要处理好仲裁与诉讼的关系。除此之外,民事诉讼对既判力原则与遵循先例原则的区分、同步审理(或者诉讼系属)问题的处理等事项在仲裁制度中有何特点及如何运用,也都是具有重要现实意义的问题。

(二) 国际商事仲裁中的"禁止同步审理"

大陆法系所称之诉讼系属,与英美法系的"禁止同步审理"(*lis pendens* 或 *lis alibi pendens*)原则类似。如前所述,不论诉讼系属的定位如何,其功能之一都是阻止同一争议案件的双重裁判,也就是解决司法管辖权的冲突问题。然而,在现实中,诉讼系属的存在并不会杜绝同步受理的发生。不过,在同一个司法管辖区域内,上述问题都能得到较好的解决,复杂的是如何处理不同司法管辖区之间的管辖权冲突。以国际民事诉讼为例,由于各国的管辖权存在冲突,因此平行诉讼(parallel proceedings)的现象时有发生。随着国际商事仲裁的纠纷解决能力之提升,仲裁程序也会遭遇同步现象,而且这种现象会更为复杂。在国际商事仲裁程序的运作过程中,我们不仅有可能遭遇仲裁庭之间的管辖权冲突,而且还有可能碰见仲裁庭与法院之间的管辖权冲突。针对上述这些冲突,在能否适用"禁止同步审理"原则来解决的问题上,学者们有不同的认识。

1. 仲裁庭与法院之间的管辖权冲突

有学者认为,从理论上讲,"禁止同步审理"原则不适用于国际商事仲裁。在国际民事诉讼中,"禁止同步审理"原则的适用取决于一个前提,即针对一项纠纷,至少有两个法院具备管辖权,而这种管辖权的取得通常都是根据各自的国内立法之授权。在此种情况下,我们无法区分哪个法院享有"合法的"管辖权,因为这些法院的管辖权是平等的;相反,更务实的做法

---

① 参见〔德〕汉斯-约阿希姆·穆泽拉克:《德国民事诉讼法基础教程》,周翠译,北京:中国政法大学出版社 2005 年版,第 77—80 页。

② 宋英辉、李哲:《一事不再理原则研究》,《中国法学》,2004 年第 5 期,第 128 页。

是确定一种规则,以判定哪个法院可以继续对案件进行实质审理,如"不方便法院原则"(forum non conveniens)、"法院第一所有权规则"(the court first seised rule)等。[1] 众所周知,国际商事仲裁案件管辖权的依据是仲裁协议,而一份有效的仲裁协议只会约定一个仲裁庭来处理纠纷,此种约定同时也排除了法院的管辖权。也就是说,在仲裁程序中,仲裁庭与法院之间的管辖权冲突是不应当存在的,即使法院违反仲裁协议之约定受理了案件,仲裁庭也不应当受到该判决的约束。因此,有学者认为,在一般情况下,仲裁程序是不需要适用"禁止同步审理"原则的。

然而,如前所述,不论这种管辖权冲突在理论上是否应当存在,其在现实中都完全有可能发生,而导致这种冲突产生的重要导火索就是启动仲裁程序的仲裁协议。当法院认为仲裁协议无效而受理争议,并且仲裁庭认为仲裁协议有效也受理争议时,同一争议在两个战场的同时展开将不可避免。仲裁庭之所以能够与法院分庭抗礼,是因为管辖权/管辖权原则(kompetenz-kompetenz, competence-competence)发挥了重要作用,即仲裁庭对当事人提出的管辖权异议有管辖权。[2] 经过学者们的激烈讨论,联合国《国际商事仲裁示范法》第16条以一种折衷的方式,详细规定了仲裁庭与法院在管辖权问题上的权限。[3] 正如联合国《国际商事仲裁示范法》的起草者所公认的,采用管辖权原则的关键,不在于是否赋予仲裁庭的决定以终局效力,也不在于是否完全排除法院的确定仲裁管辖权之权力,而在于限定法院干预仲裁管辖权的时间和条件。[4] 更具体地说,为了保障高效、独立地解决纠纷之目标的实现,法院对仲裁庭的自裁管辖权进行监督,这种监督除了一部分可在仲裁庭作出初步裁定后立即进行外,其余的则应当留在裁决的撤销程序中进行。以上这种对司法监督时间的限定,势必会

---

① International Law Association, International Commercial Arbitration Committee, *Final Report on Lis Pendens and Arbitration*, para. 1.8 (72d Conference, Toronto 2006).

② 宋连斌:《国际商事仲裁管辖权研究》,北京:法律出版社2000年版,第209页。

③ 联合国《国际商事仲裁示范法》第16条第2款规定:"有关仲裁庭无管辖权的抗辩不得在提出答辩书之后提出。一方当事人指定或参与指定仲裁员的事实,不妨碍其提出此种抗辩。有关仲裁庭超越其权限范围的抗辩,应当在仲裁程序中出现被指称的越权事项时立即提出。在其中任何一种情况下,仲裁庭如认为迟延有正当理由的,可准许推迟提出抗辩。"联合国《国际商事仲裁示范法》第16条第3款规定:"仲裁庭可以根据案情将本条第2款所指抗辩作为一个初步问题裁定或在实体裁决中裁定。仲裁庭作为一个初步问题裁定其拥有管辖权的,任何一方当事人可在收到裁定通知后三十天内请求第6条规定的法院对此事项做出决定。该决定不得上诉;在对该请求未决期间,仲裁庭可以继续进行仲裁程序和作出裁决。"

④ A.J. van den Berg, ed., *Commentary on the UNCITRAL Model Law on International Commercial Arbitration*(1990), p.76. 转引自宋连斌:《国际商事仲裁管辖权研究》,北京:法律出版社2000年版,第213页。

造成仲裁程序与诉讼程序平行进行的情况之出现,更何况在国际商事仲裁中,关于该问题的解决尚未有达成一致的公约约束,即使是《纽约公约》第2条第3款的规定也不足以解决此种同步审理的问题。[①]

为了解决这种同步审理的问题,相关国家的国内立法提出了某些解决方案。例如,在瑞士,根据《联邦国际私法》第9条的规定,在处理同步审理的问题时,法院需要考虑如下三个条件:(1)两个程序是否涉及同一当事人之间的同一争议;(2)外国法院能否在可预期的合理时间内作出判决;(3)外国法院的判决能否在瑞士获得执行。如果以上三个条件被满足,那么瑞士法院应当中止仲裁程序,这种做法被概括为"先诉优先及预期执行"原则。[②] 需要注意的是,《联邦国际私法》第9条的规定针对的是外国法院与瑞士法院之间的同步审理问题,其并未说明此规定能否同样适用于仲裁与诉讼之间的平行程序问题。2001年,瑞士法院对 *Fomento de Construcciones y Contratos SA v. Colon Container Terminal SA* 一案的判决,引起了国际范围内的讨论。在上述案件中,法院认为,在处理仲裁庭与法院之间的同步审理问题时,《联邦国际私法》第9条的规定应类推适用,后受理案件的仲裁庭应当中止程序,以等待先受理案件的法院作出判决。上述案件的特殊之处在于,仲裁地与法院地都位于瑞士。那么,针对诉讼地在国外,但仲裁地在瑞士的平行程序问题的处理,瑞士法院也会类推适用《联邦国际私法》第9条的规定吗? Minera Condesa 案就是此种情况的代表。[③] 在 Minera Condesa 案中,外国法院先受理了案件,但瑞士仲裁庭并未就此放弃管辖权,并认为自己才具有管辖权。后来,Minera Condesa 案在瑞士执行时也得到了瑞士法院的认可,然而瑞士法院的认可原因却不是《联邦国际私法》第9条的预期执行问题,而是外国法院的做法不符合《纽约公约》的规定,因此其管辖权不合法。对比以上两个案例,我们会发现,就司法实践来说,瑞士法院至少区分了法院地在瑞士与法院地不在瑞士这两种情况,并且其处理方式也是不同的。鉴于以上情况,瑞士于2006年对《联邦国际私法》第186条进行了修订,修订后的内容如下:"不论相同当事人间的相同纠纷是否已在另一法院或仲裁庭进行审理,仲裁庭都应就

---

① 《纽约公约》第2条第3款规定:"当事人就诉讼事项订有本条所称之协定者,缔约国法院受理诉讼时应依当事人一造之请求,命当事人提交仲裁,但前述协定经法院认定无效、失效或不能实行者不在此限。"

② 高薇:《仲裁抑或诉讼?——国际商事仲裁平行程序及其解决机制》,《河北法学》,2011年第5期,第87页。

③ Christian Söderlund, "Lis Pendens, Res Judicata and the Issue of Parallel Judicial Proceedings", *Journal of International Arbitration*, vol. 22, no. 4, p. 315, 2005.

其自身管辖权做出决定,除非有重要的理由要求中止程序。"

在英国,解决这种同步审理问题的通常做法就是"止诉禁令"(anti-suit injunction)。止诉禁令是英美法系国家解决案件管辖权冲突的常用做法,其运行遵循一套非常复杂、严密的做法。笔者在此不想多费笔墨,只是对运用于仲裁中的止诉禁令做一大致概括,即在一方当事人已将纠纷提交至法院审理时,认为仲裁协议有效的当事人可向仲裁地(如英国)法院申请一个止诉禁令,以要求另一方当事人中止法院诉讼程序并回到仲裁程序。止诉禁令通常针对当事人发出,如果当事人无视禁令,那么其需承担藐视法院的刑事责任。就止诉禁令的做法而言,英国支持本地仲裁的意图非常明显,因此这种做法也会招致外国法院的不满,并被视为其是司法霸权。而且,在欧共体法院就 the Front Comor 案作出判决后,英国就不能在欧盟国家法院已经受理案件的情况下,为了伦敦仲裁而发出任何止诉禁令。[①]但是,上述判例也只对欧盟国家有效,英国法院仍可对欧盟成员国以外的国家发出止诉禁令。

2. 仲裁庭与仲裁庭之间的管辖权冲突

如果仲裁庭与法院之间的管辖权冲突是缘于相关主体对仲裁协议的有效性之理解不同,那么仲裁庭与仲裁庭之间的管辖权冲突就毫无疑问是以承认仲裁协议的有效性为前提的。但是,同样麻烦的是,两个仲裁庭都会认为自己对争议享有管辖权,所以从本质上来说,这还是管辖权的冲突。"仲裁庭的管辖权来源于仲裁协议",这个命题已被多次讨论。在当事人签订的仲裁协议没有瑕疵的情况下,当事人之间的同一争议只可能被授权给一个仲裁庭进行审理,所以仲裁庭之间的管辖权冲突理应不会发生。这里需要强调的是,两个仲裁程序中的当事人以及请求事项都应当相同。此种情况下,如果争议被提交给两个不同的仲裁庭仲裁,那么我们应当适用"禁止同步审理"原则,即后诉仲裁庭应当中止程序。然而,现实情况有时也是复杂的。例如,在 *CME Czech Republic BV v. Czech Republic* 案和 *Lauder v. Czech Republic* 案中[②],两个仲裁庭受理案件的依据都是仲裁协议。在上述两个仲裁程序中,被申请人是相同的,一个程序中的申请人是个人企业主,另一个程序中的申请人是企业主间接所有的公司,且这两个程序所要解决的争议也是相同的。但是,后诉仲裁庭并未受前诉仲裁庭

[①] 杨良宜、莫世杰、杨大明：《仲裁法——从开庭审理到裁决书的作出与执行》,北京：法律出版社 2010 年版,第 654 页。

[②] Gary B. Born, *International Commercial Arbitration*, Hague: Kluwer Law International, 2009, p. 2908.

的裁决之约束,原因是仲裁程序的申请人不同。可见,即使案件在本质上具有同一性,仲裁庭也可以因仲裁协议的当事人不同或仲裁程序的当事人不同而不适用"禁止同步审理"原则。

通过以上分析,我们可以发现,在国际商事仲裁中,不论是仲裁庭与法院之间的同步审理问题,还是仲裁庭之间的同步审理问题,它们实质上都是管辖权的冲突问题,而引起这一冲突的根本原因就是仲裁协议的解释权不明。英美法系国家认为仲裁庭与仲裁地享有解释权,而大陆法系国家认为任何有管辖权的国家法院都有解释权。目前,管辖权/管辖权原则可以说是两大法系在同步审理问题上所能达成的最大一致,这种共识对处理诉讼地与仲裁地一致之情况下的同步审理问题很有帮助。但是,针对仲裁地位于本国而诉讼地位于外国之情况下的同步审理,以及仲裁庭之间的管辖权冲突,管辖权/管辖权原则的作用是非常有限的。因此,在国际范围内,对仲裁协议进行解释的统一法律适用法则之缺失,使得国际商事仲裁程序中的"同步审理"问题之解决始终是一个难点。

(三)国际商事仲裁中的"遵循先例原则"

"遵循先例原则"(the doctrine of stare decisis)是英美法的核心与灵魂。在英美法系看来,判决具有如下两种效力:第一种效力是既判事项不再理(res judicata),即一项生效判决所涉及的事实认定和法律结论对当事人有完全的拘束力,当事人不得再次就同一问题起诉;第二种效力是成为先例(precedent, stare decisis),即一项判决(实质上是其体现的规则)在法律渊源的意义上对以后相同或类似的案件具有或强或弱的约束力。"the doctrine of precedent"和"the doctrine of stare decisis"在英美法实践中是通用的,美国习惯用后者。[①] 通常认为,"遵循先例原则"是英美法系的特征,其与大陆法系的成文法特征有所区别。诚然,《德国民事诉讼法》和《德国法院组织法》并没有规定上级法院的裁判除了拥有既判力之外,还拥有英美法系意义上的普遍的拘束力[②],但是随着平等对待、法的安定性等价值理念获得大陆法系国家的广泛认同,司法判例在诉讼法中的地位也悄然地发生了变化。大陆法系国家的法官已不再仅仅是立法权的"传声筒",法官造法原则上被接受,只是在具体程度上存有争论。英美法系的"遵循先例原则"也不是僵化不变的,其会根据具体案件的不同情况而呈现

---

① 参见毛国权:《英美法中先例原则的发展》,《北大法律评论》,1998年第1辑,第32—34页。

② 〔德〕米夏埃尔·施蒂尔纳:《德国民事诉讼法学文萃》,赵秀举译,北京:中国政法大学出版社2005年版,第431页。

出更多的灵活性。当然,也有学者强调大陆法系与英美法系在对待先例问题上的区别,其认为前者是一种更广泛意义上的效力,不是法律渊源意义上的效力,而后者则具有法律渊源上的效力,遵守先例就是依法审判的体现。①

"遵循先例原则"与既判力的作用不同。既判力只对当事人及相关主体产生效力,其不能针对其他人,而"遵循先例原则"却能对以后所有案件的当事人适用,不论当事人是否相同。所以,每个判决或仲裁裁决都会产生既判力,但它们不一定都能够成为先例。在司法判决的先例作用获得广泛认同之背景下,国际商事仲裁应否遵循先例、司法先例应否为仲裁庭所遵守、仲裁裁决能否成为先例等问题,都是与国际商事仲裁裁决既判力相区别的重要议题。

首先,"遵循先例原则"能否在国际商事仲裁中适用,这取决于该原则能否在仲裁的语境中获得生长的土壤。如上所述,不论大陆法系与英美法系在处理先例问题上有何差异,在实现维护司法统一、保证纠纷解决的可预见性等价值追求方面,各国都已达成共识。国际商事仲裁成为当事人所乐意选择的纠纷解决方式,其中很重要的原因在于,当事人对仲裁庭能够公正处理纠纷有着充分的信任。笔者认为,当事人对公正与否的心理体验,主要取决于当事人在同等情况下是否受到了同等对待,而衡量同等对待程度的标准就是先例。换言之,先例中的处理方式是否得到后来的仲裁庭之尊重,这也涉及当事人对仲裁结果的正当期待。正因为与诉讼判决一样,仲裁裁决的结果是可预期的、确定的、公正的,所以其才能在解纷机制的发展浪潮中仍然占据重要席位。所以,"遵循先例原则"可以适用于国际商事仲裁。

其次,即使"遵循先例原则"可以适用于国际商事仲裁,也有学者会质疑该原则有无适用的必要,原因是作为一种当事人"私设的法庭",仲裁庭在解决当事人的纠纷时不必要遵守法律。诚然,如果我们将仲裁视为与法律无关的活动,那么国际商事仲裁也的确无遵守先例的必要。问题是,仲裁裁决果真是仲裁庭的恣意妄为,并且与法律无关吗?认为仲裁是一种与法律无关之活动的人,主要是基于以下认识:第一,仲裁员在作出裁决时并未被要求遵守法律;第二,仲裁协议的当事人通过仲裁来逃避法律的适用;第三,仲裁裁决的不公开性阻碍了法官造法功能的实现。然而,在对以上问题进行实证分析后,我们有了如下发现:其一,仲裁员与法官在遵守法律的观念上并无明显差别,而且仲裁裁决的被撤销率与判决的被撤销率

① 参见毛国权:《英美法中先例原则的发展》,《北大法律评论》,1998 年第 1 辑,第 35 页。

相近,甚至略低于判决的被撤销率;其二,国际商会(ICC)于2001年至2005年间公布的数据显示,有77%—81%的当事人选择了将国内法律作为争议解决的适用法律;其三,尽管我们经常强调仲裁在国际商事纠纷解决中的地位,但是仲裁的影响范围总体来说还是有限的,并且由于国际仲裁数据的收集十分困难,因此仲裁对法官造法的影响到底有多大还很难得到评估。通过以上这种实证分析,国际商事仲裁至少在目前未显露出无视法律的倾向。① 上述研究从另一个侧面证实,仲裁庭在作出裁决时仍然是遵守法律的。与法官一样,仲裁员也有按照惯例行事的倾向,因此针对司法先例所确定的法律原则,仲裁员也是乐于遵循的。

最后,仲裁裁决的内容与性质比较特殊,其是否具备成为先例的条件也是存疑的。其中,最大的障碍可能是仲裁的秘密性要求。尤其是在商事仲裁领域,裁决仅仅是偶尔被公布,而不像体育仲裁、投资仲裁等领域将公布裁决视为一项规则。② 然而,不公开就意味着仲裁裁决缺乏成为先例的基本条件。再者,仲裁庭将主要精力集中在合同解释方面,其不会像法院那样,对国内法律的某个问题有更多的、反复推敲的机会,这就使得国际商事仲裁裁决在与法院判决竞争成为先例的过程中处于劣势。由此看来,仲裁裁决似乎不具备成为先例的条件。然而,更多的事实证明,仲裁裁决在国际商事仲裁法律体系的发展过程中扮演了重要角色。例如,仲裁条款的独立性、仲裁协议的法律适用、管辖权/管辖权原则、国际商事仲裁的实体法选择等制度与理念,都是通过一些重要的仲裁裁决得到发展和确立的。③ 反观确立这些重要制度与理念的裁决,其不正是起着先例的作用吗? 而且,虽然国际仲裁裁决的公布数量有限,但是各国的官方机构和知名的国际仲裁机构(如ICC)都在通过借助大量编辑来删除可识别信息之方式,选择性地公布了一些仲裁裁决,这些仲裁裁决的公布为仲裁庭裁决纠纷提供了宝贵的参考资源。

通过以上分析,"遵循先例原则"是可以适用于国际商事仲裁的。在英美法中,判决(判例)的效力依据程度的不同被分为以下两种:一种是劝导性(persuasive)效力,其只具有参考价值;另一种是约束性(binding)效力,

---

① Christopher R. Drahozal, "Is Arbitration Lawless?", *Loyola of Los Angeles Law Review*, vol. 40, pp. 187—216, fall, 2006.

② Gabrielle Kaufmann-Kohler, "Arbitral Precedent: Dream, Necessity, or Excuse?", 23 (3) *Arbitration International*, 2007, p. 376.

③ Gary B. Born, *International Commercial Arbitration*, Hague: Kluwer Law International, 2009, p. 2966.

法院应当遵循。① 在国际商事仲裁中,不论是司法先例还是仲裁裁决的先例,它们所具有的劝导性(persuasive)效力都是为学者们所承认的。

第二节　国际商事仲裁裁决既判力的主观范围

所谓民事判决既判力的主观范围,是指关于既判力的作用及于哪些人,即谁可以有利地使用既判力或不利地受制于既判力。民事判决既判力的主观范围是既判力的作用范围在主体上的界限,是既判力发生作用的人的范围,其实质上解决的是既判力所拘束的主体范围问题。因此,既判力的主观范围也被称为既判力的主体范围或人的界限②,其涉及的内容很多,但重要的内容主要有如下三个部分:一是哪些主体应受既判力拘束;二是这些主体为什么受既判力约束;三是受既判力拘束的人可以获得哪些程序救济或程序保障。同样,国际商事仲裁裁决既判力的主观范围,也是指裁决的既判力作用的主体范围。本节将主要探讨哪些主体应受裁决既判力的拘束以及为什么受拘束。

一、既判力的主观范围之相对性

无论是在大陆法系国家还是在英美法系国家,民事判决若要发生既判力,则其必须满足一定的条件,大陆法系国家将这些条件总结为"三同"原则,即诉讼标的相同、原因相同、当事人相同。例如,《法国民法典》第1351条规定:"确定裁判的效力只及于曾经判决的案件。前后两件诉讼,必须合于下列条件,后诉始因前诉的确定裁判而不得提起:起诉的诉讼标的必须同一;诉讼必须基于同一的原因;当事人须为同一的当事人,而且必须由同一的原告向同一的被告以同一的资格提起。"根据司法实践,美国提炼出了请求排除原则适用的条件:(1)已进行到对实质性问题作出终局和生效判决程度的前次诉讼;(2)现在的诉讼是基于与前次诉讼相同的请求而提出的;(3)两个诉讼的当事人相同或者有"相互关系"(in privity)。③ 英国的1982年《民事管辖与判决法》(Civil Jurisdiction and Judgments Act)第34

① 毛国权:《英美法中先例原则的发展》,《北大法律评论》,1998年第1辑,第35页。
② 常廷彬:《民事判决既判力主观范围研究》,北京:中国人民公安大学出版社2010年版,第7页。
③ 〔美〕斯蒂文·N.苏本等:《民事诉讼法——原理、实务与运作环境》,傅郁林等译,北京:中国政法大学出版社2004年版,第762页。

条规定:"外国法院判决后英国法院再也不受理而重审一次,要求符合三个条件:(1)必须是同一个诉因(same cause of action);(2)必须是同样的当事人或他们的利害关系人(the same parties, or their privities);(3)必须是被承认的外国法院判决。"其中,"被承认的外国法院判决"包括了法院对案件有管辖权、判决是最终的且是针对实质问题作出的等条件。

以上立法所阐述的内容被称为既判力的相对性原则。尽管两大法系在既判力的产生条件之表述上不尽相同,但是二者对主体条件的要求却是相同的,即前后诉讼的当事人应是同一的,也就是"当事人的同一性"。根据"当事人的同一性"原则,既判力原则上只及于当事人,其对当事人以外的第三人不具有拘束力。当事人是指以自己的名义请求法院行使审判权的人及其相对人,即原告与被告。民事既判力通常只作用于当事人,当事人不得就判决确定的内容再行争执或提出相异主张,当事人以外的第三人原则上不受既判力的约束。既判力的相对性主要以下述两个原因为基础:一是将裁判比拟成契约的古老理论认为,判决就是当事人之间的契约,所以契约的相对性自然延伸至判决的效力;二是当事人享有程序保障权,而当事人以外的第三人未参加诉讼、未进行辩论,因此在未获得程序保障权的情况下受判决的约束,对于第三人而言至少在程序上是不公平的。

国际商事仲裁制度与诉讼制度的最大区别在于,前者具有契约性,其在本质上属于一种私人的纠纷解决方式。当事人的合意是国际商事仲裁的前提,没有合意就不会产生一个有效的仲裁。在说明判决既判力的相对性时,我们差强人意地借助了将判决比拟成当事人间的契约之假设,但是在仲裁制度中,这种牵强附会则因为的确存在一个有效的契约——仲裁协议——而使既判力的相对性更加正当化。

(一)既判力的主观范围具有相对性的原因分析

国际商事仲裁裁决既判力的主观范围之相对性可以从如下三个方面获得正当性基础:第一,仲裁协议的契约属性决定了仲裁协议具有相对性。关于仲裁协议的性质,学术界可谓众说纷纭、莫衷一是,学者提出了"诉讼法上契约说""实体法上契约说""混合说"和"独立类型契约说"共四种学说。[①] 上述学说对仲裁协议的契约性都是持肯定态度的,都承认仲裁协议是一种特殊类型的合同。首先,当事人签订仲裁协议是一种以意思表示为要素,并依意思表示的内容而引起法律关系的设立、变更和终止之后果

---

① 详见谭兵、陈彬:《中国仲裁制度研究》,北京:法律出版社1995年版,第176—182页。

的法律行为。仲裁协议是当事人的意思表示之结果，是以设立、变更或终止一定权利义务为目标的。其次，仲裁协议是当事人的合意之体现，当事人签订仲裁协议是在平等自愿的基础上，因意思表示一致而为的行为。因此，仲裁协议具有契约的特点，具备契约性。我们知道，合同具有相对性，合同的效力只及于合同的当事人，合同当事人以外的任何人都不享有合同权利，也不负担合同义务。我们由此便可以推断出，具有契约性质的仲裁协议也具有相对性，只有仲裁协议的当事人才受其约束，其他人没有权利和义务将争议交付仲裁。

第二，仲裁协议的当事人决定了仲裁裁决的当事人之范围。《纽约公约》第2条第1款规定："当事人以书面协定承允彼此间所发生或可能发生之一切或任何争议，如关涉可以仲裁解决事项之确定法律关系，不论为契约性质与否，应提交仲裁时，各缔约国应承认此项协定。"由此可知，只有在书面仲裁协议上签字的人才能成为仲裁协议的当事人，也只有仲裁协议的当事人才能具备提起仲裁程序的资格，从而成为仲裁程序的当事人。随着现代通讯技术的发展，我们对"书面协议""签署"等条件有了更为宽松的解释，但这些解释无论如何也不能僭越当事人合意这一基本条件，一份有效的仲裁协议仍是启动仲裁程序的唯一钥匙。因此，在国际商事仲裁中，仲裁协议一直发挥着举足轻重的作用，其被誉为"仲裁制度的基石"。既然仲裁程序的启动是以存在有效的仲裁协议为基础的，那么仲裁协议的当事人就在很大程度上决定了仲裁裁决的当事人之范围。

第三，仲裁庭的管辖权主要来自于仲裁协议。与诉讼不同，仲裁庭对当事人的管辖权不仅来自于法律的规定，而且来自于当事人的授权，仲裁协议是仲裁庭行使管辖权的重要依据。因此，仲裁庭只能对仲裁协议的当事人行使管辖权，其对协议以外的第三人一般无管辖权。根据仲裁协议作出的仲裁裁决也只能解决协议当事人之间的纠纷。如果仲裁裁决针对了当事人以外的第三人，那么其将因缺乏管辖权而无效。在以上因素的作用下，与民事判决既判力的主观范围相比，国际商事仲裁裁决既判力的主观范围更加具有相对性，可以说，其主观范围只限于仲裁协议的当事人。而且，我们通过上述论证可知，在关于国际商事仲裁裁决既判力的主观范围之讨论中，仲裁协议的当事人之确定成为了关键。

（二）仲裁协议的当事人之确定

根据形式的不同，仲裁协议可以分为仲裁条款、仲裁协议书和其他表示提交仲裁意愿的文件。通常，判断仲裁协议当事人的最简便、最直观之方法便是考查仲裁协议的签字人（signatories），即签署仲裁协议的人就是当事人,反之则不是。在大多数情况下,通过上述判断方式都能找到仲裁协议的当事人,但也会有例外的情况。例如,在 ICC 于 1991 年审理的 6769 号案例中,非洲公司甲与东欧公司乙签订了一份合同,约定由部件制造商丙提供原材料的配件,并且丙负责起草了合同附件 I 中的部分内容,描述了其所提供的部件的特征。上述合同经甲、乙、丙三方签字,并订有仲裁条款。后来,甲以丙制造的部件有缺陷为由,根据合同中的仲裁条款,以丙为被申请人提起了仲裁。仲裁庭认为,由于缺乏相互履行,因此第三方丙的签字行为并不能使其成为甲与乙之间的合同之一方当事人。根据合同,乙应承担所供货物与合同约定不一致的责任,即使甲直接向丙支付部件的价款,乙也应承担全部责任,因为价款只有在乙的指示下才能支付。因此,不存在丙向甲履行义务的情况。丙所起草的有关配件制造的技术性特征的材料,只是为了满足甲与乙的要求,只是一种技术性材料。仲裁庭又进一步指出,丙在合同的签订与履行过程中并未起特殊的或决定性的作用。[①] 上述案件所指明的例外情况就是,合同的签署人未必是同意其中仲裁条款的当事人,所以我们不能仅凭签字来简单确定仲裁协议的当事人之范围,而是应当考查签字人是否有同意仲裁的意思表示,这种同意既可以通过明示的方式(如签字)进行,又可以通过默示的方式(如行为)进行。

然而,在实践中,某个人不是表面的仲裁协议签署人,但其却在实质上具有仲裁协议的当事人之地位的情况也不少见。因此,有学者提出了"仲裁协议第三人"的概念,并认为通过"公司集团"(group of companies)原则和私法中的转让、代理、继承等规则,可使第三方受仲裁协议的约束。[②] 笔者认为,在"揭开公司面纱"、转让、代理、继承等特殊情况下,我们需要涉及对"真正的"仲裁协议当事人之确定,而不是所谓的仲裁协议"第三人"。同时,"仲裁协议第三人"的概念也与仲裁制度的精髓——尊重当事人意思自治——不符,原因如下:

首先,仲裁协议具有混合契约的属性。随着现代社会经济生活的复杂化以及市场竞争的加剧,合同自由原则受到了限制。人们普遍认为,在契约自由的价值追寻之外,个体还应考虑秩序、正义等价值理念。为了降低市场交易风险、稳定交易秩序、平衡契约的自由与正义,有学者提出了合同

[①] Bernard Hanotiau, "Problem Raised by Complex Arbitrations Involving Multiple Contracts-Parties-Issues", *The Journal of International Arbitration*, vol. 3, pp. 270—271, 2001.

[②] 〔英〕艾伦·雷德芬、〔英〕马丁·亨特:《国际商事仲裁法律与实践》(第四版),林一飞等译,北京:北京大学出版社 2005 年版,第 157—162 页。

效力在某些情况下应具有涉他性。① 合同效力的涉他性是对相对性的突破，其本质是合同效力的扩张，而这些在合同效力的扩张过程中参与进来的人有时被称为合同第三人，"仲裁协议第三人"的概念盖源于此。然而，我们通过前述有关仲裁协议、仲裁管辖权、仲裁程序当事人之间关系的论述可知，仲裁协议是一类特殊的合同。就对诉讼标的法律关系的处分而言，仲裁协议应属于诉讼法上的构成部分；而就当事人负有全力促进仲裁程序的义务而言，仲裁协议应属于实体法的构成部分。② 仲裁协议是兼具实体法要素和诉讼法要素的混合契约，其不同于只具有实体法要素的一般合同，而此种特殊性所导致的后果之一，就是合同效力的相对性扩张理论不必然适用于仲裁协议。

其次，如果合同相对性理论的突破是秩序、正义等价值理念对自由价值的制衡，那么仲裁协议本身就体现了这种制衡。《纽约公约》第 2 条第 3 款规定："当事人就诉讼事项订有本条所称之协定者，缔约国法院受理诉讼时应依当事人一造之请求，命当事人提交仲裁，但前述协定经法院认定无效、失效或不能实行者不在此限。"仲裁协议与普通合同的一个实质性区别是，合同中的当事人相互承担的义务一般不能被强制执行，违反此项义务的当事人只能被要求给予损害赔偿，而仲裁法规定的机构可以对仲裁条款进行强制执行。③ 因此，国际商事仲裁协议的效力包括禁止当事人将纠纷再提交法院解决。法律在赋予当事人通过私人间合同的形式来解决纠纷，从而排除寻求法定的公力救济的权利之同时，也考虑设置一些制度来对此种自由加以限制，制度之一就是仲裁协议。而且，虽然从表面上看，仲裁协议只是限制了当事人选择救济的方式，但是这种程序选择权也可能会影响到当事人的实体权利与义务。因此，仲裁协议的当事人之确定具

---

① 合同效力的涉他性主要表现在以下几个方面：1. 租赁关系的物权化，使承租人能凭借合同对抗第三人，第三人受到租赁合同的约束；2. 债权保全制度的推广，使合同权利人能在特定条件下直接干预债权人与第三人之间的民事行为，从而影响到第三人利益，具体体现为债权人享有撤销权和代位权；3. 第三人不法侵害债权及其责任制度的设立；4. 直接诉权的确立与扩大，主要适用于连环合同关系中，第三人可以不受合同相对性原则的约束，而直接诉请对损害负有终局责任者承担责任，这也是现代合同法突破合同相对性原则的重要标志；5. 合同关系的第三人，这包括很多情况，如合同内容涉及第三人、合同权利义务转移时的第三人、合同担保中的第三人、合同履行中的第三人、违约责任中的第三人、因合同行为而权益受到侵害的第三人等。但是，在上述情形中，只有合同内容涉及第三人、第三人侵权行为导致合同不能履行和因合同不能履行或因合同履行瑕疵而受到损害的第三人才涉及合同相对性的突破。参见孙鹏：《合同法热点问题研究》，北京：群众出版社 2001 年版，第 251—256 页。

② 刘晓红：《国际商事仲裁协议的法理与实证》，北京：商务印书馆 2005 年版，第 19 页。

③ 〔英〕施米托夫：《国际贸易法文选》，赵秀文选译，北京：中国大百科全书出版社 1993 年版，第 612 页。

有非常重要的意义,只有那些明确做出愿意将纠纷提交仲裁解决而放弃诉权的意思表示的当事人,才能成为仲裁协议的当事人。仲裁协议效力的任意扩大只能是对当事人诉权的不正当剥夺,这是不符合正义理念的。

最后,仲裁协议具有鲜明的"属人性"。当事人可以约定提交争议的范围、仲裁地点、仲裁庭的组成、程序和实体的法律适用等各种细节问题,这就造成了那些在诉讼中为了提高效率而被采用的很平常的合并审理方式,在仲裁程序中却很难被适用的局面。原因很简单,即缺乏一个包含所有当事人的仲裁协议。没有一个仲裁庭愿意冒忤逆当事人的真实意思之风险,将争议涉及的多方当事人全部合并在一个仲裁程序中,因为这种程序上的瑕疵非常容易导致裁决无效。由此看来,即使合同的效力可以突破相对性,仲裁协议的效力也依然只能维持相对性。与其说仲裁协议的效力扩张适用于非签约方,倒不如说究竟谁才是仲裁协议的当事人及谁应受仲裁协议的约束更为贴切。

二、既判力的主观范围之扩张

随着社会的发展,经济关系日益复杂化,以诉讼经济与纠纷一次性解决为价值导向的程序法改革,逐步扩大了既判力所约束的主体之范围,这在大陆法系被发展完善为效力扩张理论。在英美法系国家,民事判决既判力产生的条件之一为相互性原则,即判决只能约束当事人或者当事人的相互关系人(in privity with),至于"相互关系人"的范围,则由司法机构以判例的形式加以确认。所以,在大陆法系扩张既判力的主观范围的同时,英美法系的关系人原则之内涵也在不断丰富,有关民事判决既判力的主观范围之研究重点自然转变为对扩张界限的讨论。

(一)既判力的主观范围扩张之类型

依照大陆法系学者的观点,既判力的主观范围之扩张可以分为以下类型:(1)为了所有人并且针对所有人的既判力效力;(2)既判力延伸至权利继受人;(3)诉讼担当时的既判力延伸;(4)根据实体法的依赖关系产生既判力延伸;(5)解雇保护的裁定程序。① 既判力的主观范围之扩张还可以划分为:(1)口头辩论终结后的诉讼继承人;(2)请求标的物的持有人;(3)诉讼担当情形中的被担当人;(4)法人格否定的情形;(5)依据诚实信用

---

① 〔德〕罗森贝克等:《德国民事诉讼法》,李大雪译,北京:中国法制出版社 2007 年版,第 1174—1181 页。

原则扩张前诉的效力。① 除此之外,还有很多学者分析了既判力的主观范围扩张之类型,但就内容而言是大同小异的。在立法上,《德国民事诉讼法》第 325 条规定:(1)确定判决的效力,其有利与不利及于当事人、在诉讼系属发生后当事人的承继人以及作为当事人或其承继人的间接占有人而占有系争物的人;(2)民法关于为保护从无权利人受让权利的人所做的规定,准用这种情况;(3)关于由已登记的物上负担、抵押权、土地债务或定期土地债务而生的请求权的判决,在该项有负担或负有债务的土地转移给他人后,即使承继人不知有诉讼系属,有关土地的判决仍对承继人发生效力。针对在强制拍卖中受让土地的买受人,判决也有效力,但以诉讼系属至迟发生在拍卖期日催告其交付报价之前者为限;(4)关于由已登记的船舶抵押权而生的请求权的判决,适用第 3 款第 1 句的规定。上述规定主要概括了既判力扩及至承继人的几种情况。另外,《德国民事诉讼法》第 326 条和第 327 条还规定了后顺位继承时的既判力和遗嘱执行的既判力。《日本民事诉讼法》第 115 条规定,言词辩论终结后的继受人、请求标的物的持有人、诉讼担当时的利益归属主体,为既判力所及之人。

与大陆法系以立法的形式将既判力的主观范围之扩张加以类型化不同,英美法系只是将既判力的主观范围概括地总结为当事人及其相互关系人(privity),而至于相互关系人的具体类型,英美法系并没有设置界限鲜明的标准,司法机构会根据具体案件来具体分析。依照美国的司法实践,如果非当事人实质性地控制着一方当事人参与原诉讼,或者反过来,一方当事人可以参与原诉讼来发挥实际上是他的代表人(representative)的作用,那么他们之间存在着"相互关系"。② 在确定何谓"相互关系"的过程中,"实质性控制"和"实际代表"这两个术语的界定成为关键。"实质性控制"是指在案件的控诉和抗辩中获得了重要程度的有效控制,如是否享有选择提交何种法律理由和证据的权利、能否控制获得复审的机会等。如果责任保险人代表被保险人真正控制诉讼或者企业主代表公司对诉讼实施控制,那么责任保险人和企业主都属于相互关系人。"实际代表"理论的主旨在于,只要非当事人与当事人在利益上一致,且该非当事人接受过关于前次诉讼的实际的或复合构成要件的通知,那么非当事人也应划归为相互关系人。例如,破产案件中的债权人与其受托人、共同财产制中的丈夫与

---

① 〔日〕高桥宏志:《民事诉讼法——制度与理论的深层分析》,林剑峰译,北京:法律出版社2003 年版,第 559—584 页。
② 〔美〕斯蒂文·N.苏本等:《民事诉讼法——原理、实务与运作环境》,傅郁林等译,北京:中国政法大学出版社 2004 年版,第 777 页。

妻子、死亡人与其继承人等相关联的主体都是相互关系人。在英国法中，利害关系人就是诉讼一方当事人可以将所有的权利与义务转交给他的人。也就是说，利害关系人可以得到一个判决的好处或者承担相关义务。利害关系人大致上可以分为如下三大类：（1）基于血缘关系产生的利害关系人，如遗产继承人；（2）基于所有权关系产生的利害关系人，如公司破产后的清盘人；（3）基于利益产生的利害关系人，如信托人。① 然而，存在"利害关系人"的情况也是千变万化的，英美法系不主张以一些硬邦邦的条款来限定既判力的主观范围，其只会确定一些公认的基本原则，即"只有当排除的效力偶尔也及于那些在技术上不是原诉讼的当事人的人们时，既判力原则才可以实现其终局性和效力的目标。更加技术化的原则显而易见是一种圈套，让当事人的身份导致既判力不起作用，这会给无数种花样翻新的假象打开方便之门，这些花样包括分割请求、代人诉讼（suit by proxy）以及法院选购（forum-shopping）"，所以权宜之计应当是，"对于请求排除的适用而言，当事人首先必须拥有全面和公平的机会来提出他的请求"。②

（二）既判力的主观范围扩张之基础

上述学说、立法与司法实践说明了民事判决既判力的主观范围扩张之类型，以及在何种情况下才能发生民事判决既判力的主观范围之扩张。然而，民事判决既判力的主观范围扩张之基础何在？ 法律为何允许此种扩张？ 学者们对此也进行了有益的探讨。有学者认为，诉的利益概念的提出和多数人诉讼的出现是引起主观范围扩张的原因，具体说来就是在社会经济关系的日益复杂化之背景下，为了保障纠纷的一次性解决的需要。③ 在此基础上，有学者又将扩张的法律基础细化为社会经济关系的日益复杂化、纠纷一次性解决理念的形成与倡导、当事人适格理论基础由管理权论向诉的利益论的转型、当事人适格要件的缓和、对诉讼契约自由的尊重、法院依职权提起示范诉讼的尝试等。④ 笔者认为，既判力的主观范围之扩张源于对既判力本质的认识，而根本原因在于诉讼法与实体法间的千丝万缕之关系，或者说是诉讼与权利之间的紧密联系，反映在诉讼程序中就体现为实体当事人、诉讼当事人与判决当事人的不一致。

---

① 杨良宜、莫世杰、杨大明：《仲裁法——从开庭审理到裁决书的作出与执行》，北京：法律出版社 2010 年版，第 651 页。

② 〔美〕斯蒂文·N. 苏本等：《民事诉讼法——原理、实务与运作环境》，傅郁林等译，北京：中国政法大学出版社 2004 年版，第 776—777 页。

③ 肖建华：《论判决效力主观范围的扩张》，《比较法研究》，2002 年第 1 期，第 46—48 页。

④ 常廷彬：《民事判决既判力主观范围研究》，北京：中国人民公安大学出版社 2010 年版，第 46—53 页。

1. 实体法权利义务人、诉讼当事人与判决当事人

依照辩论主义与程序保障下的自我责任原则,民事判决既判力的作用对象应仅限于诉讼当事人,亦即原告与被告。针对当事人以外的第三人,判决不应具有拘束力,因为当事人在未参加诉讼且未对自己的权利或义务进行充分辩论的情况下就受既判力的拘束,至少在程序上是不公正的。一般而言,根据实体法的规定享有权利或承担义务的主体就纠纷向法院提起诉讼后,即成为诉讼当事人,且是适格的当事人。法院在诉讼当事人的参与下对纠纷进行审理并作出判决,于是诉讼当事人就转化为判决当事人。也就是说,在一般情况下,实体法律关系的当事人与诉讼当事人和判决当事人是一致的。然而,随着社会关系的复杂化,上述三者也会出现不一致的情况。例如,在诉讼担当的情况下[①],诉讼当事人有可能不是实体法权利义务人,但实体法权利义务人却要受既判力的拘束。又如,在起诉阶段,诉讼当事人并不一定就是判决时的当事人,因为判决当事人的确定一般是在口头辩论终结后进行,而从起诉到口头辩论终结期间,有可能会发生诉讼当事人的继受问题。在诉讼一方当事人死亡或消灭、债权转让、债务承担等情况下,诉讼当事人的继受人成为了判决当事人,从而造成了诉讼当事人与判决当事人的不一致。严格地说,既判力所及之当事人应是判决当事人。因此,在实体当事人、诉讼当事人和判决当事人不一致的情况下,如果既判力的主观范围仍坚持以诉讼当事人为界,那么这不仅有违反实体法公正之嫌,而且也不利于纠纷的最终解决。但是,关于造成诉讼当事人与实体当事人和判决当事人不一致的原因,笔者认为,主要在于诉讼与权利之复杂关系。

2. 诉讼与权利的关系

追本溯源地看,大陆法系和英美法系对诉讼与权利之关系有着截然不同的观点。首先,尤士丁尼的《法学阶梯》中的一个著名段落将"诉讼"定义为,"不是别的,而是通过判决获取某人应得之物的权利"。在大陆法系学者看来,没有权利就没有诉讼。所以,直至19世纪后半叶,德国的民事诉讼法学者还认为,所谓的形式既判力归属于诉讼法,而所谓的实体既判力——现在被表述为"既判力如何影响将来的诉讼"——则归属于

---

① 所谓诉讼担当,是指本来不是民事权利或法律关系主体的第三人,对他人的权利或法律关系有管理权,因此其以当事人的地位,就该法律关系所产生的纠纷而行使诉讼实施权,所受判决的效力及于原民事法律关系的主体。根据诉讼实施权的来源之不同,诉讼担当可以分为如下两类:一类是法定的诉讼担当,如破产管理人、遗嘱执行人、遗产管理人等;另一类是任意的诉讼担当,如集团诉讼、代表人诉讼等。

实体法。① 由于在诉的类型观念上,当时的德国民事诉讼法学只认识到一个类型——给付诉讼,因此其在当事人方面也就形成了"实体的当事人"之概念,即认为作为诉讼标的之实体权利关系的主体就是正当当事人,并主张"自己是这种实体上的主体"之人就是"当事人"。可以说,以上观点是一种将实体法律关系朴素地映射于当事人理论的观点。基于上述认识,实体法律关系的当事人与诉讼当事人就应当是统一的,即既判力所拘束的诉讼当事人也同时是实体法律关系的当事人。在此种情况下,既判力的主观范围扩张之基础是不存在的。

其次,英美法系的出发点与大陆法系不同,程式化的诉讼形式是几个世纪里的法律之基础,梅因就曾提出过"实体法最初是从诉讼程序的缝隙中产生的"著名论断。英美法系的学者普遍认为,"救济先于权利",也就是说,没有诉讼就没有权利。以上这个在表面上与大陆法系的观点相反的命题,却表达了同样的一种意思——诉讼与权利都是同一硬币的两面。② 不同的只是,大陆法系认为实体权利的存在是提起诉讼的基础,而英美法系则认为没有诉讼程序的发现过程,实体法就是不存在的。在英国,1873—1875 年的《司法法》最终切断了权利与诉讼之间的纽带,实现了实体法从诉讼程序中的分离,进而将实体权利和实体义务看作是既存的、独立于司法判决而存在的元素。③ 相反,在大陆法系国家,没有人质疑实体法或者个人权利的存在。但是,在公法的诉讼法律关系之背景下,诉讼法第一次获得了一定的法律结构和一定的广度,从而超出了单纯的程序技术性规范的狭窄领域,并"从民法的枷锁中解放出来"。④ 当民事诉讼法学以一门真正的法律科学之身份出现时,既判力理论也超越了实体法律的限制而循着程序法的价值前行,这就为既判力的主观范围之扩张埋下了伏笔。尤其在现代诉讼政策的影响下,民事诉讼的目的不再是完全局限于争议的相对解决或个别解决,而是应当顾及争议的整体解决。同时,随着公益性诉讼、集团诉讼等现代诉讼类型的出现,诉讼当事人与实体权利义务当事人不一致的情况越来越多,诉讼当事人不一定是或者不全是实体权利义务的当事

---

① 〔德〕米夏埃尔·施蒂尔纳:《德国民事诉讼法学文萃》,赵秀举译,北京:中国政法大学出版社 2005 年版,第 16 页。

② 〔英〕J.A. 乔罗威茨:《民事诉讼程序研究》,吴泽勇译,北京:中国政法大学出版社 2008年版,第 67 页。

③ 〔英〕J.A. 乔罗威茨:《民事诉讼程序研究》,吴泽勇译,北京:中国政法大学出版社 2008年版,第 67—68 页。

④ 〔德〕米夏埃尔·施蒂尔纳:《德国民事诉讼法学文萃》,赵秀举译,北京:中国政法大学出版社 2005 年版,第 18 页。

人。此时，我们就需拨开诉讼当事人的迷雾，寻找其背后的实体权利义务当事人。所以，既判力的主观范围就是在实体法与诉讼法的双重构造下实现扩张，而扩张的界限在于平衡法的安定性与程序保障之冲突。

通过比较两大法系在既判力的主观范围之扩张方面的立法或司法实践，我们会发现二者不仅没有分歧，而且在许多方面有惊人的相似之处——实体法的依赖与当事人的程序权利之保障的衡平。因此，尽管两大法系的语境不同，但是在对既判力的主观范围扩张之理解方面(包括大陆法系的立法分类)，二者都是基于实体法与程序法的紧密联系。所以，笔者再次强调，正是在实体法与程序法的双重作用下，既判力的主观范围之扩张得以实现。因此，有英美法系的学者将"利害关系人"划分为"与诉讼当事人存在实体上法律关系的非当事人"和"其利益在程序上得到一方诉讼当事人有效代表的非当事人"。[①]

(三) 既判力的主观范围与执行力的主观范围之交错

执行力的主观范围是指执行力所及之人的范围。《日本民事执行法》第 23 条规定："(1)根据执行证书以外的债务名义进行的强制执行，可对下列人或为他们进行：①债务名义所表示的当事人；②债务名义所表示的当事人为他人做当事人时，其本人；③在债务名义成立后本条前两项所规定的承继人(对前条第一项、第二项或者第六项所规定的债务名义，则是结束口头辩论后的承继人)。(2)根据执行证书进行的强制执行，可对或为执行证书所表示的当事人或作出执行证书后其承继人进行。(3)根据本条第一款所规定的债务名义强制执行，也可以对为本条第一款各项所列的人而持有请求的标的物的人进行。"《德国民事诉讼法》第 727 条、第 728 条和第729 条也分别对应着既判力的主观范围扩张之情形，并规定了执行力的主观范围做相应的扩张。概括上述立法的规定，我们会发现，当事人的继受人、为当事人或其继受人利益占有请求标的物的人以及诉讼担当时的他人既是既判力的主观范围扩张之内容，又是执行力的主观范围扩张之内容，这是因为既判力与执行力如影相随、不可分离。既判力是执行力的前提，执行力是既判力的保证和结果，因此解决了既判力扩张的问题，自然也就解决了执行力扩张的问题。既判力范围的扩张必然引起判决效力的扩张，判决效力的扩张也必然引起判决执行力的扩张。[②] 这种既判力的主观范

---

① Robert C. Casad, Kevin M, Clermont. *Res Judicata: A Handbook on Its Theroy, Doctrine, and Practice*. Durham: Carolina Academic Press, 2001. 转引自陈洪杰：《美国民事既判力对当事人的效力规则评述》，《沈阳大学学报》，2008 年第 4 期，第 21 页。

② 李浩：《强制执行法》，厦门：厦门大学出版社 2004 年版，第 166 页。

围与执行力的主观范围之交错,一方面进一步论证了实体权利义务关系对二者的主观范围界限之决定性作用,另一方面也体现了既判力的主观范围之扩张对执行力的主观范围之扩张的先决意义。

三、国际商事仲裁裁决既判力的主观范围扩张之否定

由此看来,民事判决既判力的主观范围之扩张源于实体权利义务人与诉讼当事人和判决当事人的不一致。同理,如果国际商事仲裁程序中出现了当事人不一致的情况,那么裁决的主观范围也有可能扩张。在民事判决既判力的主观范围扩张之类型中,诉讼继承人、法人人格否定、诚实信用原则等类型似乎与前述的仲裁协议当事人之确定中的几种特殊情况相近,因此这里有必要对二者之异同做一分析说明。不可否认,在仲裁协议当事人的确定中,合同的转让、继承、揭开公司面纱、约定上禁反言等特殊情况的确存在,而且也正是这些特殊情况之存在,才使得二者看上去十分相似,究其原因就在于,这些内容都是基于实体法上的规定。例如,诉讼继承人也被称为"当事人适格的转移""纠纷主体地位的转移""实体性依存关系"等,而法人人格否定与"诚实信用原则"也是实定法不完备状况下的最后解决之策,或者说是一种过渡性的解决办法。① 以实体法之原则来解释判决效力的范围,再次彰显了诉讼与权利在收敛方向和扩散方向上的不可分离之相互渗透与相互作用,并引发了既判力的主观范围扩张之后果。虽然仲裁与诉讼面临着相似的情况,但是这并不能表明判决既判力扩张之情形同样适用于国际商事仲裁裁决。

首先,揭开公司面纱、合同签订中的代理、转让、继承等制度,都是在仲裁程序开始前,以实体权利义务人为基础的仲裁协议当事人之确定过程,而这与民事诉讼中的既判力主观范围扩张之情况不同,后者主要产生于诉讼过程中。所以,与民事诉讼程序相比,国际商事仲裁程序具有更强的实体法依赖性。

其次,在前述关于裁决既判力的主观范围之相对性的分析中,笔者详细介绍了仲裁协议的当事人与仲裁程序的当事人之关系,即本质上的同一性。因此,在国际商事仲裁程序中,仲裁协议的当事人之确定就意味着仲裁程序的当事人之确定。一般情况下,非仲裁协议的当事人是无法参加到仲裁程序中的,即使该第三方与提交仲裁的争议有利害关系。这种充分尊

---

① 〔日〕高桥宏志:《民事诉讼法——制度与理论的深层分析》,林剑峰译,北京:法律出版社2003年版,第561页和第584页。

重当事人意思自治的做法,使得在诉讼领域中常见的合并诉讼之做法,在仲裁中却寸步难行,因为缺乏一个统一的仲裁协议,除非这种程序的合并得到了当事人的认可。1996 年的《英国仲裁法》第 35 条规定:"(1)当事人得自由约定,以按其可能达成一致的条件:(a)合并两个仲裁程序;或(b)同时举行庭审。(2)除非当事人同意将此种权力授予仲裁庭,仲裁庭无权命令程序合并或同时举行庭审。"在国际商事仲裁中,仲裁庭在无当事人明确授权的情况下,一般不会自行决定合并程序,因为其担心当事人会以程序违法为由,申请法院拒绝承认和执行裁决。《纽约公约》第 5 条第 1 款 d 项规定:"如能证明存在下述情况,可以拒绝承认和执行裁决:仲裁机关之组成或仲裁程序与各方间之协议不符,或无协议而与仲裁地所在国法律不符者。"联合国《国际商事仲裁示范法》第 36(1)(a)(ⅳ)条也有类似的规定。因此,仲裁庭的组成首先应以当事人的约定为准,若无此种约定,则仲裁庭可援引仲裁地的法律。目前,有部分国家以制定法的形式规定,法院有权决定仲裁程序的合并。例如,在荷兰,根据 1986 年的《仲裁法》,阿姆斯特丹地区法院的院长可以命令荷兰的两个或多个相关联的仲裁全部或者部分合并,除非当事人另有约定。类似地,在中国香港,规范仲裁的仲裁法令允许本地法院在认为适当的时候,命令其中产生共同的法律问题或者事实问题的两个或多个仲裁合并,而无需所有当事人同意。然而,上述这些规定只针对国内仲裁。在国际仲裁中也有类似的规定,如美国佛罗里达州的《国际仲裁法》和加利福尼亚州的《民事诉讼法典》①,这些规定无不以当事人的意思自治为帝王法则,程序经济的要求只能位居其后。所以,国际商事仲裁程序还是更多地体现私人特性。与民事诉讼程序相比,国际商事仲裁程序具有较弱的公法特征。

最后,判决既判力的主观范围扩张之类型还有诉讼担当、为了所有人并且针对所有人的诉讼等,这些类型区分了形式意义上的当事人与隐藏的当事人,并使得既判力的作用对象及于两者,从而恰如其分地再现了实体法与诉讼法的双重作用下的既判力主体范围之扩张。虽然既判力的主观范围之扩张源于实体法的规定,但是这种扩张也只能在诉讼中实现,无法被运用于国际商事仲裁。受合同相对性原则的约束,仲裁庭无权针对非仲裁协议的人发出命令或指令,除非此人在某种意义上已以某种方式默许,而这虽然没有真正使其成为仲裁协议的一方当事人,但是表明其愿意受仲

---

① 参见〔英〕艾伦·雷德芬、〔英〕马丁·亨特:《国际商事仲裁法律与实践》(第四版),林一飞等译,北京:北京大学出版社 2005 年版,第 185 页。

裁裁决约束。① 由此我们可以得出结论,国际商事仲裁裁决的效力只能及于参加仲裁程序的当事人,而不能扩张适用于非程序当事人。如果民事判决既判力的主观范围之扩张体现了诉讼与权利的分野,那么国际商事仲裁裁决既判力的主观范围之相对性则实现了二者的再次融合。

通过以上分析,笔者认为,虽然国际商事仲裁同样面临着实体权利与程序权利相依存的状况,也同样存在程序技术的革新,但是这些都不能为非仲裁协议的当事人在仲裁开始后进入仲裁程序提供理论支撑。因为能够成为仲裁程序的当事人之唯一合法途径就是通过仲裁协议,即只有成为仲裁协议的当事人,才能成为仲裁程序的当事人。因此,在仲裁协议这道屏障之下,国际商事仲裁裁决既判力的主观范围依然只能以相对性为特征,仲裁裁决的既判力只能及于仲裁协议的当事人。

第三节　国际商事仲裁裁决既判力的客观范围

所谓民事判决既判力的客观范围,是指生效判决中的哪些判断事项具有既判力。具体来说,前诉判决获得确定后,在有可能牵涉到前诉纠纷事实的后诉中,后诉法院就哪些事实或证据应当遵从前诉判决内容来作出相应的裁判(既判力的积极作用),以及如果当事人要提出相关的事实或证据,那么哪些请求、事实或证据是不允许再度被提起的(既判力的消极作用,也被称为遮断效或失权效),这些就是既判力作用在客体层面时所要解决的问题。② 在大陆法系国家,关于是否构成同一案件之判断,民事判决既判力的客观范围发挥着基础性的作用。从相关规定来看,既判力的客观范围都是在主观范围相同的前提下被讨论的。因此,从逻辑上讲,我们先应当就纠纷主体是否相同做出判断。如果纠纷主体相同,那么我们再进一步就客观范围与时间范围的问题做出判断,从而确定既判力能否发挥作用。

相比较而言,国际商事仲裁裁决既判力的客观范围之界定要稍显复杂。笔者在接下来的部分主要比较了大陆法系与英美法系在既判力的客观范围上之异同,以此为论证方式的主要原因有二:第一,有关国际商事

---

① Mustill Boyd, *Commercial Arbitration* (2nd *ed.*), London: Butterworths, 2001, pp. 414 - 415.

② 林剑锋:《民事判决既判力客观范围研究》,厦门:厦门大学出版社 2006 年版,第 48—49 页。

仲裁裁决的既判力问题,除了前文叙述的仲裁裁决与法院判决在既判力上的相互承认外,还包括国际商事仲裁的跨国性质所导致的,法律选择对既判力的客观范围之确定所产生的决定性影响,而法律选择的最终指向就是各国国内法的规定。第二,在国际商事仲裁程序中,对案件处理结果具有权威性影响的因素就是仲裁员。纵然法律在确保仲裁员公正、不偏私地处理案件上有所规定,来自不同国家或地区的仲裁员对法律的理解也定会有所不同,那么这种差异是否会构成在既判力原则的援引上之不同见解呢?虽然尚无实证研究对此问题进行分析,但是这种影响肯定是存在的。

一、既判力的客观范围之一般规定

大陆法系与英美法系对民事判决既判力的客观范围之表述有所不同。大陆法系以诉讼标的和判决书的结构为基本要素来界定既判力的客观范围,而英美法系则以"请求"(claim)或"诉因"(a cause of action)为中心来探讨排除原则的适用。一般认为,在既判力的客观范围方面,两大法系的区别是显而易见的：(1)大陆法系的做法是以实体法的构成要件为标准来划定诉讼上的请求,法院针对判决主文所做出的事实判断产生既判力；(2)英美法系则赋予判决理由中的判断以既判力的效果。[1]

(一)诉讼标的与既判力的客观范围

《德国民事诉讼法》第 322 条第 1 款规定："实质既判力仅仅涵盖通过诉或者反诉所提起的请求权(Anspruch)。""请求权"这一概念应在诉讼意义上得到理解,并且也被称为"诉讼标的"。[2]《日本民事诉讼法》第 114 条第 1 款规定："既判力仅仅基于包含在判决主文内的法院判断而产生。"所谓的判决主文,是指对应于原告在诉状中提出的请求趣旨,法院以诉讼上的请求(诉讼标的)为内容作出的判决之事项。因此,判决既判力基于诉讼上的请求(诉讼标的)而产生。[3]《法国民事诉讼法》第 4 条规定："争议的标的由各当事人的诉讼请求确定。"《法国民事诉讼法》第 480 条第 1 款规定："在判决书的各项内容中,只有那些对争议做出处理的部分(即判决书的主文部分)才具有既判力。"以上对法条的解读,为我们揭示了一组公式,即

---

① 王福华：《民事判决既判力：由传统到现代的嬗变》,《法学论坛》,2001 年第 6 期,第 85 页。

② 〔德〕汉斯-约阿希姆·穆泽拉克：《德国民事诉讼法基础教程》,周翠译,北京：中国政法大学出版社 2005 年版,第 326 页。

③ 〔日〕高桥宏志：《民事诉讼法——制度与理论的深层分析》,林剑峰译,北京：法律出版社 2003 年版,第 505 页。

"判决主文中之判断＝诉讼上的请求＝诉讼标的＝既判力之客观范围"。在上述这组公式中,诉讼标的被大陆法系抽象成一个重要的诉讼法概念,并且既判力之客观范围随诉讼标的学说之发展而变化。

在大陆法系,诉讼标的理论是一个非常复杂的问题。经过长期论争,学者们先后提出了旧实体法说、新实体法说、诉讼法说等理论。如同在有关既判力本质的探讨中存在的实体法说与诉讼法说之争论一样,有关既判力的问题总绕不过诉讼与权利、实体法与诉讼法的关系。持旧实体法说的学者认为,原告所主张的实体法请求权就是诉讼标的。换言之,有几个实体权利就有几个诉讼标的,也就应当有几次审判。这种依实体法规定之权利来确定诉讼法上的诉讼标的之做法,在请求权竞合的情况下,会导致重复诉讼、重复受理现象的出现,从而不利于诉讼法上的程序公平与诉讼经济目的之实现。[1] 持新实体法说的学者认为,应使用修订过的实体法上的请求权概念来确定诉讼标的。德国学者尼克逊认为,凡基于同一事实关系而发生的、以同一给付为目标的数个请求权之存在,并非请求权的竞合,而是请求权基础的竞合,请求权只有一个。[2] 虽然新实体法说解决了请求权竞合时的重复诉讼之不合理问题,但是该说其实在无意间否定了自己的立论基础,即以实体法上的请求权概念对诉讼标的进行分类的科学性。既然实体法说不能解释清楚何谓诉讼标的,那么学者们便开始探索能否构建一种"诉讼法上的请求权"。在这条探索之路上,学者们发展出了一分肢说和二分肢说。一分肢说以原告的申请(Antrag)和原告在他的诉中所追求的目标为导向。如果原告请求"赔偿 10000 元",那么不论请求的基础是什么,该请求都被视为一个诉讼标的。但是,一分肢说对诉讼标的之界定又过于宽泛,因为如果原告针对被告还有基于借贷关系而产生的数额为 10 000 元的债权,那么即使二者在诉的声明中都是相同的,这也明显应属两个不同的诉讼标的。因此,二分肢说建议将诉的声明与事实关系结合起来加以考虑,不同的事实关系产生不同的诉讼标的。然而,二分肢说又遭遇了如何界定"事实关系"的问题。常用的例子是,在用票据支付的买卖合同纠纷中,事实关系有票据签发的事实和买卖的事实,如果卖方拒绝履行给

---

① 请求权竞合的事例多发生在违约损害赔偿请求权与侵权损害赔偿请求权共存的场合。例如,乘客因公交司机紧急刹车而摔倒并受到伤害,或者修理工在维修房屋时损坏了房主的贵重物品,那么乘客或者房主既能以侵权法律关系为基础提起诉讼,又能以违约法律关系为基础提起诉讼。依照旧实体法说,因为请求权不同、诉讼标的不同,所以前诉的既判力所确定之内容不能对后诉产生遮断效力,由此使原告基于同一事实而获得重复给付,显然是不公平的。

② 林剑锋:《民事判决既判力客观范围研究》,厦门:厦门大学出版社 2006 年版,第 55 页。

付义务,那么签发票据的买方是不是可以基于票据签发的事实和买卖交易的事实分别提起诉讼? 依据二分肢说,这是基于两个事实关系所产生的诉的声明,所以其应分属两个诉讼标的。但是,如果原告可以提起两次诉讼,那么与旧实体法说一样,这将造成重复诉讼与重复给付的不公平现象。

由于有关诉讼标的之理论争论仍在持续,因此目前关于诉讼标的之含义,尚没有统一的认识和结论。[①] 每种理论都有其无法自圆其说的实例,这就意味着,整个诉讼法不存在统一适用的诉讼标的概念,这一概念具有可变内容,并且这次可能具有一分肢的结构,另一次可能具有二分肢的结构。[②] 因此,学界及实务界的有关诉讼标的之学说逐渐认识到,有必要针对每个领域的具体问题,在考虑各自制度趣旨的基础上,对依据此前的诉讼标的理论所得出的结论再进行调整。尽管诉讼标的还未丧失其作为一项标准的地位,但是其也已经不是一个绝对的标准。[③] 尤其是诉讼标的理论的争执在实务界并没有造成更多的混乱,受其影响的既判力客观范围之界定也不再仅仅纠结于诉讼标的之确定。

(二)"交易或事件"标准与请求排除

虽然英美法系没有判决既判力的概念,但是其同样认同诉讼应当有尽头、避免当事人受双重追诉等理念,只不过英美法系将判决效力的规则概括为排除原则。排除原则包括请求排除与争点排除,而请求排除在功能上更趋近于大陆法系的既判力原则。所以,英美法系通过区分前后诉讼中的请求是否为"同一请求",以决定是否适用阻碍(bar)规则或混同(merger)规则[④],从而消灭后诉中的相同请求。

英美法系的请求排除原则之适用主要取决于前后诉讼是否基于相同的请求(the same claim)被提出。如果前后诉讼基于同一请求被提出,那么后诉的请求将被排除。与大陆法系一样,英美法系也同样面临着如何辨别不同"请求"的问题。英美法系论证合理标准的过程,与大陆法系寻求"诉讼标的"标准并对之进行不断修正的曲折路径如出一辙。在早期时代,也有人坚持一种观点,即依据实体法来确定一项主要的权利。如果有证据

---

① 江伟、韩英波:《论诉讼标的》,《法学家》,1997年第2期,第3页。

② 〔德〕汉斯-约阿希姆·穆泽拉克:《德国民事诉讼法基础教程》,周翠译,北京:中国政法大学出版社2005年版,第90页。

③ 〔日〕高桥宏志:《民事诉讼法——制度与理论的深层分析》,林剑锋译,北京:法律出版社2003年版,第52页。

④ 所谓混同,是指当一项原告胜诉的生效和终局性的对人判决被作出时,请求通常混同于该判决,意即请求消灭。所谓阻碍,是指当一项被告胜诉的生效和终局性的对人判决被作出时,该判决通常成为根据该请求而提起的继后诉讼之障碍。

表明被告侵害了原告所提出的许多项主要权利,那么原告拥有同样数量的请求,即使这些请求都产生于单一的事件。[1] 以上这种认定同样会引发请求权竞合的问题,因此有学者主张应从如下四个方面来考虑是否为同一请求:第一,案件和救济请求是否相同;第二,实体法依据是否相同;第三,证据资料是否相同;第四,基础性法律事实是否相同。[2] 如今,美国的联邦法院和州法院越来越多地认可《判决重述(第二次)》第 24 节的标准——"交易或事件"(transaction or occurrence)标准。

"交易或事件"标准属于经验主义的适用标准,其是美国司法实践的经验总结,因此不可能像数学那样被精确定义。根据既判力原理,对实质问题的终局判决阻碍当事人或他们的相互关系人根据同一诉因提起进一步的请求。在确定诉因的范围时,法院应适用"同一交易"的标准(the "same transaction" test),即一项诉因由一个有效事实的单一内核构成,并产生一项救济,单纯的法律理由上的变更不会创造新的诉因。基于同一诉因提起的请求被视为同一请求,并受前诉判决的既判力之遮断。"交易或事件"标准反对诉因的分割,并鼓励当事人一次性地提出他们的全部请求。

在排除原则的适用上,英国与美国十分相似,但二者的最大区别就是英国法院的诉因排除范围要小于美国。[3] 具体而言,在上述关于同一请求的确定标准中,美国适用的是更为宽泛的"同一交易"标准,而英国则要求基础事实相同、证据资料相同以及上述事实和资料的产生相同。英国法院的做法与其传统的诉讼分类相关,英国的诉讼法体系将判决区分为对人(in personam)诉讼和对物(in rem)诉讼,这两种不同性质的诉讼意味着,先诉物并不代表禁止在稍后诉人,反之亦然。[4] 以海上船舶侵权为例,在原告诉物成功后,其获得的赔偿金额往往被限定在船舶的价值范围内。如果拍卖船舶的价值尚不足以赔偿原告的全部损失,那么原告还可以起诉船公司(诉人),以获得另一部分损失。总结美国与英国在"同一请求"判定标准上的异同可知,二者的实质差异应当是对诉讼目的之理解各有侧重:美国的制度设计更强调法的安定性,而英国的制度设计更注重对当事人权利

---

① 〔美〕斯蒂文·N. 苏本等:《民事诉讼法——原理、实务与运作环境》,傅郁林等译,北京:中国政法大学出版社 2004 年版,第 763 页。

② 〔美〕格兰农:《民事诉讼法(第四版)》(注译本),孙邦清等注,北京:中国方正出版社 2004 年版,第 480 页。

③ Gary B. Born, *International Commercial Arbitration*, Hague: Kluwer Law International, 2009, p. 2905.

④ 杨良宜、莫世杰、杨大明:《仲裁法——从开庭审理到裁决书的作出与执行》,北京:法律出版社 2010 年版,第 650 页。

的保护。这种诉讼政策上的差别所导致的具体制度上之差异具有可变性，因为诉讼政策不仅会随着国内环境的变化而变化，而且在国际诉讼中，诉讼政策还会受到外界的影响。

根据以上分析，大陆法系与英美法系在是否设置既判力制度方面并没有分歧，二者只是在表述上有所不同。在说明既判力的客观界限时，大陆法系通过客观范围来表述，并引入了诉讼标的之概念；而英美法系则通过请求和诉因来表述，并引入了"同一交易"标准。虽然"诉讼标的"与"同一交易"标准在名称上有所不同，但是二者的目的都是确定当事人相同的前后诉中的哪些请求可以被排除。笔者认为，"诉讼标的"与"同一交易"标准也体现了两大法系的不同诉讼政策，适用诉讼标的之大陆法系试图通过精致的理论来限制既判力的客观范围，并强调对当事人的程序权利之保护，而适用"同一交易"标准之英美法系却以此来限制当事人对程序权利的滥用，以寻求纠纷的一次性解决。也正是在上述理念的支持下，英美法系扩大了判决既判力的客观范围，并提出了争点排除规则。

二、裁决理由的效力

大陆法系的民事诉讼法一般都会规定，法官有说明判决理由的义务。规定法官有说明判决理由的义务是十分必要的，因为这既可以强制法官充分认识其判决意见的价值，又可以向诉讼当事人讲明为何法官会作出这样的判决，从而使我们有可能对法院的判例进行科学的分析。此外，规定法官有说明判决理由的义务，还可以方便最高司法法院实行监督。[①] 然而，针对判决理由是否具有既判力，大陆法系的学者意见不一。从占统治地位的无既判力说到日本学者的"争点效"理论，学术的发展必然受到了英美法系的争点排除规则之影响。

（一）判决书的结构与既判力的客观范围

在大陆法系国家，既判力的客观范围不仅受制于对诉讼标的之理解，而且取决于判决书的结构。考虑到前文所述的公式，法官只根据当事人的请求作出判决，即针对当事人未提出的争议，法官无权作出判断。法官的这些判断就体现在判决主文中，当事人也仅受判决主文中之判断的拘束，因此"判决主文之判断＝既判力的客观范围"。一份判决书的核心内容不仅包括判决的主文，还包括法官得出主文的推理过程——判决理由。学者

---

① 〔法〕让·文森、〔法〕塞尔日·金沙尔：《法国民事诉讼法要义》，罗结珍译，北京：中国法制出版社 2001 年版，第 1091 页。

们在强调既判力的客观范围限于判决主文之判断的同时,也暗含了一种反面论断,即法院的判决主文——关于诉讼上的请求(诉讼标的)——之外的判断并不产生既判力。换言之,即便是法院做出的判断,如果其被包括在判决理由之中,那么该判断也不产生既判力。这就是大陆法系的著名论断:既判力的客观范围只及于判决主文之判断,判决理由不具有既判力。

关于既判力的客观范围限于判决主文之判断的原因,学者们主要从判决理由的性质、当事人处分权的保障、诉讼程序的高效等角度入手[①],认为与判决主文相比,判决理由处于手段性、次元性的地位。扩大既判力的范围至判决理由,既不利于对当事人权利的保障,又不利于纠纷的迅速解决。[②] 所谓判决理由,是指法官据以作出判决的事实和法律理由。[③] 按照惯常的思维逻辑,法官定是在论证了判决所依据的理由后,才能做出最终判断。司法是法官将法律规范运用于纠纷事实的过程,单以判决书的结构来区分法官的决定与做出决定的理由有时是很困难的,因为有些理由与决定是密不可分的,没有这类"决定性"的理由,判决就缺乏依据。就判决书的效力而言,理由部分甚至比主文部分更为重要。既判力制度的重要职能是阻止法院对同一个事实关系进行多次审查和裁判,以节约司法资源,而仅赋予判决主文以既判力,并否认判决理由的既判力之做法,有时就会走向既判力制度的反面。就纠纷的总体解决而言,这也不是有效率的做法。意识到上述问题后,大陆法系的学者开始修正理论,并提出只有法院确认了的法律后果才能发生既判力,即只有"将法律规范使用到作为裁判基础的事实关系上所获得的结果"才能发生既判力。[④] 日本学者更是提出了"争点效"理论。

(二)争点排除(间接禁反言)

与既判力的原理一样,争点排除在保护当事人方面也有着双重目的:

[①] 〔日〕高桥宏志:《民事诉讼法——制度与理论的深层分析》,林剑峰译,北京:中国法制出版社 2007 年版,第 505—506 页;林剑锋:《民事判决既判力客观范围研究》,厦门:厦门大学出版社 2006 年版,第 60—66 页。

[②] 大陆法系常用的用以说明判决理由因不具既判力而促进诉讼效率的例子是,在请求返还借款的诉讼中,当被告提出债务不成立并预备性地提出"业已清偿债务"之主张时,法院就可以不对"债务成立与否"进行审理,而是直接认定被告偿还债务之事实,进而作出被告胜诉的判决。因为判决理由不具既判力,所以当胜诉的被告以"债务不成立"为由,再次提起请求返还不当得利的诉讼时,其并不会受到前案判决既判力的遮断。

[③] 〔法〕洛伊克·卡迪耶:《法国民事司法法》,杨艺宁译,北京:中国政法大学出版社 2010 年版,第 497 页。

[④] 〔德〕汉斯-约阿希姆·穆泽拉克:《德国民事诉讼法基础教程》,周翠译,北京:中国政法大学出版社 2005 年版,第 326 页。

一是使之免受与同一当事人或他的相互关系人之间就同一争点重复进行诉讼的负担;二是通过避免不必要的诉讼而促进司法经济。① 与既判力不同的是,争点排除适用于前后诉的诉因不同之情况。从广义上理解,争点排除(issue preclusion)应当包括直接禁反言(direct estoppel)和间接禁反言(collateral estoppel)。② 直接禁反言适用于前后诉的当事人或相互关系人相同之情况,间接禁反言适用于前后诉的当事人不同之情况。由于直接禁反言的效力内容经常为请求排除所涵盖,所以间接禁反言逐渐成为了争点排除的替代用语。

　　1. 相同当事人或相互关系人之间的争点排除

　　争点排除规则是英美法系的判决效力制度之中的一项重要原则。根据美国的《判决重述(第二次)》第 27 节对争点排除原理的描述,当一项事实或法律争议实际上业经诉讼并且业经生效的和终局的判决确定,而且这一确定对于判决而言至关重要时,这一确定在当事人之间的继后诉讼中就具有终结性,无论其针对的是同一请求还是不同请求。因此,间接禁反言适用于第一次诉讼的双方当事人与继后诉讼的双方当事人相同或有相互关系的情况,此点与请求排除相同。不同的是,间接禁反言适用于前后两次诉讼的诉因不同之情况。正是因为间接禁反言赋予了就确定判决而言至关重要的争点以既判效力,而这些争点可以被理解为大陆法系中的判决理由,因此学者们将两大法系在既判力客观范围上的重大区别总结为判决理由是否具有既判力。

　　笔者认为,将英美法系的间接禁反言概括为判决理由具有既判力不甚确切,原因有三:首先,大陆法系与英美法系在既判力制度上有相似规定,但这并不意味着具体规则上的一一对应关系。其次,在判决理由作为一般用语时,间接禁反言可以被视为判决理由具有既判力,而当判决理由作为大陆法系的判决书之一部分时,其含义要广泛得多。前已述及,判决理由包括事实和法律理由,而间接禁反言所确定的只是事实部分的不可再次争辩性。最后,判决理由中的有些内容是与判决的作出密切相关之事实,而有些内容则并不与事实直接相关。相反,间接禁反言所确定的"争点"都是对于判决的形成而言必不可少的元素。

　　所以,在笔者看来,间接禁反言并不是既判力客观范围的任意扩大,而

---

　　① 〔美〕斯蒂文·N. 苏本等:《民事诉讼法——原理、实务与运作环境》,傅郁林等译,北京:中国政法大学出版社 2004 年版,第 788 页。

　　② 陈洪杰:《美国民事既判力之争点排除效规则述评》,《阴山学刊》,2008 年第 1 期,第 113 页。

是在既判力原理的指导下,对前诉已经确定的"争点"排除再次进行审理的机会。上述观点比单纯地说明判决理由是否具有既判力更加合理。正如笔者关于两大法系区别的前述分析,在纠结是否应赋予判决理由以既判力时,大陆法系的主要困惑就是既判力范围的扩大是否会损伤当事人的正当程序救济权利,而问题的症结就在于判决理由的确不适宜整体作为既判力的客观范围。英美法系在司法实践中找到了解决之道,即只赋予判决理由中的那些与判决的作出密不可分之事实理由以既判效力。所以,笔者认为,间接禁反言制度找到了当事人的程序权利保障与诉讼经济之间的良好平衡点。

2. 不同当事人之间的争点排除

争点排除的适用最初被限定于相同当事人或相互关系人,其主要受到对等性原则之影响。根据对等性原则,除非双方当事人均受该判决的拘束,否则任何一方当事人都不能将前一判决作为禁止推翻的事实来对抗另一方。因为,非前案的一方当事人或利害关系人,在根本未享受过听审机会的情况下就受前案判决之拘束,是违反正当程序的。然而,殊不知,对等性原则是把双刃剑,即在保障非前诉当事人的程序权利之同时,其也给予了在前诉判决中败诉的当事人又一次与新当事人就相同争点再次提起诉讼的机会。所以,对等性原则在诞生之初就饱受非议。在某些情况下,间接禁反言可以适用于不同当事人之间,但其需要遵循一定的规则。

依据使用目的之不同,间接禁反言可以分为防御性地使用间接禁反言和攻击性地使用间接禁反言。[1] 在英美法系中,禁反言原则也是实体法上的一项重要原则。根据英国法的传统判例,从性质上看,禁反言原则本身是盾而非矛,即其只可用于诉讼防御,不能用于积极进攻。[2] 但是,在美国的司法判例中,禁反言原则的功能完成了从"盾"向"矛"的转化。同样,在民事诉讼中,间接禁反言最初也只能用于防御,即禁止原告使用其已在前次诉讼中提出过但被驳回的请求来对抗另一被告。至于间接禁反言能否用于进攻——原告谋求阻止被告再次使用其在前次诉讼中已提出过但被驳回的争议来对抗另一原告——则有争论,原因有二:一方面,攻击性地使用禁反言不能像防御性地使用那样促进司法经济。防御性禁反言给予

---

① 〔美〕斯蒂文·N.苏本等:《民事诉讼法——原理、实务与运作环境》,傅郁林等译,北京:中国政法大学出版社 2004 年版,第 788 页。

② 例如,甲乙双方诉请离婚,妻乙收到指定日期前不反对即生效之判决后,甲允诺每月给乙100 英镑的赡养费,因此乙未向离婚法院主张赡养费,从而使得判决生效。后来,甲拒绝付乙赡养费,乙起诉,法官判乙败诉,原因就是禁反言只能用于防御,而不能用于进攻。

原告一种强烈的激励，以使其尽最大可能地参与到所有潜在被告的前次诉讼中去，而攻击性地使用禁反言则恰恰制造了一种相反的激励，即被告一旦败诉，原告就能够依赖先前的判决来对付被告，且原告又不会受该判决的拘束。如此一来，潜在的原告们将不参加第一次诉讼，因为这样做对他们有百利而无一害。所以，使用攻击性禁反言可能增加而不是减少诉讼。另一方面，当被告有可能在第二次诉讼中获得第一次诉讼无法给予的程序上的机会并得到不同结果时，使用攻击性禁反言有可能会对被告不公平。鉴于以上问题，法院逐渐以判例的形式确立了不能使用攻击性禁反言的一般规则，即在原告能够轻易地参与前次诉讼或会对被告造成不公平的情况下，攻击性禁反言不应当被使用。

在作用上，如果适用于相同当事人或相关人的争点排除规则，与既判力理论的判决理由具有既判力相似的话，那么适用于不同当事人的争点排除规则之功能，已经远远超出大陆法系的既判力理论。在此情境中，争点排除规则已不再是既判力的客观范围之扩大所能统摄的，它不仅超越了既判力的客观范围，而且超越了既判力的主观范围。所以，我们应该从更宽泛的判决效力角度来理解间接禁反言的制度意义。

（三）国际商事仲裁的附具理由裁决书

关于国际商事仲裁裁决是否需要附具理由，学者们曾有争论。争论无外乎两种观点，一种观点认为裁决应附具理由，另一种观点认为裁决不应附具理由。认为裁决书应当附具理由的原因包括败诉方有权知道败诉的原因、仲裁员全面说明裁决原因是良好的思考纪律与理性之体现、充分的裁决原因方便败诉方向法院申请救济、全面与有说服力的裁决原因可能方便裁决书的执行等。[①] 此外，裁决书附具理由甚至可以指定国际贸易共同法，并且可以在案件的解决过程中提高实质性问题的预见可能性。[②] 认为裁决书不应附具理由的原因主要是，仲裁程序的非严格性要求使得裁决书不必拘泥于以上格式。目前，国际上的普遍做法是要求国际商事仲裁裁决书附具理由。不仅国际组织的示范法和国际仲裁机构的仲裁规则做了相关规定，而且很多国内立法都进行了规定。

联合国《国际商事仲裁示范法》第 31 条第 2 款规定："裁决应说明其所

---

① 杨良宜、莫世杰、杨大明：《仲裁法——从开庭审理到裁决书的作出与执行》，北京：法律出版社 2010 年版，第 507—510 页。

② Thomas E. Carbouneau, "Rendering Arbitration Awards with Reason: The Elaboration of a Common Law of International Transaction", *Columbia Journal of Transactional Law*, vol. 23, p. 601, 1985.

依据的理由,除非当事人约定不需说明理由或该裁决是第 30 条所指的和解裁决。"联合国《国际贸易法委员会仲裁规则》第 34 条第 3 款规定:"仲裁庭应说明裁决所依据的理由,除非各方当事人约定无需说明理由。"《国际商会仲裁规则》第 32 条也规定,仲裁裁决应说明其所依据的理由。1996 年的《英国仲裁法》第 52 条第 4 款规定:"仲裁裁决应附具理由,除非是和解裁决书(agreed award)或各方当事人约定无需说明理由。"《德国民事诉讼法》第 1054 条第 2 款规定:"仲裁裁决应当说明其所依据的理由,除非经各方当事人约定无需说明理由或裁决是第 1053 条下的和解裁决。"《法国民事诉讼法》第 1471 条规定,仲裁裁决应当说明理由。《法国民事诉讼法》第 1480 条规定,未说明理由的仲裁裁决自裁决作出之日起就是无效的。然而,《法国国际仲裁法》并无此种规定,当事人对裁决书是否应附具理由具有选择权。在法国看来,国际仲裁裁决书不附具理由并不违反国际公共政策,也不会影响裁决在法国的承认与执行。①

　　仲裁裁决是否需要附具理由,通常都被规定在裁决书的形式中。虽然部分国家的立法已明确规定裁决书应附具理由,但是关于合格裁决理由的要件,各国都未做进一步的规定。由此产生的疑问是,是否只要仲裁裁决书附具理由就符合了裁决书的形式条件,至于该理由是否正当、充分甚至矛盾都在所不问? 抑或者是法院对仲裁裁决书中的理由是否有审查权? 仲裁裁决理由应当如同判决理由一样,既涵盖仲裁庭对事实认定的理由,又包括法律适用的理由。各国的仲裁裁决司法审查之范围不同,有的国家规定司法审查的范围限于法律问题,也有国家规定司法审查可以包括事实问题,而且部分国家的国内仲裁与国外仲裁适用了不同的司法审查政策,这些做法造成国际商事仲裁裁决的执行会因国家的不同而获得不同的待遇。例如,比利时法院就认为,裁决理由属于争议的实体部分,即使其是矛盾的,法院也无权审查。② 1996 年的《英国仲裁法》第 68 条第 2 款 h 项规定,不符合第 52 条所规定的格式要求的裁决书属于严重不正常,其将被法院撤销或发还。虽然 1996 年的《英国仲裁法》第 52 条的格式要求包括了裁决书应附具理由,并看似对未附具理由的裁决书规定了救济措施,但是其同样因规定得过于笼统而引发了司法实践中的问题。一方面,裁决书的原因充分与否完全因仲裁庭而异,仲裁庭因逃避司法审查而故意含混理由

---

① 〔法〕洛伊克·卡迪耶:《法国民事司法法》,杨艺宁译,北京:中国政法大学出版社 2010 年版,第 713 页。
② 〔法〕菲利普·福盖德等:《国际商事仲裁》(影印本),北京:法律出版社 2001 年版,第 763—764 页。

的投机行为也是不可避免的；另一方面，对裁决书理由的救济也是因法院而异。根据 1996 年的《英国仲裁法》第 70 条第 4 款的规定，如果裁决书未附具理由或者理由不充分，从而导致法院无法判断当事人对裁决书异议的申请或上诉是否适当，那么法院"可以"要求仲裁庭提供充分理由。

鉴于以上关于国际商事仲裁裁决附具理由的规定并不全面，且司法实践也不统一之情况，笔者不主张一概赋予裁决理由以既判力。一方面，与大陆法系所面临的困惑相同，赋予判决理由以既判力不是造成既判力客观范围的过大与更大程度的不公平，就是重复争论，从而造成司法资源的浪费。另一方面，就目前情况来看，裁决理由没有像判决理由那样被精确要求，其缺乏规范性及严肃性，从而不具备被赋予既判力的基本条件。当然，虽然仲裁裁决的理由不适宜整体被赋予既判力，但是其中的部分内容在符合前述英美法系的争点排除规则之情况下，也应当具有既判力。

第四节　国际商事仲裁裁决既判力的时间范围

一般认为，民事判决的既判力同时具有消极作用和积极作用。针对消极作用，简单地说就是"禁止重复"，其经常被概括为"一事不再理"；针对积极作用，我们可以将其表述为"禁止矛盾"，也就是既禁止法院作出前后矛盾的判决，又禁止当事人提出相异的主张，而后者类似于英美法制度上的"禁反言"。由于民事诉讼法律关系具有可变性，当事人的权利义务状态随时有发生变动的可能，因此法院作出的确定判决只是针对特定时间点上的当事人之间的权利义务状态之判定。在这个特定时间点之后，判决才发挥既判力的作用，而这一特定时间点就是既判力的时间范围，其有时也被称作"基准时"或"标准时"。对民事判决既判力的时间范围之研究不仅可以明确既判力的发生时间，而且有利于以动态的标准衡量实践中的"一事不再理"之"事"是否为"一事"。国际商事仲裁裁决的既判力同样面临上述问题，因为商事争议也具有可变性，仲裁庭作出的裁决也只能是针对当事人在特定时间点上的权利义务关系。

一、既判力的时间范围之基础理论

(一) 既判力的时间范围之含义及作用

民事判决既判力的时间范围主要探讨特定时间点如何确定，以及判决对在时间点之前或之后发生的事由是否具有拘束力。无论是大陆法系还是英美法系,通说都认为,民事判决既判力以事实审的言词辩论终结之时为基准时点,这样既保证了当事人正当的程序参与权,又能使纠纷得到终局的、强制性的解决。

对民事判决既判力的产生时间之讨论,具有极为重要的意义。首先,当事人在基准时前提出的主张是法院据以作出判决的依据。判决作出后,当事人不得再行争执,法院也不得再为矛盾做出判断,既判力开始发挥作用。

其次,判决一旦产生既判力,当事人就不能再提出与基准时之前的主张相抵触的主张,因为这些相抵触的主张会被既判力遮断,这种效果被称为既判力的遮断效、排除效或失权效。一般认为,"既判力统一地、机械地产生遮断效"之性质,也正是既判力制度性效力的优势之所在,因为判决的稳定性有时比其正确性更为重要。然而,在当事人未能表明这些相抵触的主张有正当理由之情况下,僵硬地适用既判力的遮断效有损伤当事人的正当程序保障权之嫌。《德国民事诉讼法》第 323 条规定:"在判令履行将来到期的定期给付时,如果作为判令履行的标准的法律关系、作为决定基础最高限额的标准的法律关系,以及作为支付期限的标准的法律关系发生变化,当事人各方都有权以诉讼请求对原判决为适当的变更。"在支付退休金和支付抚养费义务的情况下,上述规定具有特别的意义。日本的民事诉讼法学者主张依据"当事人在前诉中对未主张的事实不具有可预料性时,该事实不受既判力的遮断"之理论来处理"请求赔偿后发生的后遗症损害的诉讼"。①

最后,在基准时之后出现了新的事由,并由此导致当事人的权利义务状态发生改变的情况下,前诉判决的既判力将不及于这些新事由。因为新出现的事由未获得程序上的保障,所以当事人不受既判力的拘束,其可以再行起诉。

(二) 诉讼模式的融合对既判力的时间范围之影响

在既判力的时间范围之一般意义上,两大法系并无区别,但是在既判力产生的具体时间点上,两大法系却会因为诉讼模式上的差别而存在偏差。以采用大陆法系的德国与采用英美法系的美国为例,二者在诉讼模式方面有两点重要的区别:第一,德国是法庭而不是律师在收集和筛选证据方面承担主要的责任,虽然律师会监督法庭的工作;第二,德国并不存在审

---

① 〔日〕高桥宏志:《民事诉讼法——制度与理论的深层分析》,林剑锋译,北京:中国法制出版社 2007 年版,第 492 页。

前程序和庭审程序之分,也无证据开示和证据呈示(discovering evidence and presenting it)之别,且德国式的庭审可能分成几次进行,而美国式的庭审则讲究一次性的连续庭审。[①] 这种集中体现在证据制度上的诉讼模式之区别会引发许多后果,包括为了将既判力的影响降低到最低,英美法系的当事人会在庭审前进行大量的证据收集工作,无论这些证据与案件的联系程度是否密切,因为一旦进入庭审程序,当事人将很难再被允许收集进一步的证据。相反,大陆法系的当事人则会免受上述困扰,其只会根据法官的指引进行更有效率的证据收集工作,而且在审判过程中,如果出现了证据缺乏或需要进一步提交材料的情况,那么法官可以安排再一次的庭审。相比较而言,德国模式是一种更注重效率的做法,美国的审判模式也在自我检讨中吸收了德国模式的优点,"管理型审判"(managerial judges)的兴起就是表现之一。大陆法系与英美法系的不同诉讼模式,导致了对事实审言词辩论终结点的认定之不同。英美法系可能在一次庭审(trial)结束后就可以确定既判力的基准时,而大陆法则可能需要经过数次开庭审理后才能宣布事实审言词辩论的结束。

在国际商事仲裁裁决既判力制度上,两大法系的国内诉讼制度之融合也有所体现,尤其是在仲裁庭的庭审模式上。总体来说,在立法支持仲裁的政策性导向下,仲裁庭获得了更多的程序决定权。在开庭后,如果仲裁的一方当事人又提供了新的证据给仲裁庭,那么按照英美法系的诉讼理论,该证据将不被采纳。然而,在仲裁案件中,仲裁庭可根据具体情况决定是否采纳上述证据,尤其是当该证据可能导致裁决结果的重大逆转时。根据英国的仲裁实践,当事人在开庭后提交的新证据,有被仲裁庭采纳的先例,前提是该证据经过了对方当事人的质证。当然,如果当事人在裁决作出后才提出新证据,那么该证据不会得到仲裁庭的认可。[②] 一方面,英国仲裁庭的这种做法是基于法律的支持。1950 年的《仲裁法》曾规定,法院可以下述理由发还裁决书:"在开庭后或裁决书作出后,一方当事人有了新的与重要的证据,并能证明他(a)无法在较早时间合理取得新证据;(b)也无法去拖慢仲裁程序来等待新证据;(c)新证据对案件结果有重大影响。" 1996 年的《仲裁法》删除了上述规定,并规定除第 68 条的 9 种情况外,法院无权撤销仲裁裁决。所以,在立法的支持下,仲裁庭消除了裁决被发回的

---

① John H. Langbein,"The German Advantage in Civil Procedure",*The University of Chicago Law Review*,vol. 52,no. 4,p823,fall,1985.

② 参见杨良宜、莫世杰、杨大明:《仲裁法——从开庭审理到裁决书的作出与执行》,北京:法律出版社 2010 年版,第 416—419 页。

顾虑。另一方面,立法对仲裁庭的授权也绝不意味着仲裁庭可以随心所欲。我们通过仲裁庭采纳证据的时间点和方式可以看出,如同法院一样,仲裁庭也强调程序的公正。只有在新证据的提交经过了对方当事人的质证后,仲裁庭才会做出采纳新证据的决定。同时,新增质证程序的必要性以及是否会为另一方当事人造成额外负担,也是仲裁庭需要考虑的因素,因为在处理新证据的程序方面,仲裁庭仍然受法院监督。虽然法院无权以新证据的出现为由发还裁决书,但是其仍然有权以仲裁程序明显不公正为由而撤销仲裁裁决。所以,无论是诉讼还是仲裁,当事人正当的程序参与权都被视为基本权利而受到保障。

二、既判力的时间范围之特殊性

虽然各国的诉讼制度对仲裁制度的影响较大,但是国际商事仲裁毕竟不同于诉讼,仲裁裁决既判力的时间范围也不可能与判决既判力一一对应。笔者认为,至少存在以下两个方面的因素,使得我们需要对仲裁裁决既判力的时间范围重新进行考量。

(一)仲裁程序的灵活性与时间范围的确定

实际上,有关民事判决既判力的时间范围之讨论,在判决确定后才会产生。但是,由于既判力具有"回溯性",因此当判决产生形式确定力后,既判力的效果将回溯至事实审的言词辩论结束之时。在言词辩论结束后至法院作出判决前,如果一方当事人提出新的事由,那么因为其失去了开庭进行辩论的机会,所以该事由将不会成为判决的依据。这在英美法系的民事诉讼规则中有更深刻的体现,如美国民事诉讼制度对"请求排除规则"的通俗概括就是"要么现在就说,要么永远闭嘴"。由于美国的民事审判程序被严格划分为审前程序和庭审程序,因此一旦进入审判阶段,任何调查额外证据的请求就都会被排除,因为全部的证据都已经被提供。同时,在审前证据开示阶段,哪一项证据被提交的决定权是掌握在律师手中的。美国的法庭并不能决定他会看到哪些证据,其只能决定哪些证据可以被排除。① 大陆法系则有所不同,调查事实的职权是属于法官而非律师的,所以大陆法系没有严格的审前程序与庭审程序之分,法官会根据事实调查的情况来决定是否再次开庭。也许,从制度设计上看,英美法系的诉讼制度似乎效率更高。然而,学者们在比对两大法系之后却发现,大陆法

---

① 〔德〕米夏埃尔·施蒂尔纳:《德国民事诉讼法学文萃》,赵秀举译,北京:中国政法大学出版社2005年版,第760页。

系的这种法官主导型的事实调查方法之效率会更高。

但是,无论是将英美法系还是将大陆法系的这种以提高诉讼效率和节约国家司法资源为目的之做法运用于国际商事仲裁,都略显苛刻。因为仲裁的民间性与私人属性、仲裁费用的承担等事项,都体现出当事人在纠纷解决中的主导地位。极端地说,只要当事人愿意承担时间与金钱的花费等后果,仲裁程序的设计可以由当事人极尽复杂之能事。总体来说,国际商事仲裁程序并不如审判程序般程式化,其具有灵活性,所以即使是开庭审理的仲裁案件,当事人和仲裁员也都可以商讨开庭的方式、开庭的次数等问题。当然,仲裁程序也绝不是任由当事人主导的,仲裁庭在程序的控制上也发挥着重要作用。一般来说,为了提高审理效率,国际仲裁机构的仲裁规则也会规定仲裁庭有终结程序的权力。例如,《国际商会仲裁规则》第27条规定:"在就裁决书中所需认定的事项进行最后一次开庭之后,或在当事人经授权就该等事项最后一次提交文件之后(以发生在后者为准),仲裁庭应当尽快:(a)宣布对裁决中所需裁定事项的程序终结;……在程序终结之后,针对裁决书中所需裁定的事项,非经仲裁庭要求或授权,当事人不得再提交任何材料、意见或证据。"此处的仲裁庭宣布程序终结之行为,类似于法院事实审的言词辩论终结之时间,在此时间点后,仲裁庭将制作裁决书。所以,受国际商事仲裁程序的灵活性之影响,裁决既判力的基准时之确定也不如判决那样严格,其具有一定的弹性。

(二) 书面审理中的既判力时间范围之确定

通过上述分析可知,民事诉讼的开庭审理阶段是必不可少的。在事实审阶段,为了解案情,法官必须开庭审理。即使两大法系在具体的庭审程序方面有所不同,为了保证双方当事人能够充分行使程序性权利,辩论原则也都成为了诉讼中的重要原则。然而,在国际商事仲裁中,当事人享有广泛的程序决定权。如果当事人双方都同意书面审理,那么仲裁案件就不会开庭审理,这在重要的国际仲裁机构的仲裁规则中都有体现。例如,《国际商会仲裁规则》第25条第5款规定:"仲裁庭可以仅根据当事人提交的书面材料裁决案件,但当事人请求开庭审理者除外。"《伦敦国际仲裁院仲裁规则》第19条第1款规定:"除非当事人已经书面同意进行书面仲裁,任何一方当事人希望开庭审理的,有权就案件的实体由仲裁庭进行开庭审理。"同时,有的国内立法也规定,针对案情比较简单、争议金额不大的案件,仲裁员可以进行书面审理。例如,1996年的《英国仲裁法》第34条第2款h项规定:"仲裁庭有权决定是提交书面证据或者是开庭审理。"

由此观之,在仲裁案件是否需要开庭审理的问题上,仲裁员享有最终决定权,这一点也是仲裁与诉讼的差异所在。体现国家公权力的诉讼必须将正义作为首要的考虑因素,开庭审理案件是最基本的程序正义;而为当事人量身定做的国际商事仲裁程序不仅要考虑正义的实现,而且要考虑实现正义的成本。仲裁不仅不是免费的,而且其费用会随着程序复杂性的提高不断增加。所以,在国际商事仲裁案件是由仲裁员进行书面审理之情况下,当事人不会经历如同诉讼那样的言词辩论阶段。此时裁决既判力的产生时间也不可能以言词辩论的终结时间为基准点,而是只能以裁决产生形式确定力的时间为基准点。

第四章　国际商事仲裁裁决的
实质效力(二)：执行力

　　国际商事仲裁裁决的执行效力之来源有二,即仲裁协议与法律规定。仲裁协议不仅具有约束当事人将纠纷提交仲裁庭解决的效力,而且也暗含了当事人必须履行仲裁裁决的义务。在当事人不能自觉履行仲裁裁决时,法律规定了法院有权力强制执行仲裁裁决。因此,仲裁裁决的执行力应包括"作为履行根据的效力"和"作为强制执行根据的效力"。[①]　总体来说,国际商事仲裁裁决的执行有两种方式,一种是当事人的自动履行,另一种就是法院的强制执行。当然,如同法院判决一样,并不是所有的国际商事仲裁裁决都具有执行力,只有具有给付内容的裁决才具有执行力。

　　单纯从程序的角度来看,仲裁裁决的承认和执行只是仲裁程序的最后一道环节,但它并不是一个孤立的环节,它涉及仲裁过程的各个部分。[②]所以,在仲裁的过程中,仲裁庭应考虑到裁决的最终执行问题,从而制作出一份能够执行的裁决书。在国际商事仲裁实践中,除非当事人能自愿履行裁决,否则胜诉的当事人就需要采取强制执行的措施。如果仲裁裁决的作出地与申请执行地相同,那么执行裁决所涉及的问题相对简单、明晰;反之,如果我们要在执行地执行一项"外国"或"国际"的仲裁,那么问题要复杂得多。

第一节　国际商事仲裁裁决执行力的本质

　　就执行力本身而言,其含义应该有广狭义之分。只要是生效的法院判决或仲裁裁决,就都应当具有实现判决内容的执行力,而不论判决或裁决

[①]　参见谭兵、陈彬:《中国仲裁制度研究》,北京:法律出版社1995年版,第252页。

[②]　乔欣:《仲裁权论》,北京:法律出版社2009年版,第381页。

是属于给付型还是确认型,这就是广义的执行力。狭义的执行力则仅指具有实际给付内容的给付型判决或裁决所具有的执行力。① 由于多国法律规定,确认型裁决不可执行,因此本章所讨论的执行力仅限于狭义执行力。前文已述及,国际商事仲裁裁决的既判力是执行力产生的前提,即只有裁决产生既判力之后,那些具有给付内容的裁决才能获得执行力。例如,根据《法国民事诉讼法》之规定,如果当事人在第 1486 条所设定的期限内没有就仲裁裁决提出上诉或者撤销之诉,那么仲裁裁决就会具有执行效力。然而,现代商事仲裁所处的发展阶段,尚可使仲裁裁决的既判力在同一法域内获得承认;若超出同一法域,则仲裁裁决的既判力需接受执行地的法律体系之考量。同时,由于仲裁庭在本质上具有民间性,因此在败诉方拒绝履行仲裁裁决的情况下,仲裁庭是不享有强制败诉方履行裁决的权力的。在此情况下,胜诉方只得求助于一国法院。可见,国际商事仲裁裁决的执行力需要通过多种方式来实现,而强制执行力的获取又不得不借助于国内法院的力量。

一、执行力的实现方式

在实践中,绝大多数的国际商事仲裁裁决都能自动获得履行②,从而确保了裁决执行力的实现。如果败诉一方的当事人不自动履行仲裁裁决,那么在一些规定了仲裁机制的行业协会中,道义谴责、行业强制等非法律惩罚措施在确保裁决执行力的实现方面也发挥了重要作用。非法律惩罚措施能够发挥作用的原因至少有如下两个:一是因为行业协会组织的建构有利于协会成员在行为选择上倾向于合作而非背叛,因此在行业协会等关系网络中实行非法律惩罚比法律惩罚更有效;二是因为在市场压力下,这些团体易于建立有效的收集信息机制,而与团体所掌握的财富的详细情况相比,法官和陪审团通常是无知的,所以团体执行机制比法院的执行机制更好。③ 例如,在国际油、油籽和油脂协会(FOSFA)的仲裁规则中,如果一方当事人忽视或拒绝执行裁决,那么另一方当事人就可以将此情况告知协会,而协会理事会将在协会公告板上发出通告以及/或以协会认为任何

---

① 参见〔日〕三月章:《日本民事诉讼法》,汪一凡译,台北:五南图书出版社 1997 年版,第 44 页。

② Gary B. Born, *International Commercial Arbitration*, Hague: Kluwer Law International, 2009, p. 2711.

③ 参见鲁篱:《论非法律惩罚——以行业协会为中心展开的研究》,《河北大学学报(哲学社会科学版)》,2004 年第 5 期,第 75—76 页。

适当的方式向各成员方发出能达到相同效果的上述通知。通常来说，只要告知忽视或拒绝执行裁决的可能后果，就足以引起当事人对裁决的尊重。[①] 又如，《谷物和饲料贸易协会(GAFTA)125 号仲裁规则》第 15 条第 1 款规定："如果依据本规则进行的仲裁或上诉的一方当事人未履行或拒绝履行或者未遵守仲裁员或上诉庭依本规则作出的终局裁决，则协会理事会可在协会布告牌上公布和/或向各会员以任何认为合适的方式发布这方面的通知。任何参加仲裁或上诉的当事人被认为已同意理事会采取上述措施。"如果 GAFTA 依据上述规定在全行业告知某仲裁当事人未履行裁决，那么 GAFTA 成员一般不会再与不履行仲裁裁决者进行贸易往来。以上这种断其生计的措施能够迫使裁决债务人履行义务。[②]

除了上述的内部通报方式外，行业协会能采取的非法律惩罚措施还包括批评教育、赔礼道歉、赔偿损失、行业曝光、道德谴责、开除会籍、集体抵制、终身禁入、罚金等。[③] 当事人迫于上述措施的可能后果而履行裁决之情形，从本质上讲仍属于自动履行，但如果这种道德强制不能发挥作用，那么裁决的履行将不可避免地进入到法律强制的阶段，即由胜诉的当事人向法院申请强制执行裁决，以实现裁决的执行力。无论是在国内仲裁中，还是在国际仲裁中，裁决的执行与承认常常相伴出现。在国内仲裁中，由于法律的适用具有一致性，因此裁决的承认与执行也往往体现出一致性；而在国际商事仲裁中，裁决的作出地与申请执行地的不一致导致了法律适用的不一致，因此裁决的承认与执行可能出现分离甚至矛盾的情况，如裁决在作出地国被撤销，却在申请执行地国得到执行。以上这种因法院强制执行裁决而产生的风险，是与承认和执行之区别以及国际仲裁裁决强制执行力之来源相关的。

二、承认与执行之区别

所谓仲裁裁决的承认，是指国家的法院对具有约束力的仲裁裁决予以认可，并赋予其强制执行力的司法行为。所谓仲裁裁决的执行，是指在承认仲裁裁决的基础上，通过国家强制力，使已经发生法律效力并取得了执行力的仲裁裁决得到实施的司法行为。仲裁裁决的承认与执行经常同时

---

① https://www.fosfa.org/content/uploads/2018/03/FOSFA-Guide-to-Arbitrations-and-Appeals-April-2018.pdf，访问日期：2018 年 12 月 11 日。

② 齐湘泉：《外国仲裁裁决承认及执行论》，北京：法律出版社 2010 年版，第 23 页。

③ 鲁篱：《论非法律惩罚——以行业协会为中心展开的研究》，《河北大学学报(哲学社会科学版)》，2004 年第 5 期，第 76 页。

出现,然而学者们已达成一种共识,即二者是有区别的。承认的本质是一种防御性程序,其目的是阻止已由仲裁程序解决过的争议再次在新程序中被提出;而执行的本质是一种进攻性程序,其目的是迫使败诉方履行裁决。所以,在向法院申请执行仲裁裁决时,当事人不仅是在请求法院确认仲裁裁决的法律效力,而且是在请求法院采取强制措施来确保裁决得到履行。[①] 所以,仲裁裁决的执行程序必然包含着承认的过程,但并不是所有经过承认的仲裁裁决都具有执行力,只有含有给付内容且义务人不自动履行的仲裁裁决才需要得到执行。

承认是仲裁裁决取得执行力的必经程序,其能使仲裁裁决在法院地国取得如同内国法院之终局判决一样的既判效力。[②] 一方面,仲裁裁决的承认与执行密不可分;另一方面,承认本身也具有独立的意义。例如,在一些特定情况下,法院应一方当事人的请求来审理先前仲裁程序所审理的争议,另一方此时便会主张有关争议已被终局性地予以解决,从而请求法院确认原来的仲裁裁决有效并对当事人双方有约束力。又如,在两诉相关的场合,一方当事人会请求法院承认仲裁庭先前作出的仲裁裁决,并将其作为一个证据,纳入后诉的诉讼请求之中。因此,仲裁裁决的承认就是法院地国对裁决既判力的承认,尤其是在法院地与裁决作出地出现不一致时,这种承认更为重要。前文关于仲裁裁决既判力的论述,充分说明了赋予仲裁裁决以既判力的必要性和正当性,这在法院地与裁决作出地一致时已无需赘述。然而,不论是判决的既判力还是仲裁裁决的既判力,当其需要跨法域地发挥效力作用时,承认是不可避免的。

仲裁裁决的执行程序内含着对裁决过程之承认,承认是执行的前提。执行程序因法院地国的不同而存在差异,有的国家明文规定,只有在法院作出承认裁定的情况下,仲裁裁决才能够具备强制执行力。[③] 例如,《法国民事诉讼法》规定,仲裁裁决的强制执行效力,通过被称为"仲裁裁决执行书"的裁定来赋予。[④] 也就是说,仲裁裁决本身是不具备强制执行力的。有的国家则未要求在执行仲裁裁决书之前,法院必须作出一个承认裁决的

---

① 参见〔英〕艾伦·雷德芬、〔英〕马丁·亨特:《国际商事仲裁法律与实践》(第四版),林一飞等译,北京:北京大学出版社 2005 年版,第 466—467 页。

② Mauro Rubino-Sammartano, *International Arbitration Law*, Hague: Kluwer Law International, 1990, p. 484.

③ 〔法〕洛伊克·卡迪耶:《法国民事司法法》,杨艺宁译,北京:中国政法大学出版社 2010年版,第 703 页。

④ 〔法〕让·文森、〔法〕塞尔日·金沙尔:《法国民事诉讼法要义》,罗结珍译,北京:中国法制出版社 2001 年版,第 1459 页。

裁定，即仲裁裁决的承认被并入执行程序中。但是，无论采取何种方式，差异都只是形式上的，因为在决定是否执行仲裁裁决之前，法院都会对裁决的可执行性进行判断，区别只是这种判断有时以单独的程序形式体现，有时则囊括于执行程序中。因此，在裁决产生既判力后，国际商事仲裁裁决的执行力就会随之产生。只不过在当事人能自愿履行裁决的场合，执行力自然产生作用，但在当事人非自愿履行的情况下，裁决的执行力还必须借助法院的认可才能产生强制作用，并且强制执行的效力会随法院的态度而产生或消灭。

三、国际商事仲裁裁决强制执行力的获取来源

仲裁裁决的执行力伴随着裁决既判力的产生而产生，并且在当事人自觉履行或迫于内部曝光等行业纪律与道德的压力履行裁决的情况下，执行力的产生及最终实现通常不受阻碍，但是在当事人不能自觉履行裁决的场合，仲裁裁决强制执行力的获取则因法院的参与而变得复杂，这在国际商事仲裁领域尤甚。由于"国际性"的判断标准莫衷一是，因此就本章中的执行仲裁裁决而言，国际商事仲裁裁决的"国际性"之判断标准乃指裁决作出地与申请执行地位于不同国家或不同司法管辖区的情况。此时，国际商事仲裁裁决强制执行力的取得既需要相关国内立法的支持，又需要有影响力的国际公约的协调。

国内立法赋予国际商事仲裁裁决执行力的条件、方式、程序等千差万别，下节将详述之，此处则主要阐述为促进和便利国际仲裁裁决的执行做出重大贡献的《纽约公约》之立场。截至目前，《纽约公约》的缔约方已达159 个[①]，包括了世界上仲裁制度较为发达的主要国家和地区。《纽约公约》的内容只有区区 16 条规定，但其在加速和简化国际裁决执行程序方面赢得了极大的国际声誉。与大多数国内立法的适用范围有限、程序复杂且充满不确定性以及各种各样变数未知的执行方式相比，《纽约公约》的执行方式更令人满意[②]，因为总体而言，其体现了支持仲裁的政策。随着《纽约公约》的缔约方之增多，国际裁决在世界范围内的可执行性提升，并且仲裁

---

① https://treaties. un. org/pages/ViewDetails. aspx? src ＝ TREATY&mtdsg_no ＝ XXII-1&chapter＝22&lang＝en，访问日期：2019 年 10 月 29 日。

② Michael Hwang & Andrew Chan, *Enforcement and Setting Aside of International Arbitral Awards：The Perspective of Common Law Countries*, in Albert Jan van den Berg(ed.)， *International Arbitration and National Courts：The Never Ending Story*, ICCA Congress Series, vol. 10, Hague：Kluwer Law International，2001，pp. 147 - 148.

在国际争议解决方面的地位得到提高。《纽约公约》支持仲裁执行的立场主要表现在如下方面：

第一，《纽约公约》废弃了 1927 年的《执行外国仲裁裁决的日内瓦公约》(The Convention on the Execution of Foreign Arbitral Awards，以下简称《日内瓦公约》)中的"双重许可"(double exequatur)标准。根据《日内瓦公约》第 1(2)(d)条的规定，承认或执行仲裁裁决的条件之一是，"仲裁裁决必须在作出地国家被认为是终局的，意即如果针对裁决还可以提出异议、上诉或撤销原判的上诉以及有证据表明旨在挑战裁决有效性的程序正在进行中，则裁决都不是终局的。"虽然从表面上看，《日内瓦公约》的规定并未明确提出双重许可的要求，但是在实践中，取得仲裁地法院的执行令成为一项重要条件，而这种执行令的获取通常意味着额外的程序和费用。在便利外国仲裁裁决的承认与执行的精神下，《纽约公约》第 3 条规定："各缔约国应承认仲裁裁决具有拘束力，并依援引裁决地之程序规则及下列各条所载条件执行之。承认或执行适用本公约之仲裁裁决时，不得较承认或执行内国仲裁裁决附加过苛之条件或征收过多之费用。"《纽约公约》的主要起早专家之一 Pieter Sanders 教授指出，《纽约公约》的首要目的是取消《日内瓦公约》的双重许可标准，因为仅由裁决执行地国法院进行审查而不再由作出地国法院进行审查的做法是符合逻辑的。[①]

第二，《纽约公约》向各缔约方施加了承认和执行外国仲裁裁决的强制性义务，这不仅体现在《纽约公约》第 3 条的"各缔约国应承认仲裁裁决具有拘束力"之规定中，而且结合对《纽约公约》的第 5 条"如果存在下列情形之一可以拒绝承认与执行裁决"之规定的解读，我们也可以得出相同的结论。《纽约公约》第 5 条规定，只有在拒绝承认裁决的一方当事人能够向有权受理承认和执行申请的法院提出证据证明存在所列之一或若干特定例外的情况下，裁决始得被拒绝承认和执行。以上措辞清晰表明，《纽约公约》第 5 条的例外规定是排他的、穷尽所有情形的，且《纽约公约》对这一实质性问题的规定并不是比照国内仲裁裁决来提供一个国民待遇标准，而是为外国仲裁裁决的承认和执行提供一种特定的、国际统一规制的例外规定。[②] 这一切都表明，除了《纽约公约》第 5 条规定的例外，执行外国裁决的义务是强制性的，而非自由裁量性质的。

[①] Pieter Sanders, *Enforcing Arbitral Awards under the New York Convention: Experience and Prospects*, UN No. 92 - 1 - 133609 - 0, at 3(1998).

[②] Gary B. Born, *International Commercial Arbitration*, Hague：Kluwer Law International，2009，p. 2714.

第三,《纽约公约》确立了"更有利于执行"原则。关于《纽约公约》第 5 条的拒绝承认与执行之情形的规定,各种版本使用的措辞都是"可以",也就是即使存在第 5 条所列的例外情况,执行地法院也只是"可以"拒绝承认和执行。换句话说,执行地法院也"可以"承认和执行,其享有基于本地法律规定的承认裁决之自由裁量权,该结论在《纽约公约》第 7(1)条得到了印证。《纽约公约》第 7(1)条规定,公约之规定亦不剥夺利害关系人以救济地国法律或条约所允许的方式和范围援用仲裁裁决的利益,即《纽约公约》允许适用那些更有利于承认与执行仲裁裁决的国内立法。所以,我们将《纽约公约》的第 5 条和第 7 条结合起来解读就可以发现,第 5 条的例外规定只是为了说明不能承认与执行裁决的情况,而不是禁止缔约方适用比第 5 条更为友好的内国法律规定,这在整体上也符合《纽约公约》的目标,即便利裁决执行,而非限定承认国际裁决的情形。因此,《纽约公约》第 7(1)条也常常被视为"更有利于执行"原则在法条中的体现。

《纽约公约》以支持执行的方式认可仲裁裁决的效力,这一方法逐渐成为判断仲裁制度先进与否的标准。其后,联合国《国际商事仲裁示范法》第 36(1)条以与《纽约公约》第 5 条几乎完全相同的用语规定了拒绝承认与执行裁决的情形,二者在协调各国仲裁裁决执行立法的差异方面发挥了积极且深远的影响,为国际商事仲裁裁决强制执行力的获取提供了强有力的国际法制支持,并一定程度地减少了执行中的司法监督,尽管司法监督最终是不可避免的。

第二节　国际商事仲裁裁决的执行

总体而言,国际商事仲裁裁决的执行可以分为当事人自动履行与强制执行。统计表明,大多数裁决事实上都是得到自动履行的,也就是说,当事人在大部分情况下无需在国内法院提起执行程序。[①] 当事人自动履行仲裁裁决的部分无多少争议,因此本节着重论述强制执行仲裁裁决的部分。针对不服从仲裁裁决的当事人,法院有四种主要的执行方法:第一,裁决在某地法院或者其他机构存档或登记后,其即可被当作该法院的判决加以执行;第二,执行地国家的法律规定,经法院许可,仲裁庭的裁决可直接执

---

① 〔英〕艾伦·雷德芬、〔英〕马丁·亨特:《国际商事仲裁法律与实践》(第四版),林一飞等译,北京:北京大学出版社 2005 年版,第 461 页。

行,而无需任何存档或登记;第三,如有必要,当事人可以向法院申请某种形式的承认(或许可),以作为执行的初步措施;第四,考虑到仲裁协议构成履行裁决的契约性债务,以裁决作为债务的证据提起诉讼。① 以上四种方式中的前三种都属于裁决书的简易执行,最后一种属于英国普通法下的裁决书之执行。不同法域关于仲裁裁决的执行方式与程序的规定都有不同,上述几种方式至多是申请法院强制执行的代表性做法。

一、国际商事仲裁裁决的简易执行

关于国际商事仲裁裁决的简易执行,不同国家会有不同的要求,但有一点是相同的,那就是基于"执行程序在本质上也是司法监督的过程"这一共识,没有国家会认为仲裁裁决像判决那样将自动具有强制执行力。仲裁只是当事人以协议的形式授权仲裁庭就争议作出拘束双方的裁决之制度,其本质上是解决纠纷的一种私力救济方式,因此不具有,且事实上也不可能具有迫使败诉方执行裁决或直接执行败诉方财产的强制力。强制执行的权力是属于国家的,国家是被法律授权并被接受的能以正义之名使用强制力的唯一主体,因此法院成为采取执行措施的合适主体,并以人民的名义发出执行令状。② 不论是国内裁决还是外国裁决,其都必须在获得本国法院的认可后,才能获得强制执行的效力,区别只是各国对确认程序的规定不同,以及关于审查裁决能否执行的条件之宽严度不同。

(一) 大陆法系的简易执行

大陆法系的国际商事仲裁裁决之执行方法首先是以裁决的"国际性"确定标准为基础,其次是以通过各种形式赋予裁决可执行性为前提,最后才是使仲裁裁决真正获得执行。在笔者目力所及的范围内,大陆法系对裁决进行可执行性宣告的方式主要分为如下两种类型:其一,作为一种独立程序的执行宣告;其二,作为执行程序中的先决问题。

1. 作为一种独立程序的执行宣告

在法国,如果仲裁裁决想获得执行力,那么不论仲裁地是否在法国,其都应被提交至法国法院。法官通常会在裁决后附加一个执行表格(*formule exécutoire*),该表格仅仅是一种执行令状,因为法院不会要求胜诉方提交额外的材料和进行更多的程序。不论当事人是向有管辖权的法

---

① 〔英〕艾伦·雷德芬、〔英〕马丁·亨特:《国际商事仲裁法律与实践》(第四版),林一飞等译,北京:北京大学出版社 2005 年版,第 464—465 页。

② Jean-Louis Delvolvé et al. , *French Arbitration Law and Practice: A Dynamic Civil Law Approach to International Arbitration* (2nd *ed.*), New York: Wolters Kluwer, 2009, p. 189.

院申请执行法国国内裁决、在法国以法语作出的国际仲裁,还是在国外作出的裁决、在法国以非法语作出的国际仲裁,程序都比较简单,其只需要提交裁决书和仲裁协议的原件并能证明上述材料的真实性即可。法院也仅仅是在表面上审查上述材料,其不会进一步去判定裁决是否在仲裁协议的范围内作出、仲裁协议是否有效等问题,因为针对裁决书的内容提出异议之工作应交由其他程序和法院去处理,而非执行法院的权限范围。[①] 根据《法国民事诉讼法》第 1504 条的规定[②],凡涉及国际商事利益的仲裁就是国际仲裁。所以,法国法中的国际商事仲裁裁决的执行制度不仅包括在法国境内进行的国际商事仲裁裁决的执行,而且包括外国仲裁在法国境内的执行。关于国际商事仲裁裁决的具体执行规则,《法国民事诉讼法》在第 1514—1517 条和第 1521—1527 条中进行了规定。《法国民事诉讼法》第 1514 条规定,在当事人能够证明裁决存在且执行裁决与国际公共政策无明显冲突的条件下,仲裁裁决经执行法官宣告,在法国境内具有执行效力。

　　然而,当事人仍然可以对国际仲裁裁决的执行许可提出抗辩,并且针对在法国境内作出的国际裁决和在国外作出的裁决,当事人可以提出的异议之类型也不同。针对在法国境内作出的国际裁决,由于当事人享有向法国法院申请撤销裁决的救济权,因此根据《法国民事诉讼法》第 1524 条第 1款之规定,对法官发出的执行许可(*juge de l'exequatur*),当事人是不能提出上诉的。但是,《法国民事诉讼法》第 1524 条第 2 款又规定,如果当事人申请撤销裁决,那么此举也可以被视为对执行许可裁定提出救济,法官最终作出的判决也构成被挑战的仲裁裁决的一部分,即在此种情况下,抗辩只可针对法官拒绝执行的裁定,而不能针对许可执行的裁定。针对在国外作出的裁决,由于当事人不享有向法国法院申请上诉、撤销裁决等类型的救济权,因此当事人所享有的唯一救济途径就是根据《法国民事诉讼法》第 1525 条的规定,对法院作出的执行裁定提出上诉,执行裁定包括许可执行裁定和拒绝执行裁定。

　　此外,根据《法国民事诉讼法》第 1506 条的规定,第 1482 条第 2 款有关判决"假执行"(*exécution provisoire*/provisional enforcement)的规定也适用于国际仲裁。所谓假执行,是指"准许胜诉方当事人自判决送达起即

---

① Jean-Louis Delvolvé et al. , *French Arbitration Law and Practice: A Dynamic Civil Law Approach to International Arbitration* (2nd *ed.*), New York: Wolters Kluwer, 2009, pp. 191 – 193.

② 2011 年,法国的《仲裁改革法令》实施,本章所引的相关法条均出自该法令。

可执行判决的一种权益",尽管当事人有运用普通上诉途径的期间,或者尽管当事人已经提出了这种上诉申请,亦不影响执行判决。[①] 按照普通规则,在上诉法院的第一院长受理上诉之后,上诉法院的审前准备法官可以对附有假执行条件的仲裁裁决签发执行书。按照《法国民事诉讼法》第525条与第526条的规定,在仲裁庭拒绝假执行,或者有利害关系的当事人没有请求假执行,或者仲裁员漏于宣告假执行的情况下,上述司法官可以统一假执行。司法官的决定具有与仲裁裁决执行书相同的效力。

在德国,随着新民事诉讼法的出台,仲裁地点的确定也采用了划分内外国裁决之标准。因此,德国法中的国际商事仲裁也应该包括在德国境内作出的国际商事仲裁和外国仲裁,而德国的执行制度也必然要兼采国内和外国的仲裁裁决执行之相关制度。关于承认与执行,《德国民事诉讼法》第1060条和第1061条做出了规定,分别对应国内裁决与外国裁决。与上述规定密切相关的条文还有《德国民事诉讼法》第1059条,其规定关于撤销裁决的理由也同样适用于拒绝执行裁决。国家承认仲裁裁决是解决争议的合法手段,但只有在法院对程序是否符合法治国家原则以及程序结果进行审查之后,仲裁裁决才能得到强制执行。[②] 以上这种赋予裁决执行力的程序被称为可执行宣告。所以,《德国民事诉讼法》第1060条规定,国内仲裁裁决只有在获得强制执行许可后,才能得到强制执行。在关于外国裁决的执行方面,《德国民事诉讼法》第1061条区分了公约裁决和其他外国裁决,如该条第1款规定,根据《纽约公约》,所有的外国仲裁裁决都应当被承认和宣告执行。但是,上述规定也隐晦地表明,与国内裁决一样,外国仲裁裁决同样需要首先被赋予可执行力。

在瑞典,根据《瑞典仲裁法》[③]第52条的规定,仲裁地是判断裁决国籍的决定性因素,即在瑞典作出的裁决被视为瑞典裁决,而在国外作出但被视为在仲裁地所在国作出的裁决则为外国裁决,且当事人国籍与争议是否被称为国际争议并不造成任何差异。[④] 针对瑞典裁决,仲裁胜利方无需从法院或任何其他机构取得宣告裁决可强制执行的指令,即可申请执行裁决。从程序上讲,胜方无需先向执行机构提出确认裁决可强制执行的申

---

① 〔法〕让·文森、〔法〕塞尔日·金沙尔:《法国民事诉讼法要义》,罗结珍译,北京:中国法制出版社2001年版,第1131页。

② 〔德〕罗森贝克等:《德国民事诉讼法》,李大雪译,北京:中国法制出版社2007年版,第1412页。

③ 《瑞典仲裁法》的修正案已于2018年11月通过,新法于2019年3月1日起生效实施。

④ 〔美〕拉斯·休曼:《瑞典仲裁法:实践和程序》,顾华宁译,北京:法律出版社2012年版,第499页和第551页。

请,其只需向执行机构提出单一执行申请即可,因此瑞典法不存在"双重认证"的要求。[1] 有关外国仲裁裁决的承认与执行问题主要被规定在《瑞典仲裁法》第52—59条,且由于瑞典在加入《纽约公约》时并未提出互惠保留,因此无论仲裁程序在何国进行,外国裁决均可在瑞典得到执行。根据上述规定,有权受理执行外国仲裁裁决申请的法院是斯维亚上诉法院(Svea Court of Appeal),上诉法院必须在给予对方当事人就执行裁决申请发表意见的机会之基础上,方可准许执行申请,即执行申请需送达对方。如果送达不能,那么执行申请只能被拒绝。斯维亚上诉法院通常在3—8个月内结束执行案件的司法认定。在斯维亚上诉法院宣告裁决可以执行后,裁决才具有与判决相同的终局性和约束力,并能得到强制执行。要使裁决得到执行,胜方还需向具有地域管辖权的执行机构进一步提交执行申请,执行机构通常能较快地完成执行。因此,瑞典对国内外的裁决之执行采取了不同的标准,国内裁决的执行较为简便(类似于法国),而国外裁决必须在法院确认其具有执行力后,才能获得执行(类似于德国)。

2. 作为执行程序中的先决问题

在瑞士,承认与执行外国裁决的法律依据主要为《瑞士联邦国际私法》第194条的规定,且《纽约公约》普遍适用于外国裁决。一旦当事人已经排除了撤销程序,并且裁决将在瑞士境内寻求强制执行,那么该裁决就应被视为"外国仲裁裁决"。此时,《纽约公约》将被类推适用。[2] 在判定仲裁裁决的国籍时,瑞士立法主要参照仲裁地标准,即凡仲裁地不在瑞士的裁决就是外国裁决。但是,根据《瑞士联邦国际私法》第192条第2款的规定,如果双方当事人均在瑞士无居所、惯常住所或营业地,且双方明确约定放弃向瑞士法院提出裁决异议的权利,那么即使该裁决在瑞士作出,其仍须适用《纽约公约》来寻求承认与执行。原则上讲,执行外国仲裁裁决的程序与执行外国法院判决的程序相同,并且都取决于裁决确定的救济类型。如果我们面对的是一个给付金钱的裁决,那么我们应依照《瑞士债务执行与破产法》规定的程序来执行裁决;如果我们面对的是其他裁决(如禁令等),那么我们应依照《瑞士民事诉讼法》规定的程序来执行裁决;如果裁决既包括金钱给付,又包括其他内容,那么我们应依照相关法律所规定的程序来

---

① 〔美〕拉斯·休曼:《瑞典仲裁法:实践和程序》,顾华宁译,北京:法律出版社2012年版,第499页。

② 参见李虎:《国际商事仲裁裁决的强制执行——特别述及仲裁裁决在中国的强制执行》,北京:法律出版社2000年版,第53—54页。

分别执行裁决。[①]

　　一般而言,在执行外国仲裁裁决时,瑞士的执行法院不会专门先签发一个执行许可令,但外国裁决能否获得强制执行会被视为先决问题,并在执行程序的框架内首先得到确认。当然,应一方当事人的请求,法院也可以通过一个单独的许可(exequatur)程序来做出承认与执行外国裁决的宣告。例如,一旦瑞士法院确定裁决在瑞士具有可执行性,被要求给付金钱的一方当事人就会遵守并执行裁决,而上述这种单独的许可宣告此时就可能会出现。至于单独的许可宣告能否拘束将来的执行程序中之法院,则仍然是有争议的。主流观点认为,原则上,执行法院应在单独的许可宣告的范围内受到约束,瑞士联邦最高法院也以案例表明其支持主流观点。[②]

　　从上述有限的立法来看,在仲裁庭缺乏强制执行裁决的授权之情况下,外国裁决的执行必然以获得执行地法院的支持为前提。就法院的支持而言,外国裁决不论以法国立法中看似较为友好的执行许可方式作出,还是以德国和瑞典的立法中较为复杂的执行宣告方式作出,抑或按瑞士立法之规定,将外国裁决的可执行性作为执行程序中的先决问题进行裁断,各种形式变化后的本质其实并未改变,即外国裁决的可执行性之确定是裁决能够获得执行的前提。因此,执行地法院的执行程序、执行地是否为《纽约公约》缔约方及其对《纽约公约》的适用方式等事项,成为影响国际裁决执行的关键因素。本节已概述了执行地法院的执行程序,而执行地对《纽约公约》的适用方式问题将在稍后得到论述。

(二) 英美法系的简易执行

　　1996 年的《英国仲裁法》在第三部分规定了"特定外国裁决的承认与执行",并将外国裁决分为《日内瓦公约》裁决和《纽约公约》裁决。其中,1996 年的《英国仲裁法》第 100 条第 1 款规定,《纽约公约》裁决就是根据仲裁协议,在《纽约公约》缔约国领域内(不包括英国)作出的裁决;而根据1996 年的《英国仲裁法》第 99 条之规定,《日内瓦公约》裁决排除了《纽约公约》裁决。有关裁决的具体执行方式,1996 年的《英国仲裁法》第 66 条和第 101 条分别规定了本国裁决书与《纽约公约》下的裁决书的简易执行,并且第 66 条规定了如下两种简易执行的方式:一是在法院的批准下,裁决书可以像法院的判决或命令一样被执行;二是在法院批准之后,裁决书

---

① Martin Bernet, Philipp Meier, "Recognition and Enforcement of Arbitral Awards", in Elliott Geisinger, et al. (eds.), *International Arbitration in Switzerland: A Handbook for Practitioners* (2nd ed.), Amsterdam: Kluwer Law International, 2013, p. 203.

② *Ibid.*, p. 206.

可以根据内容而变成一个法院的判决,具体的执行程序被规定在 1998 年的《英国民事程序规则》(Civil Procedure Rules)中。其中,第一种简易执行的方法可以不通知对方当事人,胜诉方向法院提交仲裁协议与裁决书或其副本、被告名称及所在地的说明、裁决书没有做出支付的说明的文件后,法院可以单方面下达执行命令。但是,当执行命令送达至对方当事人后,对方当事人可以在规定的期限内提出抗辩,法院可视情况撤销上述执行命令。上述程序看似与前述的瑞典立法要求执行申请必须送达对方当事人,并且送达不能将导致执行申请被拒绝之规定不同,但是二者在立法精神上仍然是一致的,即被申请执行方的抗辩权应得到保护,不论这种抗辩或迟或早地出现在具体程序的何种阶段。而且,针对上述两种执行方式,当事人不是可以任选其一的,第二种将裁决书的内容变成判决书之方式,是必须在裁决书获得法院的批准后才可以被采用的。所以,无论采取哪种方式,法院对裁决书的批准都非常重要,这与大陆法系的法院签发执行命令是异曲同工的。

上述两种执行方式也适用于 1996 年的《英国仲裁法》第 101 条规定的《纽约公约》下的裁决书的简易执行。在通常情况下,当事人只要单方面提出申请,法院就可以做出承认或执行的决定;在特殊情况下,基于对整个案情的考虑,法院会在通知被申请执行人后,再做出承认或执行的决定。在申请执行时,当事人需提交经确认真实性的裁决书正本或证明真实性的裁决书副本、仲裁协议的正本或证明真实性的协议副本;如果裁决书或仲裁协议是非英文的,那么当事人需提供官方的或经宣誓的翻译员、外交人员、领事人员证明真实性的译本。在收到执行命令后,被申请执行人可以于规定的期限内提出撤销命令的抗辩。

至于当事人为什么在选择了第一种简易执行的方式后,还要请求法院将裁决书变为判决书,这有可能是基于以下几点考虑:第一,判决书有可能在一些外国法院会更易获得执行。虽然在《纽约公约》的帮助下,国际商事仲裁裁决应该比外国判决更易获得执行,但是某些外国法院也有可能会更愿意承认判决,或者当事人可以将判决作为争议已经通过司法程序得到解决的证据,从而阻止另一方再次就同一纠纷提起诉讼。第二,根据英国的 1838 年《判决书法》(Judgment Act)第 17 条之规定,针对所有由英国法院作出的判决,从判决作出之日到败诉方真正履行支付款项义务之时,败诉方应按年息 8% 支付利息,除非法院另有指示。[①] 在仲裁庭未对相关利

① 张永红:《英国强制执行法》,上海:复旦大学出版社 2014 年版,第 86 页。

息的问题作出裁定,而当事人又是以第一种方式简易执行裁决书的情况下,即使胜诉方在事后意识到该问题,并且该问题给其造成巨大的经济损失,法院也无法代替仲裁庭作出任何裁判。所以,将裁决书变为判决书后,在败诉方拖延执行裁决的情况下,胜诉方也能得到补偿,而且还可能是巨大的补偿。第三,当事人也可能是基于延长执行时效的考虑,因为法院作出判决后,执行时效可继续延长 6 年。① 第四,裁决的执行许可与将裁决转化为判决对债务人的强制效果明显不同。根据英国法,自判决作出之日起 1 个月内未自动履行义务的债务人,其信息将在判决登记系统被登记,登记会影响债务人在申请贷款或信用卡时的信用评估。债务人在判决作出后 1 个月内自动履行义务的,其信息不会被登记,这可以鼓励债务人尽快履行义务。信息被登记后,债务人全额履行义务的,法院会通知登记公司将登记信息变更为"全额履行"。除非登记有误,否则登记的信息一般不得删除。② 所以,从某种意义上说,判决登记也是强制执行的工具,而裁决的执行许可则无相应的强制制度。

在美国,仲裁地成为判断裁决国籍的主要标准,这主要体现在《美国联邦仲裁法》(FAA)和美国加入的《纽约公约》及《美洲国家间关于国际商事仲裁的公约》(Inter-American Convention on International Commercial Arbitration,以下简称《巴拿马公约》)之中。仲裁裁决并非法院的判决,其并不像一般的国内判决那样会自动生效(self-executing)。相反,当事人必须申请对仲裁裁决的司法执行,从而借助国家的强制执行机制。③ 根据《美国联邦仲裁法》的规定,当事人应首先申请"确认"(confirm)仲裁裁决。如果仲裁裁决为美国法院所确认,那么该裁决就成为做出确认的法院的判决,其具有与任何其他美国民事判决相同的效力,并且可以像其他判决那样被执行。《美国联邦仲裁法》第 9 条规定,如果当事人在协议中已经同意将仲裁裁决提交法院裁判,并且指定了裁判的法院,那么在仲裁裁决作出后一年内,任何当事人均可以随时请求指定的法院确认仲裁裁决。除非裁决依照《美国联邦仲裁法》第 10 条和第 11 条的规定而被撤销或修改,否则法院必须发出确认的命令。如果当事人在协议中不指定法院,那么他们可以向仲裁裁决地所属区内的任何美国法院提出请求。经确认后的仲裁裁

---

① 杨良宜、莫世杰、杨大明:《仲裁法——从开庭审理到裁决书的作出与执行》,北京:法律出版社 2010 年版,第 825—826 页。

② 张永红:《英国强制执行法》,上海:复旦大学出版社 2014 年版,第 90 页。

③ 丁颖:《美国商事仲裁制度研究——以仲裁协议和仲裁裁决为中心》,武汉:武汉大学出版社 2007 年版,第 259 页。

决就具有了强制执行力,但是如果当事人欲向外国法院申请执行裁决,那么这种确认程序则不是必需的。上述规定适用于国内仲裁裁决,包括仲裁地在美国的国际商事仲裁裁决。针对仲裁地不在美国的外国仲裁裁决,《美国联邦仲裁法》第二章的第 207 条和第三章的第 304 条分别规定了《纽约公约》和《巴拿马公约》下的裁决执行。[①] 例如,《美国联邦仲裁法》第 207 条规定,在《纽约公约》管辖范围内的一项仲裁裁决作出后三年之内,仲裁当事人中的任何一方均可以向享有管辖权的法院申请,请求法院发出一项命令,以确认不利于仲裁当事人的任何其他一方的裁决。除非法院发现裁决有公约列举的拒绝或者延缓承认或执行裁决的理由,否则其应确认裁决。

在申请确认仲裁裁决时,根据《美国联邦仲裁法》第 13 条的规定,当事人应提交以下材料:(1)仲裁协议;(2)对任何"第三仲裁员"的任何选择或指定;(3)每一份"延长裁决期限的书面文件";(4)裁决;以及(5)"与确认、修改或更正裁决的申请有关的"通知、宣誓书和其他诉讼文书,以及法院对上述申请发出的每一份命令。由此可见,与英国甚至是大陆法系国家的规定一样,美国的强制执行国际商事仲裁裁决之申请也需要经过法院的确认程序。当然,两大法系的最大区别就是,大陆法系所确认的最终结果也只是一个执行裁决的命令、宣告,或被包含在执行程序中的一个理由,而英、美两国的法院可以将得到确认的裁决书之内容转化成一个法院判决。当仲裁裁决书转化为法院判决后,胜诉方的利益可能会得到更全面、有效的保护。

二、国际商事仲裁裁决的普通法执行

除了前文提到的能否将裁决书转化为判决书外,大陆法系与英美法系在国际商事仲裁裁决执行制度方面还有一个明显的差别,即英美两国还规定了一个虽不常用但当事人可以选择的普通法执行方法。概括而言,普通法的执行方法就是将败诉方不执行仲裁裁决的行为视为一个诉因,并以其

---

① 值得一提的是,《美国联邦仲裁法》第二章的第 202 条规定了美国认为的《纽约公约》下的仲裁协议和裁决之范围:无论契约或非契约,凡是产生于法律关系,并被视为包括本法案所述的交易、契约或协议在内的商事性质之仲裁协议或仲裁裁决,均属于公约管辖范围。产生于这种关系,但完全约束美国公民之仲裁协议或裁决,则不应被视为公约管辖范围,但该关系涉及国外财产,履行或执行将在国外进行,或者与一个或多个外国有某种其他的合理联系者不在此限。根据上述条款,如果一个公司的设立地或主要营业地在美国,那么该公司法人系美国公民。根据以上规定,适用《纽约公约》的条件将不再仅是公约第 1 条第 1 款中所规定的仲裁地在国外的裁决和非内国裁决,而是被扩展适用于具有涉外因素的仲裁裁决。

违反约定为由,向法院提起诉讼,而这个诉因的合理性主要来自于对仲裁裁决的契约性之认识。当事人签订仲裁协议的行为,不仅能够说明当事人有将纠纷提交仲裁解决的合意,而且蕴含着当事人愿受裁决约束的默示意思表示。败诉方不能自愿履行仲裁裁决是一种违约行为,因此胜诉方可以向法院提起违约之诉。上述执行方式不仅适用于仲裁地在本国的仲裁裁决,而且适用于仲裁地不在本国的仲裁裁决。在美国,虽然仲裁裁决的执行有"确认"裁决的程序,但是仲裁裁决并不需要借助司法确认来获得终局性和拘束力或产生重要的法律后果。未经确认的仲裁裁决是一种契约上的权利,这种权利可以被用来作为诉因的基础,它可以在普通法上获得执行,而这等于是以仲裁裁决为基础所进行的一次诉讼过程。与上文的简易执行方式相比,上述间接的执行裁决之方式应该是既繁冗又效率低下的做法。所以,这也就是为何大多数国际商事仲裁裁决的执行案件都会以简易执行的方式进行,因为很少会有当事人选择费时费力的普通法执行方法。而且,在大陆法系国家,法律对间接形式的执行也未做出规定。

然而,在某些情况下,普通法的执行方法不再是一种当事人可选择的裁决执行方法,而是一种当事人必须选择的做法,原因主要有以下两点:第一,上文所述的简易执行方法有一个重要的适用前提,即法院对裁决书的"可执行性"没有任何的疑问。如果法院存在某些疑问,那么仲裁裁决必须交由普通法审查后,才可执行。第二,1996 年的《英国仲裁法》第 81 条第 1 款规定了由普通法保留管辖的事项,包括:(1)不可仲裁事项;(2)口头仲裁协议的效力;(3)基于公共政策的考虑而拒绝承认或执行仲裁裁决。当以上三种情况出现时,法院就应当考虑以普通法的程序来执行裁决书。英国的司法实践曾经遭遇过需要按照普通法的程序来执行裁决书的几种情况,包括口头仲裁协议、裁决书格式有缺陷、宣示裁决书、裁决书的执行部分要求败诉的被告在英国以外做出支付、仲裁员管辖权有问题等。[1]

在上述这些情况中,除了口头仲裁协议已被 1996 年的《英国仲裁法》第 81 条涵盖外,裁决书格式有缺陷应该是不能进行简易执行的最为合理的理由。因为如果裁决书的内容含糊不清,甚至出现矛盾,那么法院在做出简易执行裁决书的决定时就会遇到困难。法院可以选择根据 1996 年的《英国仲裁法》之规定,将裁决书发还仲裁庭,请仲裁庭澄清或修正。如果仲裁庭未能按照法律的规定将裁决书修正至可以执行的程度,或者出现极

---

[1] 杨良宜、莫世杰、杨大明:《仲裁法——从开庭审理到裁决书的作出与执行》,北京:法律出版社 2010 年版,第 821—824 页。

端的情况,包括仲裁员已经死亡等,那么裁决书将因自身缺乏可执行力而无法通过简易程序得到执行。在国际商事仲裁中,如果需要被执行的是外国裁决书,那么英国法院就更无权力将裁决书发还仲裁庭重新进行考虑。在上述这些情况下,当事人就只能通过普通法的程序,在要求法院对含糊不清的地方作出判决后,才能使裁决书获得执行。

至于"宣示裁决书",其只宣示双方的权利,或者对争议的合同条文或一份文件做出权威性解释,类似于大陆法系的无具体给付内容的确认裁决书。在这种情况下,如果当事人申请简易执行,那么"宣示裁决书"将因无执行内容而可能获得法院的批准。当然,当事人可以申请法院以普通法的程序将裁决书变为判决书。前文已申明,本章所讨论的仲裁裁决的执行力仅限于给付型裁决书,不包括确认型裁决书,因为在笔者看来,确认型裁决书是不具有被强制执行的基本资格的。因此,在此种语境下,强调将宣示裁决书作为区分简易执行与普通法执行的标准之意义十分有限。

针对"裁决书的执行部分要求败诉的被告在英国以外做出支付"的情况,笔者认为,更确切的表述应当是,因当事人选择执行地的失误而挫伤法院关于裁决执行的强制效力。如果胜诉方想获得裁决书的有效执行,那么其必然应当选择向败诉方的财产所在地法院提起强制执行裁决的申请,这是不言而喻的。如果法院承认裁决的效力,那么其采取相应的方式来强制败诉方履行裁决是比较容易的。然而,仲裁庭有时会作出一些不常见的、令人感到匪夷所思的裁定,如对败诉方履行金钱义务的地点做出明确要求。当裁决书要求的履行义务之地点与受理胜诉方执行裁决申请的地点不一致时,执行地法院无法强制败诉方异地履行裁决的难题就会浮现。

最后,关于仲裁员管辖权异议的问题,1996 年的《英国仲裁法》对管辖权异议的提出时间、裁决书的救济时限等问题都做出了明确规定。在执行阶段,当事人还能将管辖权异议作为对抗执行的理由并被法院接受的情况将非常少见。因此,在如今的法律环境下,上述情况应该会极少被用作区分仲裁裁决的简易执行与普通法执行之标准。

综上所述,与简易执行方法相比,国际商事仲裁裁决的普通法执行方法的确显露出程序复杂、效率低下等弊端,尤其是在《纽约公约》的影响力日隆,且支持仲裁成为国际潮流之背景下,该方法的适用范围是极其有限的。然而,普通法的执行方法不仅构建于坚实的理论之上,而且对该种方法的认可本身也表明了立法对仲裁当事人的权利之充分尊重。所以,不论普通法的执行方法在实践中的地位如何,从理论上看,其都是国际商事仲裁裁决执行制度完整性的不可或缺之组成部分。

第三节　国际商事仲裁裁决执行中的国别冲突及其协调

自瑞典与英国在 19 世纪末先后以立法的形式将仲裁制度纳入法律框架以来,现代意义的仲裁制度一边得益于国家司法的鼎力支持,一边又无奈受制于恢恢法网之下;国家的法律一边承认仲裁"一裁终局",并且仲裁裁决具有与法院判决相同的效力,一边又绝不放弃对仲裁裁决进行司法监督的权力。因此,在面对仲裁裁决——尤其是国际商事仲裁裁决——执行的现实问题时,所谓的"契约论""司法权论""自治论"等有关仲裁性质的理论都黯然失色。哪怕是国际裁决的执行,其最终也不得不回归至形形色色的国内立法框架之下。为了协调裁决的国际执行和促进裁决的跨国执行,不同的国家和国际组织已签订了多个地区性、国际性的公约,从而极大地便利了国际裁决的执行。尽管国际公约在各国可以通过各种形式获得理论上的适用,但是在实践中,国际公约在国内的适用实效仍然有限,具体表现在不同国家对裁决执行力的确认存在着冲突。

一、国内立法的冲突及协调

在当事人不能自愿履行国际商事仲裁裁决、不存在行业强制手段、需要依靠法院强制执行裁决等场合下,裁决强制执行效力的实现仍有赖于各国的国内立法之规定。我们通过前述有限的法律文本之比较研究可知,国际裁决的执行模式即使可以实现类型化,具体条件和程序的多样化也是不可否认的事实,而由此造成的裁决跨国执行之冲突甚至障碍更是我们可以想见的,这就是国际商事仲裁裁决执行中的国别冲突之一——各国国内立法的冲突。

为了协调裁决执行中的立法冲突,便利裁决的跨国执行,以及提高国际裁决的执行效率,有效发挥国际公约的作用无疑是可行的路径之一。自1959 年 6 月 7 日生效以来,《纽约公约》迄今已有 161 个缔约方①,其已成为国际商事仲裁裁决执行领域内的影响力最为广泛的国际公约,并与联合国《国际商事仲裁示范法》②共同构成国际商事仲裁裁决执行和撤销领域

---

①　http://www. uncitral. org/uncitral/zh/uncitral_texts/arbitration/NYConvention_status. html,访问日期: 2019 年 10 月 29 日。

②　目前,已有 80 个国家在 111 个法域通过了以《示范法》为基础的立法。http://www. uncitral. org/uncitral/zh/uncitral_texts/arbitration/1985Model_arbitration_status. html,访问日期: 2018 年 12 月 20 日。

的两大支柱——《纽约公约》构建了倾向执行的理念,联合国《国际商事仲裁示范法》促进了仲裁立法的趋同。[①] 如果《纽约公约》的任务是协调不同国家间的立法差异,那么联合国《国际商事仲裁示范法》则主要通过让各国在颁布或制定本国法律时考虑《国际商事仲裁示范法》的体系和内容来发挥作用,其既可以应对国内仲裁法的千差万别,又可以避免将传统的本国概念强加于国际案件。

除此之外,地区性国际组织制定了多个区域性国际商事仲裁条约,主要包括1961年的《国际商事仲裁公约》(The Convention on International Commercial Arbitration,以下简称《欧洲公约》)、1962年的《关于使用欧洲国际商事仲裁公约的协定》、1966年的《规定统一仲裁法的欧洲公约》、1975年的《美洲国家间国际商事仲裁公约》、1979年的《巴拿马公约》、1987年的《阿拉伯商事仲裁公约》等。[②] 与《纽约公约》一样,以上这些区域性的条约也赋予了缔约方承认与执行国际仲裁裁决的义务。例如,《巴拿马公约》第5条规定:"只有对裁决执行提出异议的一方当事人能够提出裁决存在不应执行的以下相关证明之一时,有管辖权的法院才可以拒绝承认与执行裁决……。"上述条文直接规定裁决债务人(award-debtor)[③]承担举证责任,并且比《纽约公约》的规定更为明确,这说明《巴拿马公约》认为执行国际裁决应属各缔约方的义务,其具有鲜明的强制性。与此相对照的是,《欧洲公约》并没有明确强制各缔约方承认与执行国际裁决,其只是规定在相似的情况下,法院可以宣布裁决无效。尽管上述规定暗含了缔约方承认与执行裁决的期望,但是这种期望却不像《纽约公约》和《巴拿马公约》那样具有明确的强制性。与此同时,如果某国为《纽约公约》以及上述区域性国际条约或其他双边条约的缔约方,那么无论该国在区域性国际条约和其他双边条约中签订了怎样的最惠国条款,其都不得以最惠国条款为由,拒绝承认与执行《纽约公约》的裁决。[④]

---

① Michael Hwang & Andrew Chan, *Enforcement and Setting Aside of International Arbitral Awards*: *The Perspective of Common Law Countries*, in Albert Jan van den Berg(ed.), *International Arbitration and National Courts*: *The Never Ending Story*, ICCA Congress Series, vol. 10, Hague: Kluwer Law International, 2001, p. 145.

② 参见齐湘泉:《外国仲裁裁决承认及执行论》,北京:法律出版社2010年版,第29页。

③ 即对裁决执行提出异议的当事人或应当履行裁决却不自动履行裁决的当事人。

④ See Gary B. Born, *International Commercial Arbitration*, Hague: Kluwer Law International, 2009, p. 2726,2722.

二、平行程序的冲突及协调

本书的第三章第一节已介绍过针对同一案件事实的同步审理问题，然而在国际商事仲裁领域，裁决作出后的执行阶段也无法回避针对同一裁决的平行程序问题。例如，一方当事人在一国申请撤销裁决等其他裁决救济方式，而另一方当事人在他国申请承认与执行裁决，那么在此情况下，被申请执行地法院应做出何种判断或行为呢？2018 年 6 月 20 日至 6 月 22 日举办的国际贸易机构（International Trade Administration，简称 ITA）研究会第 30 次年会的议题为"多重程序、多方当事人与国际仲裁"，围绕该议题的两个主要问题分别为"仲裁员如何协调针对同一事实的多重程序"与"国内法院如何协调针对同一裁决的撤销程序和执行程序"。① 鉴于前一问题已在前文中得到讨论，因此本章只讨论裁决作出后的执行阶段之平行程序问题。

在国际仲裁中，裁决的作出有时意味着不同法域内的有关裁决执行的多个法院程序之战斗即将打响。不同的法院极有可能作出不同的判决或至少是有一定冲突的判决，那么内国法院何时尊重域外法院已就同一裁决作出的在先判决呢？换言之，哪个法院享有仲裁裁决的优先控制权？——执行地法院？裁决作出地法院？执行地法院与裁决作出地法院平等享有？而且，这种优先控制权是否受判决类型的影响，即其对执行判决和撤销判决应否采用相同的立场？在 ITA 的第 30 次年会上，学者和实务界人士区分了判决的类型，并提出了各自不同的主张。

首先，针对执行判决，法国的 Emmanuel Gaillard 教授认为，应优先尊重执行判决，而不应当对裁决做出独立的评估，只有这样才能解决程序混乱。然而，以上这种解决思路与《纽约公约》的假设是相反的，因为《纽约公约》对《日内瓦公约》的最大改进就是废除了"双重审查"标准，并提倡法院应独立作出判决，而不论其他法院的判决如何。英国的 Ricky Diwan 法官就认为，尊重外国执行判决的做法是错误的，因为这与《纽约公约》的原则不一致。况且，法院判决与仲裁裁决在性质上是不同的，运用执行外国判决的相关原则来处理国际裁决的执行问题缺乏正当理由。

其次，针对撤销判决，英国的 Ricky Diwan 法官提出疑问——执行法

---

① David Attanasio, "Controlling Chaos in Parallel Proceedings: A Report from the 30ᵗʰ Annual ITA Workshop", Kluwer Arbitration Blog, Aug. 12, 2018, http://arbitrationblog. kluwerarbitration. com/2018/08/12/controlling-chaos-in-parallel-proceedings-a-report-from-the-30th-annual-ita-workshop/.

院是否应尊重裁决作出地法院撤销裁决的诉讼? 英国法院采用的是以私法原则为基础的尊重政策,即除非判决违反友好、自然公正或公共政策,否则判决应当是有效的。美国的 Yasmine Lahlou 律师指出,除非遇到极其少见的情况,否则美国法院同样不会执行已被裁决作出地法院撤销的裁决。但是,依照 Diwan 法官本人的观点,上述做法与《纽约公约》的"执行地法院独享决定权"之精神相违背。与此同时,Diwan 法官还认为,建立一种新的协调机制之尝试很可能会导致混乱。一方面,我们不可能期望一国法院仅凭单边立场就可以理性地建立协调机制;另一方面,使《纽约公约》的众多缔约国达成一种新的共识也是困难的。例如,英国方法中的某些法律原则——尤其是争点排除的大部分规则——是不为大陆法系国家所接受的,所以法国法院就不会采用英国法院的方法。Gaillard 教授认为,英国方法再次制造了《纽约公约》致力于消除的执行裁决的双重审查标准。为了维护良好的秩序,对裁决的控制权应被保留在执行地法院,其他任何对裁决的控制都应被压制。Pierre Mayer 教授却认为,撤销裁决的判决应具有效力。如果第一个裁决被撤销,那么仲裁庭可以进行第二个仲裁程序,并产生第二个仲裁裁决。假设第一个撤销裁决的判决效力无法得到认可,那么相关法院就会承认第一个裁决而拒绝承认第二个裁决。但是,在实践中,裁决作出地法院和其他法院都会认为第二个裁决是唯一有效的裁决。

通过总结上述分歧,我们可以对不同观点进行整理汇总。关于是否在尊重他国的执行判决存在两种观点:一为支持,二为反对。关于是否应尊重他国的撤销判决存在三种观点:一为有条件的尊重,即以不违反友好、自然公正或公共政策为前提;二为由执行地法院决定;三为无条件的尊重。上述相左的观点实则代表了实践中的各种做法,虽然这些观点未提供解决程序冲突的确定方案,但是它们却指明了完善国际裁决执行制度的方向。

三、国别冲突的相关实践及启示

从理论上看,国际商事仲裁裁决执行中的冲突既来自于各国国内立法的差别,又来自于执行过程中的平行程序。在实践中,体现冲突的案例主要事关撤销判决的域外效力。近年来,获得较多关注的案例类型主要涉及仲裁裁决在裁决作出地国家被撤销,却在其他国家获得承认和执行之情形,如 Chromalloy 案、Hilmarton 案、Dallah 案等。

在 Chromalloy 案中,美国法院依据相关的国内法律,执行了已被埃及法院宣布无效的在埃及作出的仲裁裁决,从而引起裁决被作出地法院宣布无效后能否被其他国家法院执行的争论。美国法院的执行依据有二:一是《纽约公约》第 7(1)条"最优惠权利条款"的规定。根据《纽约公约》第 7(1)条之精神,如果一国法律在承认与执行外国仲裁裁决方面存在比《纽约公约》更优惠的条件,那么该国法院应依据本国法律做出是否执行裁决的决定。并且,综观《纽约公约》的体系结构和立法目的,其意在规定缔约国有承认裁决的义务,而无意规定拒绝承认的义务。所以,与《纽约公约》第 5(1)(e)条拒绝承认与执行的条件相对照,第 7(1)条应属强制性规定,而第 5(1)(e)条却赋予了执行法院以自由裁量权。① 因此,美国法院舍弃了《纽约公约》第 5(1)(e)条,转而适用了《纽约公约》第 7(1)条。二是仲裁协议中的"不得就裁决提出上诉或任何其他救济"之约定。美国法院认为,埃及法院撤销裁决的做法实际上已经违反了当事人之间就裁决不得提出上诉的约定,所以其认可该撤销判决将会违背美国支持仲裁的政策。

Chromalloy 案可能代表了"裁决被作出地法院宣布无效,但仍能依据执行地法律予以执行"之情形的全盛时期。② 在之后的 Baker Marine 案中,美国法院拒绝执行已被尼日利亚法院撤销的裁决,其声称双方当事人均无意以美国国内法律裁断纠纷,并引用了 Albert Jan van den Berg 教授的一段话:"机械地将国内仲裁法适用于公约裁决,既有损裁决终局性,也易引起裁判冲突。如果裁决在作出地被宣布无效,当事人仍可依据其他国内立法执行该裁决,则败诉方将会以各种理由寻找他的支持者,如以执行申请的方式在各个国家间寻找,直到找到许可执行的国家法院。"在 Martin Spier 案中,美国法院亦拒绝执行已被意大利法院撤销的裁决,理由同 Baker Marine 案一样。

Chromalloy 案、Baker Marine 案和 Martin Spier 案的核心争议可以被概括为撤销判决的域外效力之问题,三起案件的共同特征为裁决被作出地法院撤销后,当事人又向美国法院申请执行。撤销判决的域外效力之问题的敏感度较高,并且 Chromalloy 案采用了独特的处理方式,因此以上三起

---

① 国内外的不少学者围绕《纽约公约》第 5 条的各种版本究竟表达的是"may"还是"shall"之含义展开讨论,以证明该条是授权性规范还是强制性规范。可参见赵秀文:《国际商事仲裁及其适用法律研究》,北京:北京大学出版社 2002 年版,第 244 页;Paulsson, *May or Must under the New York Convention*: *An Exercise in Syntax and Lingusitics*, *Arbitration International*, vol. 14, 1998, pp. 227 - 229.

② Michael Hwang, Andrew Chan, *Enforcement and Setting Aside of International Arbitral Awards*: *The Perspective of Common Law Countries*, in Albert Jan van den Berg(ed.), *International Arbitration and National Courts*: *The Never Ending Story*, ICCA Congress Series, vol. 10, Hague: Kluwer Law International, 2001, p. 150.

案件的共性表象被不断放大,以至于遮蔽了它们的个性本质。我们可以反思一下前述美国法院在 Chromalloy 案中的两个执行依据:一为《纽约公约》第 5(1)(e)条与第 7(1)条的理解问题。毫无疑问,公约在拒绝执行裁决理由的规定上是穷尽一切的,所以缔约国不能依据国内法来拒绝执行裁决。那么,反过来说,缔约国适用国内法来执行国际裁决在很多情况下是可行的,而且这与公约支持仲裁的目的完全一致。二为仲裁协议规定的放弃裁决救济的合同义务,包括不得就裁决提出上诉或任何其他救济。这一依据的适用范围是极其有限的,至少对于以联合国《国际商事仲裁示范法》为立法参照的国家而言,在一般情况下,上诉不能成为救济裁决的一种方式,因此不上诉的约定被使用的几率极小。所以,Chromalloy 案作为先例被援引的可能性也降低了。如果我们抛却 Chromalloy 案的个性特征,而唯独将其抽象成裁决被作出地法院撤销仍能在美国获得执行的典型代表,并试图从个案出发总结出"拒绝承认及执行已撤销仲裁裁决是美国法律的一般原则,承认及执行已撤销仲裁裁决仅是例外"[①]的结论,那么这实在是一叶障目,毫无裨益。

如果 Chromalloy 案是否认撤销判决具有域外效力的典型代表,那么 Hilmarton 案和 Dallah 案不仅涉及撤销判决的域外效力问题,而且涉及执行中的平行程序。在 Hilmarton 案中,瑞士法院(仲裁地法院)作出撤销裁决的终审判决前,法国法院(执行地法院)已经作出执行裁决的判决。[②] 在 Dallah 案中,法国法院(仲裁地法院)作出驳回撤销裁决请求的终审判决前,英国法院(执行地法院)已经作出不予执行裁决的终审判决。[③] 上述两案中的执行地法院不仅无视仲裁地法院对裁决效力的认定,而且均不约而同地先于仲裁地法院做出是否执行裁决的决定,这似乎是为了规避撤销判决的域外效力这一棘手问题而提前做出的决断。前已述及,《纽约公约》的盛名之一乃是废除《日内瓦公约》的"双重许可"标准,即执行地法院应独立做出裁决执行与否的判断,而无需获得仲裁地法院的执行许可。这种执行程序上的简化看似是一种进步,实则存在隐患,上述案例的出现就是明证。

首先,裁决效力在表述上的转变及含混诱发了执行中的平行程序。《日内瓦公约》第 1(2)(d)条规定,承认或执行仲裁裁决的条件之一是,"仲裁裁决必须在作出地国家被认为是终局的(final),意即如果针对裁决还可

---

① 齐湘泉:《外国仲裁裁决承认及执行论》,北京:法律出版社 2010 年版,第 276 页。

② 同上,第 270 页。

③ 参见孙宏友、曾仲皙:《〈纽约公约〉精神之伤——再评英法两国法院关于 Dallah 案之裁定》,《仲裁研究》,第 41 辑,第 94 页。

以提出异议、上诉或撤销原判的上诉以及有证据表明旨在挑战裁决有效性的程序正在进行中,则裁决都不是终局的"。《纽约公约》特别废弃了"终局性"(finality)的要求,其仅在第 3 条规定"各缔约国应承认仲裁裁决具有拘束力(binding)"。与《日内瓦公约》的规定相比,《纽约公约》第 3 条显得含义不明。难怪有学者称,从《纽约公约》的起草历程来看,"'拘束力'的含义一直是一个谜"。[①] 起草《纽约公约》的核心专家之一 Pieter Sanders 教授也曾评论道:"术语的转变经历了从《日内瓦公约》的'终局的'(final),到 1955 年草案的'终局的和可执行的'(final and operative),再到《纽约公约》'拘束力'(binding)的提出一个历程。拘束力的含义是什么?拘束力实际是妥协的产物,但未来阻止执行裁决的当事人会向执行地法院竭力证明'裁决尚未产生拘束力',而执行地法院也恐怕会作出各种各样的解释。"[②] 由此可见,"拘束力"的使用是《纽约公约》故意为之,而非失误所致。

那么,如何为"拘束力"正名?笔者认为,两个基本原则理应得到遵循。第一,应给予仲裁的独立性以充分的尊重。"仲裁是一种独立的纠纷裁决机制,其不是司法程序的附庸甚至前置程序",这种理念是仲裁制度的生命之基,而承认仲裁裁决具有与法院判决相同的效力是对上述目标的起码尊重,即裁决产生效力的时间点十分关键。所以,依据本书第二章关于仲裁裁决拘束力的判断标准,对于实行内部上诉的两级仲裁制度之部分国际商品贸易协会的仲裁而言,裁决拘束力在仲裁规则规定的上诉期限届满后,当事人放弃上诉时或当事人提出上诉且上诉庭签发了终局裁决时产生;对于多数实行"一裁终局"的国际仲裁而言,裁决拘束力应自裁决作出之日起产生。至于当事人之后向法院提出撤销裁决、宣布裁决无效、提出上诉等救济手段,都属于阻却裁决效力的制度,而非影响裁决拘束力产生的制度。[③] 第二,应给予当事人的意思以充分的尊重。在"裁决何时产生拘束力"这一问题上,以《日内瓦公约》为代表的观点是给予仲裁地法律以优先地位,因为对裁决提出异议、上诉、挑战其有效性等程序通常发生在仲裁地,所以仲裁地法律具有优先地位看似合情合理。然而,上述观点的致命弱点在于对当事人意思的忽视。毋庸置疑,当事人的意思自治是仲裁制度的基石,当事人将纠纷提交仲裁的意图是希望裁决产生如同判决的效力,

---

① See Gary B. Born, *International Commercial Arbitration*, Hague: Kluwer Law International, 2009, p. 2817.

② Pieter Sanders, *New York Convention on the Recognition and Enforcement of Foreign Arbitral Awards*, *Netherland International Law Review*, vol. 6, 1959, pp. 43, 55.

③ 具体论证详见本书第五章。

从而解决纠纷。如果当事人在仲裁协议中约定了仲裁裁决具有拘束力，那么任何与当事人意思相左的国内法律何以具有超越意思自治的正当性呢？

综上所述，《纽约公约》对仲裁裁决拘束力的确定之规定看似粗略，但其实则摒弃了《日内瓦公约》对裁决拘束力的产生所施加的诸多限制，并以仲裁裁决拘束力理论为基础来构筑支持仲裁的立法目的，这与有利于执行裁决的公约目标相一致。然而，换一个角度看，《纽约公约》的上述规定也存在隐患。既然裁决一经作出便产生拘束力，那么执行地法院自然可以振振有词地依据公约作出执行裁决与否的判决，而全然不顾当事人是否仍在仲裁地法院请求对裁决的救济。可以说，《纽约公约》在废除"双重许可"的审查标准之同时，又创设了执行过程中的平行程序。

其次，《纽约公约》第5(1)(e)条和第6条的授权性规范之性质使得撤销判决的域外效力问题变得更加棘手。其一，前已述及，各国学者曾就《纽约公约》第5条的性质进行争论，而争论的焦点主要是英文版本使用的"may"(即"可以拒绝")和法文版本使用的"*seront refusées*"(即"应当拒绝")，何者更能表达《纽约公约》的真实意图。单从语义学的角度分析，两个版本所表达的意思的确不同，英文版表明《纽约公约》第5条属于授权性规范，法文版却表明其属于强制性规范，意义迥异导致性质迥异，并进而使得对执行地国的要求有所不同。但是，《纽约公约》还有俄文版、中文版和西班牙文版，这三个版本均表达了与英文版相同的"可以"而非"必须"之意义。[①] 五个版本效力相同，其中四个版本表达的意思相同，所以更合理的解释就是法文版语义模棱两可，即《纽约公约》的真实意图是即使裁决存在第5条规定的情形，也不必然导致拒绝承认和执行。[②] 其二，通常认为，《纽约公约》第5(1)(e)条规定了在裁决尚无拘束力或者已经被有权法院撤销或停止执行的情况下，执行地法院可拒绝承认裁决。同时，《纽约公约》第6条实则规定了实现第5(1)(e)条的具体方法，即如果法院要执行无效裁决，那么其可以要求申请执行人提供担保，这从另一个侧面证明了执行无效裁决的可能性。再则，细究《纽约公约》第6条的措辞，我们仍会发现"may"的使用，执行地法院仅仅是"可以"延缓执行裁决的决定，这进一步佐证了《纽约公约》第5条的授权性规范之性质。其三，如果从订立目的和整体结构上来解读《纽约公约》，尤其是结合第7(1)条的"更优权利条款"

---

① See Paulsson, *May or Must under the New York Convention: An Exercise in Syntax and Lingusitics*, *Arbitration International*, vol. 14, 1998, pp. 227-229.

② *Ibid.*, pp. 228-229.

(more-favorable-right)之规定,那么我们很容易得知公约的基本目的是便利而不是限制裁决的承认。如果仔细分析《纽约公约》第 3 条承认裁决拘束力的表述,并将第 5 条规定的例外情形置于整个公约体系的场景中,那么我们也会得出公约授予了执行地法院自由裁量权的结论。

综上所述,《纽约公约》第 5(1)(e)条和第 6 条的授权性规范之性质已无需质疑,然而执行地法院恰以此为由,自主决定那些已经被仲裁地法院撤销的裁决或停止执行的裁决仍可被执行,以证明撤销判决仅具有地域效力。

最后,撤销判决的域外效力成为棘手问题,与其本质上的民事判决性质有关。由于外国法院判决的承认与执行涉及国家的司法主权,因此不论就司法制度的国别差异来看,还是就国家利益来看,外国判决的承认与执行总是难于外国仲裁裁决的承认与执行。正是因为仲裁裁决的国际执行能够获得《纽约公约》等国际公约的保障,所以越来越多的当事人更愿意选择通过仲裁来解决纠纷,从而促进了国际仲裁业的蓬勃发展。外国判决的承认与执行的状况则相形见绌,虽然区域性的、国际性的条约也缔结了不少,如美洲国家间的 1979 年《关于外国判决与仲裁裁决的域外效力的公约》等,欧洲国家间的 1968 年《关于民商事司法管辖和判决执行公约》(即《布鲁塞尔公约》)、2000 年《民商事管辖权及判决承认与执行规则》(即《布鲁塞尔规则》)等,海牙国际私法会议的 1971 年《民商事外国判决的承认和执行公约》等,但是这些公约所发挥的功效比较有限。以海牙国际私法会议的《民商事外国判决的承认和执行公约》为例,截至目前,该公约只有阿尔巴尼亚、塞浦路斯、荷兰、葡萄牙和科威特 5 个缔约国[①],其作用可以想见。

综上所述,虽然撤销判决在内容上涉及仲裁裁决,但是其在本质上属于外国判决。在外国判决的承认与执行仍缺乏统一、有效的公约规制之背景下,撤销判决想要获得其他国家的承认可谓困难重重。如果执行地法院再以《纽约公约》支持裁决执行的精神相抗辩,那么被撤销的仲裁裁决获得其他国家的承认与执行将是不可避免的。

---

① https://www.hcch.net/en/instruments/conventions/status-table/?cid=78,访问日期:2021 年 1 月 19 日。

第五章　国际商事仲裁裁决效力的阻却

前已述及,仲裁的制度目标是提供一种快速的、中立的纠纷解决方式,而当事人订立仲裁协议的意图是获得一种最终的纠纷解决结果,二者都表明仲裁裁决应自作出之日起产生效力,否则那些自觉履行仲裁裁决的当事人将缺乏基本的制度支持。然而,在仲裁裁决需要得到强制执行的场合,裁决承认与执行的决定权在法院手中,法院根据国内立法或国际条约来决定是承认与执行裁决,还是拒绝承认与执行裁决。仲裁裁决的效力是一个集合的概念,其包括拘束力、既判力和执行力。如果法院拒绝承认与执行裁决,那么胜诉方将不能依据获胜裁决获得败诉方的实际履行,从而产生阻却裁决效力的效果。

有学者认为,仲裁裁决的承认与执行同时也是一国法院对仲裁行使司法监督权的过程。[①] 实际上,在整个仲裁程序的进行过程中,法院都有可能行使司法监督权。例如,从仲裁程序开始时的管辖权异议,到仲裁程序进行中的法院对仲裁庭的协助措施,直至最后仲裁庭作出裁决,当事人都可能享有对裁决的法律救济权。由于本章主要讨论国际商事仲裁裁决的效力问题,因此下文所说的法院的司法监督权也只限于对裁决的司法监督权。从当事人的角度来看,法院对裁决的司法监督程序也是行使裁决救济权的过程。法院对国际商事仲裁的司法监督通常由各国立法规定,当事人不服仲裁裁决的救济方式在各个国家也并不相同,但基本能达成共识的是,针对仲裁地在本国境内的国际商事仲裁裁决,各国法院可以宣布其无效或将其撤销。仲裁裁决被仲裁地法院宣布无效或撤销后,其效力至少在其境内终止。因此,通常而言,被宣布无效或撤销的仲裁裁决也不会有在仲裁地再获得承认与执行的可能,其效力完全被阻却。

然而,当仲裁地与执行地不一致时,仲裁地法院与执行地法院对裁决的认定可能出现矛盾,如前述 Chromalloy 案、Hilmarton 案、Dallah 案等

---

① 陈治东:《国际商事仲裁法》,北京:法律出版社 1998 年版,第 291 页。

实例中的情形。这些少量的例外案件之存在,正是源于国际商事仲裁程序可能涉及多个法域,而仲裁地法院对仲裁裁决的价值判断,并不能影响执行地法院的自主判断。对于其他外国法院而言,仲裁地法院做出的否认裁决效力的决定并不是问题的终点,而是问题的起点。因法律运用的不同而产生的不确定甚至矛盾的状态,极大地增加了裁决效力被阻却之可能性。除此以外,有些国家还规定了针对裁决的重新仲裁程序、上诉程序等制度,这些裁决救济措施同样发生于裁决生效以后,并产生阻却裁决效力的效果。

第一节　效力阻却制度概述

受《日内瓦公约》第 1(2)(d)条关于裁决"终局性"(finality)规定之影响,裁决只有在当事人不能提出异议、上诉或撤销原判的上诉,以及有证据表明旨在挑战裁决有效性的程序正在进行的情况下,才可以被认定为具有终局性。以上这种对裁决终局性的强调,不仅影响了裁决的执行程序,而且左右了相关主体对裁决效力的认识。例如,针对宣布裁决无效或撤销裁决、拒绝承认与执行裁决、重新仲裁、上诉等制度,我们究竟应将其定性为裁决效力的阻却制度还是确定裁决生效时间的制度呢?《纽约公约》第 3 条要求各缔约国承认仲裁裁决具有"拘束力",这很好地回答了上述疑问。首先,从语义学的角度来看,《纽约公约》看似抛弃了一个有着明确界定的"终局性"之概念,并代之以"拘束力"这个不甚明晰的术语,实则表明了其对仲裁裁决一裁终局制度的支持态度。一项国际仲裁裁决要想获得终局性的效果,其的确需要穷尽一切司法救济措施,而这显然将是一段漫长的、繁复的过程,但是裁决不终局就不能得到执行,从而导致裁决效力实现的长期性和不确定性。可以说,《日内瓦公约》的执行低效之弊端正是由"终局性"概念的使用所导致的;反过来说,《纽约公约》在支持裁决执行方面的盛名之取得,很大程度上要归功于"拘束力"这个术语的使用。纵然《纽约公约》未对"拘束力"的含义进行过多阐述,但其却清晰表达了裁决一经作出便具有拘束力的立场,而具有拘束力的裁决就可以被执行。

其次,从现代国际仲裁的理念来看,支持仲裁实为大势所趋,其是衡量一国的仲裁制度先进与否的主要指标。那么,何为支持仲裁? 承认仲裁裁决具有一裁终局的效力、尽早赋予仲裁裁决以执行力、便利仲裁的执行程序、尽量减少法院对仲裁的司法监督等,都是支持仲裁的体现。再进一步,试问将上述制度定性为确认裁决生效时间的制度更为支持仲裁,还是定性为裁决效力阻却制度更为支持仲裁呢？显而易见，将上述制度定性为效力阻却制度既不影响裁决的及时生效，又有利于裁决的尽快执行，因此这种做法是支持仲裁的体现。本章将首先概述大陆法系与英美法系的效力阻却制度之内容，然后再详细分述之。

一、大陆法系的裁决效力阻却制度

仲裁裁决效力阻却制度大致包括宣布裁决无效或撤销仲裁裁决、拒绝承认与执行仲裁裁决、重新仲裁、上诉等内容。由于各国的立法存在差异，因此裁决效力阻却制度不仅表现为类型上的不同，而且包含着适用情形和具体程序上的区别。但是，随着联合国《国际商事仲裁示范法》的推广，撤销仲裁裁决为大多数国家所认可，从而成为阻却裁决效力的主要制度。此外，无论拒绝承认与执行仲裁裁决的条件和程序有何异同，它们一般也都会发挥阻却裁决效力的作用。至于重新仲裁、上诉等裁决效力阻却制度，各国的立法显示出较大的差异性。以下仅以法国和德国为例，阐述以上制度的共性与个性。

（一）法国的效力阻却制度

《法国民事诉讼法》于仲裁编的第六章规定了"提出裁决异议的方式"，包括申请上诉、申请撤销裁决以及其他方式。2011 年的《仲裁改革法令》颁布前后，《法国民事诉讼法》表达了不同立场。改革之前，仲裁裁决的救济方式体现为"上诉途径"，《法国民事诉讼法》第 1482 条①、第 1483 条②、第 1484 条③、第 1491 条④的规定勾勒了"上诉途径优先，并且依据不同条件，仲裁裁决还可以获得撤销救济和再审救济"⑤的整体框架。在没有舍弃上诉的情况下，唯一开放的途径是向上诉法院提起上诉，"撤销仲裁裁决"申请（*demande en annulation*）将不被受理。上诉使原已受裁判的事由受到质疑，以便从事实上与法律上对其重新作出裁判。在受理针对仲裁裁

---

① 《法国民事诉讼法》（1981 年）第 1482 条："对仲裁裁决，可以向上诉法院提起上诉，但如当事人在仲裁协议中已经舍弃上诉，不在此限。……"

② 《法国民事诉讼法》（1981 年）第 1483 条："当事人没有舍弃上诉或者仲裁协议中明文保留此种权利时，向上诉法院提出上诉为唯一开放的途径，不论上诉是为变更仲裁裁决还是撤销仲裁裁决。……"

③ 《法国民事诉讼法》（1981 年）第 1484 条第 1 款："当事人舍弃上诉或者仲裁协议中没有明确保留上诉权利时，即使有任何相反条款，仍可对定名为仲裁裁决的文书提出撤销申请。"

④ 《法国民事诉讼法》（1981 年）第 1491 条："对仲裁裁决，可以按照对判决提出再审申请所定的情况于条件，提出再审。此种再审申请，向有权受理对仲裁裁决提起其他不服申请的上诉法院提出。"

⑤ 法国立法所称的"再审程序"就是"重新仲裁程序"。

决提出的上诉时,上诉法院只能在仲裁协议规定的范围内进行审理裁判。如果各当事人在仲裁协议中没有舍弃上诉,那么向上诉法院提出上诉的途径并不限制于《法国民事诉讼法》第1484条所列举的情形。①《法国民事诉讼法》第1484条所列举的情形包括:(1)仲裁员在没有仲裁协议的情况下进行仲裁,或者依据无效或已经超过期限的仲裁协议进行仲裁;(2)仲裁庭之组成不符合规定,或者独任仲裁员之指定不符合规定;(3)仲裁员没有按照交付的工作任务进行裁判;(4)言词原则未得到遵守;(5)第1480条所指之情形;②(6)仲裁员违反公共秩序原则。以上事由穷尽了撤销仲裁裁决的各类情形,上诉或无效之诉(*voie de nullité*)的事由包括但不限于此。在舍弃上诉的情况下,针对仲裁裁决的唯一开放之救济途径是提出撤销申请(*recours en annulation*)。上诉和撤销之诉的区别在于,前者可以审查仲裁裁决的实体问题,而后者不得否定裁决实体。在当事人可以提出上诉和撤销仲裁裁决申请的期间以及提出申请后,中止执行仲裁裁决的效力都将持续,即裁决的执行力受到阻却。③ 除上诉和撤销申请外,当事人还可以按照对判决提出再审申请的情形与条件,提出再审申请。再审申请的目的是请求法院撤销已经产生既判事由之确定力的判决,并使争议在事实上与法律上重新受到审理裁判。④ 再审也发挥阻却裁决效力的作用。

仲裁改革法令颁布之后,《法国民事诉讼法》第1489条⑤将原先"选择排除"的立场修改为"选择适用",即除非当事人明确选择上诉作为裁决的救济手段,否则上诉不适用,并且《法国民事诉讼法》第1491条⑥也做出相应调整。《法国民事诉讼法》第1502条⑦则主要修正了受理再审申请的主

---

① 参见罗结珍:《法国新民事诉讼法典》,北京:法律出版社2008年版,第1180—1181页。

② 《法国民事诉讼法》(1981年)第1480条:"第1471条(第2款)、第1472条有关仲裁员的姓名与仲裁裁决的决定,以及第1473条之规定,均应当遵守,否则,仲裁裁决无效。"《法国民事诉讼法》(1981年)第1471条第2款:"仲裁裁决应当说明理由。"《法国民事诉讼法》(1981年)第1472条:"仲裁裁决应当写明以下事项:作出仲裁裁决的仲裁员的姓名;作出裁决的日期;作出裁决的地点;各方当事人的姓名或名称以及他们的住所或总机构住所地;相应场合,律师的姓名或者所有代表或协助当事人的人的姓名。"《法国民事诉讼法》(1981年)第1473条:"仲裁裁决应经全体仲裁员签字。但是,如仲裁员中有少数仲裁员拒绝签字,其他仲裁员对此应予记明,并且所作仲裁裁决与所有仲裁员都签字的裁决具有相同效力。"

③ 参见《法国民事诉讼法》(1981年)第1486条和《法国民事诉讼法》(2011)第1496条。

④ 罗结珍:《法国新民事诉讼法典》,北京:法律出版社2008年版,第1190页。

⑤ 《法国民事诉讼法》(2011年)第1489条:"除非当事人另有约定,对仲裁裁决不得提出上诉。"

⑥ 《法国民事诉讼法》(2011年)第1491条:"除非当事人已约定可对裁决提出上诉,否则对裁决可以提出撤销之诉。"

⑦ 《法国民事诉讼法》(2011年)第1502条第2款和第3款:"重审申请应当向仲裁庭提出。如果仲裁庭不能再次召集,申请应当向有权受理对仲裁裁决提起其他不服申请的上诉法院提出。"

体——由法院变更为仲裁庭。法国修改仲裁法的目的是"巩固仲裁领域的一些判例法,对现有规定进行补充并保持其效率,同时吸收外国立法中被证明行之有效的法律规定"。[①] 对上诉程序的态度之转变,有力地支持了仲裁裁决的既判力原则,而再审受理主体由法院变更为仲裁庭之做法,更为激进地走在多数立法之前[②],从而确保了仲裁裁决的既判效力。

关于国际裁决,在法国的《仲裁改革法令》颁布之后,《法国民事诉讼法》第1518—1525条将其区分为在法国作出的国际裁决和在外国作出的国际裁决。针对在法国作出的国际裁决,唯一的救济途径就是申请撤销仲裁裁决(《法国民事诉讼法》第1518条),撤销事由包括仲裁庭错误行使管辖权、仲裁庭的组成不符合规定、仲裁庭未遵守强制性规定、违反正当程序、承认或执行仲裁裁决有违国际公共秩序等(《法国民事诉讼法》第1520条)。针对在外国作出的国际裁决,当事人能获得的救济方式就是对拒绝承认或执行仲裁裁决的决定提起上诉,上诉法院可依据《法国民事诉讼法》第1520条的事由来拒绝承认或执行仲裁裁决。不论是撤销仲裁裁决的申请,还是就拒绝承认或执行裁决的决定所提起之上诉,二者都发生中止执行仲裁裁决的效力(《法国民事诉讼法》第1526条第1款),从而阻却了裁决效力的产生。

(二) 德国的效力阻却制度

《德国民事诉讼法》第1059条规定,针对仲裁裁决的唯一救济方式就是申请撤销仲裁裁决,撤销的理由包括:(1)仲裁协议的当事人无行为能力或仲裁协议无效;(2)当事人未被给予指定仲裁员或参加仲裁程序的适当通知,或者未能陈述案情;(3)溢出合同的裁判未被仲裁协议涵盖的,若只是裁决中可分离的一部分超出协议范围的,则仅撤销该部分;(4)违反组建仲裁庭的规则或者违反仲裁程序,只要它对仲裁裁决的内容可能发生影响;(5)争议事项根据德国法缺乏可仲裁性;(6)承认或执行裁决违反公共政策。前四项撤裁事由需要由当事人提供证据证明,后两项撤裁事由可以由法院依职权审查决定。前文已述,德国的立法规定,执行仲裁裁决必须获得执行宣告。如果一项裁决已在德国法院获得可执行性宣告,那么当事人不可再提出撤裁申请。法院撤销裁决后,如条件适宜,其可将案件发回仲裁庭重新仲裁,因此撤销裁决发生裁决效力阻却之效果。

---

① 朱伟东:《法国最新〈仲裁法〉评析》,《仲裁研究》,2013年第3期,第26页。

② 本章第四节对各国重新仲裁制度的比较研究表明,重裁决定多是由法院做出,法国立法是极少数的由仲裁庭决定重裁的例证。大部分国家的立法直接剥夺了法院以发回仲裁庭重审的方式对仲裁裁决行使司法监督之权力。从这个角度讲,法国的立法体现了一种更为激进的态度。

依据仲裁地是否在德国,《德国民事诉讼法》第 1060 条和第 1061 条将裁决的承认与执行区分为国内和国外两种类型。针对国内裁决,如果《德国民事诉讼法》第 1059(2)条的有关撤裁之条件存在,那么法院应当拒绝签发可执行性宣告。但是,如果法院已签发裁决可执行的宣告,那么当事人再依据上述理由申请撤销裁决之做法就不能获得支持。并且,如果当事人未能在《德国民事诉讼法》第 1059(3)条所规定的期限内,依据第 1059(2)条的前四项事由提出撤裁申请,那么其将丧失在执行宣告时依上述事由提出抗辩的机会。法院拒绝签发裁决可执行的宣告的,裁决应当被撤销(《德国民事诉讼法》第 1060 条第 2 款),因此拒绝执行仲裁裁决发生裁决效力阻却之效果。针对外国裁决,《德国民事诉讼法》第 1061 条要求按照《纽约公约》之规定予以承认与执行,而裁决的可执行性宣告申请被拒绝,也就意味着该裁决在德国境内不被承认。而裁决在德国法院获得可执行宣告后,该裁决又被外国法院撤销的,德国法院可以做出撤销执行宣告的决定。

二、英美法系的裁决效力阻却制度

尽管英美法系的裁决效力阻却制度与大陆法系的裁决效力阻却制度在制度类型上相近,如都包括宣布裁决无效或撤销裁决、拒绝承认与执行裁决等,但是由于具体适用条件和程序设置不同,因此二者依然表现出明显的国别差异。例如,同样是重新仲裁制度,由于具体的程序设置不同,因此其在英国立法下可以发挥阻却裁决效力产生之作用,但在美国立法下,其功能已为撤销裁决所涵括,从而不再单独发挥作用。以下仅以英国与美国的立法为例,详述之。

(一)英国的效力阻却制度

1996 年的《英国仲裁法》第 67—69 条详细规定了当事人因对仲裁裁决不服而向法院申请救济之事由,包括质疑管辖权(substantive jurisdiction)、裁决严重不正常(serious irregularity)和针对法律问题的上诉(appeal on point of law)。以上三类事由分别对应不同的法院救济措施。相同的是,针对上述申请,法院均可做出全部或部分撤销裁决之决定;不同的是,质疑管辖权和针对法律问题的上诉都可以获得变更裁决书的救济,裁决严重不正常和针对法律问题的上诉都可以获得发回仲裁庭重新仲裁的救济,而只有裁决严重不正常才可能获得宣布裁决无效的救济。但是,无论如何,仲裁裁决被撤销、宣布无效和发回重审,都将阻却裁决的效力。

　　当然,上述三类救济方式也只适用于仲裁地在英国的国内商事仲裁裁决或国际商事仲裁裁决,而对于仲裁地不在英国的国际商事仲裁裁决而言,其在英国申请执行时所能获得的救济方式也同样只能是拒绝承认与执行。1996 年的《英国仲裁法》第 66 条规定了裁决书在英国的执行,该条同时适用于仲裁地在英国或其他外国的裁决书。1996 年的《英国仲裁法》第 66(1)条说明,在获得法院的批文后,裁决书可以像法院判决书一样得到执行;1996 年的《英国仲裁法》第 66(2)条说明,在法院的批准下,裁决书可以变为判决书,而此种做法有利于英国裁决书在非《纽约公约》缔约国或与英国有相互承认法院判决之传统的国家的执行①;1996 年的《英国仲裁法》第 66(3)条说明,针对缺乏管辖权的仲裁庭,英国法院将拒绝执行其裁决;1996 年的《英国仲裁法》第 66(4)条说明,外国裁决书可依《纽约公约》得到承认与执行。此外,在英国,依据《日内瓦公约》和《纽约公约》来执行仲裁地在英国以外的国际仲裁裁决的具体程序要求等内容被规定在 1996 年的《英国仲裁法》第 99—104 条。同时,英国做出了互惠保留,即只有其他缔约国作出的裁决书,才可以在英国依据公约获得承认与执行。1996 年的《英国仲裁法》第 103 条规定了拒绝承认与执行仲裁裁决的情形,内容与《纽约公约》第 5 条雷同,并且 1996 年的《英国仲裁法》第 103(5)条规定,如果裁决被仲裁地法院撤销,那么英国法院可中止承认与执行该裁决,这与《纽约公约》第 6 条的规定雷同。因此,针对仲裁地在英国以外的国际仲裁裁决,拒绝承认与执行裁决之决定也会产生阻却裁决效力之效果。

　　(二) 美国的效力阻却制度

　　《美国联邦仲裁法》(FAA)第 9 条规定:"如果当事人在协议中已经约定应对仲裁裁决进行判决登记,并且指定了进行登记的法院,则在仲裁裁决作出后 1 年内,任何当事人可以随时请求指定的法院发布命令确认裁决,除非裁决依照本法第 10 条和第 11 条的规定而被撤销、修改或更正,法院必须发出确认的命令。……"《美国联邦仲裁法》第 10 条规定了法院需要撤销裁决的各种情形:(1)裁决以徇私舞弊、欺诈或者不正当的方式取得;(2)仲裁员全体或者任何一人显然有偏袒或者徇私舞弊之情形;(3)仲裁员有拒绝合理的展期审理的请求的不当行为,有拒绝审理与争议有关的和实质的证据的不当行为,或者有损害当事人的权利的任何其他不当行为;(4)仲裁员超越权力,或者没有充分运用权力,以至于对提交的争议事

---

　　①　参见杨良宜等:《仲裁法——从 1996 年英国仲裁法到国际商务仲裁》,北京:法律出版社 2006 年版,第 234 页。

项没有作出共同的、终局的和确定的裁决;(5)裁决已经被撤销,但是协议规定的裁决的期限尚未终了,法院可以斟酌指示仲裁员重新审理。此外,美国法院发展了几个非成文法的、普通法上的依《美国联邦仲裁法》第9条和第10条撤销仲裁裁决的理由。[①] 首先,尽管《美国联邦仲裁法》第10条并未包含明确的类似于《纽约公约》第5条第2款(乙)项的公共政策例外之规定,但是违反公共政策的裁决是可以依第10条被撤销的。其次,大部分的下级法院认为,如果仲裁裁决"显然漠视法律"(manifest disregard of law),那么该裁决可以被撤销。最后,如果仲裁裁决涉及不可仲裁事项,那么该裁决也无需得到执行。

《美国联邦仲裁法》第9条和第10条除适用于内国裁决外,还直接适用于影响美国对外商事但又不受《纽约公约》或《巴拿马公约》支配的国际仲裁裁决。《美国联邦仲裁法》第10条所规定的当事人申请撤销裁决的救济措施,能够发挥阻却裁决效力的作用。《美国联邦仲裁法》第9条所规定的"确认"(confirm)仲裁裁决是指,如果仲裁裁决为美国法院所确认,那么该裁决就成为做出确认的法院之判决。[②] 与英国的做法相同,美国也是将裁决转化成判决,此种做法之作用是赋予裁决以法院判决的效力,从而使裁决获得执行力,并在一定条件下(如与美国订立有相互承认判决条约的外国裁决)便利裁决的执行,而非以此形式赋予裁决以拘束力。因此,裁决未获法院确认也不影响裁决的拘束效力,当事人仍可在其他法院申请执行裁决。与此相对的,更为直接地阻却裁决效力的制度就是拒绝承认与执行仲裁裁决。《美国联邦仲裁法》通过第207条、第304条等条文的规定,将《纽约公约》第3条及第5条和《巴拿马公约》第4条及第5条有关裁决的承认与执行的规定转化为国内立法,并列明了拒绝执行这些公约裁决的具体情形,以阻却公约裁决的效力。

上述立法表明,国际商事仲裁裁决的效力之所以会被阻却,是因为法院对裁决可以行使司法监督权,而这样的法院又可以被分为如下两类:第一类是主要的法院,即仲裁地点的法院,其有责任监督仲裁程序的公正与顺利推进,并在裁决书有严重的缺陷时撤销它;第二类是次要的法院,即执

---

① 丁颖:《美国商事仲裁制度研究——以仲裁协议和仲裁裁决为中心》,武汉:武汉大学出版社2007年版,第274页。

② 丁颖:《美国商事仲裁制度研究——以仲裁协议和仲裁裁决为中心》,武汉:武汉大学出版社2007年版,第262页。

行地的法院①，其只能就裁决做出是否承认与执行的决定，但无权撤销裁决。虽然各国立法所规定的阻却裁决效力制度之类型有所不同，但是在国际范围内，就阻却国际裁决效力制度所达成的共识首先是撤销仲裁裁决，其次就是拒绝承认与执行仲裁裁决。

　　说到国际商事仲裁裁决的承认与执行，不得不提的就是《纽约公约》在鼓励缔约国支持裁决书的执行方面做出的重大贡献。《纽约公约》第5条规定了7种拒绝承认与执行的理由②，虽然这7种理由通常被解释为执行地法院享有接受或不接受的自由裁量权，但是它们是仅有的理由，缔约国不得任意增加。以上这种限制不仅促进了裁决执行率的提升，而且说明了如果败诉方在执行阶段才对裁决书提出异议，那么执行地法院仅能提供的帮助就是在上述7种有限的理由之下拒绝执行裁决。《纽约公约》在第5条第1款（戊）项提到了撤销裁决的主管机关，但其未对撤销的理由做出规定，即撤销的理由完全由各国立法加以规定。为了统一救济途径，联合国《国际商事仲裁示范法》第34条明确规定了与《纽约公约》第5条相雷同的撤销理由。③ 虽然联合国《国际商事仲裁示范法》不如《纽约公约》那样具

----

①　杨良宜、莫世杰、杨大明：《仲裁法——从开庭审理到裁决书的作出与执行》，北京：法律出版社2010年版，第676页。

②　《纽约公约》第5条："一、裁决唯有于受裁决援用之一造向申请承认及执行地之主管机关提具证据证明有下列情形之一时，始得依该造之请求，拒予承认及执行：（甲）第二条所称协定之当事人依对其适用之法律有某种无行为能力情形者，或该项协定依当事人作为协定准据之法律系属无效，或未指明以何法律为准时，依裁决地所在国法律系属无效者；（乙）受裁决援用之一造未接获关于指派仲裁员或仲裁程序之适当通知，或因他故，致未能申辩者；（丙）裁决所处理之争议非为交付仲裁之标的或不在其条款之列，或裁决载有关于交付仲裁范围以外事项之决定者，但交付仲裁事项之决定可与未交付仲裁之事项划分时，裁决中关于交付仲裁事项之决定部分得予承认及执行；（丁）仲裁机关之组成或仲裁程序与各造间之协议不符，或无协议而与仲裁地所在国法律不符者；（戊）裁决对各造尚无拘束力，或业经裁决地所在国或裁决所依据法律之国家之主管机关撤销或停止执行者。二、倘申请承认及执行地所在国之主管机关认定有下列情形之一，亦得拒不承认及执行仲裁裁决：（甲）依该国法律，争议事项系不能以仲裁解决者；（乙）承认或执行裁决有违该国公共政策者。"

③　联合国《国际商事仲裁示范法》第34(2)："有下列情形之一的，仲裁裁决才可以被第6条规定的法院撤销：（a）提出申请的当事人提出证据，证明有下列任何情况：（ⅰ）第7条所指仲裁协议的当事人有某种无行为能力情形；或者根据各方当事人所同意遵守的法律或在未指明法律的情况下根据本国法律，该协议是无效的；（ⅱ）未向提出申请的当事人发出指定仲裁员的适当通知或仲裁程序的适当通知，或因他故致使其不能陈述案情；或（ⅲ）裁决处理的争议不是提交仲裁意图裁定的事项或不在提交仲裁的范围之列，或者裁决书中内含对提交仲裁的范围以外事项的决定；如果对提交仲裁的事项所做的决定可以与对未提交仲裁的事项所做的决定互为划分，仅可以撤销含有对未提交仲裁的事项所做的决定的那部分裁决；或（ⅳ）仲裁庭的组成或仲裁程序与当事人的约定不一致，除非此种约定与当事人不得背离的本法规定相抵触；无此种约定时，与本法不符；或（b）法院认定有下列任何情形：（ⅰ）根据本国的法律，争议事项不能通过仲裁解决；或（ⅱ）该裁决与本国的公共政策相抵触。"

有强制效力,但是其在协调撤销仲裁裁决的理由与拒绝承认和执行裁决的理由方面迈出了重要一步。为更深入地阐明各种类型的裁决效力阻却制度的本质及其国别异同,下文将进行更为详细的比较考察。

第二节 宣布裁决无效或撤销裁决

在国际商事仲裁裁决效力阻却制度的规定方面,各国的立法各具特色,但是宣布裁决无效或撤销裁决几乎被各国公认为是相当重要的效力阻却制度。依据前文观点,仲裁裁决自作出之日起产生效力,《纽约公约》称此种效力为"拘束力",其他的国内立法也有称之为既判力的。赋予仲裁裁决以效力是确保裁决具有终局性和实现当事人利益,从而保障仲裁的独立解纷之地位的基石。那么,法院何以宣布裁决无效或撤销裁决是正当的?哪些法院可以做出上述决定? 裁决无效或被撤销的后果如何? 这些皆属于基础理论问题,下文将就这些问题一一做出解答,并概述主要国家宣布裁决无效或撤销裁决制度的立法模式。

一、宣布裁决无效或撤销裁决的本质

在诉讼法领域,受审级制度之影响,各国都规定了特点鲜明的判决救济途径。例如,依据救济途径所涉及的范围之不同,《法国民事诉讼法》将救济途径分为普通救济途径和特殊救济途径,其第 527 条规定:"普通救济途径是指向上诉法院上诉(*appel*)和对缺席判决提出异议(opposition);特殊救济途径是指第三人异议(tiece-opposition)、再审之诉(*recours en révision*)和上告(*pourvoi en cassation*)。"《德国民事诉讼法》向当事人展示了对法院裁判声明不服的不同可能性。例如,通过申诉,当事人可以实现撤销缺席判决之目的;即使判决已经产生既判力,法院也可以在特定的前提下以再审程序对其进行纠正;以及当事人可以使用被总结为法律救济(*Rechtsbehelf*)手段主要种类之一的上诉手段(*Rechtsmittel*)。[①] 然而,仲裁毕竟不同于诉讼。一方面,并不是所有适用于判决的救济途径均可适用于裁决;另一方面,即使救济途径相同,裁决的适用条件一般比判决更苛刻。例如,《法国民事诉讼法》规定,当事人不得对仲裁裁决提出缺席异议,

---

① 参见〔德〕汉斯-约阿希姆·穆泽拉克:《德国民事诉讼法基础教程》,周翠译,北京:中国政法大学出版社 2005 年版,第 292 页。

因为仲裁协议的存在就等同于当事人的出席,它体现了当事人的共同意志。同时,由于仲裁裁决是一种一审裁决,因此当事人不得向最高法院提起上告,但利害关系人可以提出第三人异议和提起再审之诉。① 当事人不能直接就国际裁决和外国裁决在法国法院提起上诉,其只能就法国法院作出的、与承认或执行仲裁裁决有关的裁定提起上诉。作为例外,当事人可以就那些在法国境内作出的国际仲裁裁决提起撤销之诉,但是其不得就那些在境外作出的国际裁决提起撤销之诉。那么,仲裁裁决与判决的救济途径既有相同之处又有不同之处的原因何在? 国内裁决与国际裁决的救济途径之区分标准何在? 鉴于本节只讨论宣布裁决无效或撤销裁决,因此下文仅在此范围内进行探讨。

首先,仲裁的一裁终局之特征决定了撤销裁决成为了主要的救济途径,并且撤销权由法院行使。《法国民事诉讼法》和《德国民事诉讼法》均规定了若干针对判决的救济途径,但仲裁裁决的救济途径却比较单一,如《法国民事诉讼法》规定的上诉、撤销之诉、再审之诉等。当事人不得就裁决向最高法院提起上告,因为仲裁裁决是一种一审裁决。② 并且,随着 2011 年的《仲裁改革法令》之颁布,针对裁决提起上诉的救济途径已经由当事人"选择排除"转变为当事人"选择适用",当然适用的原则之取消使相关的救济途径之地位明显下降,撤销裁决从而成为了裁决的主要救济方式。因为在法国,上诉发生移送审查之效果,所以法官享有全面的裁判权,其有权重新对案件进行审理;而受理撤销的法官仅有权对判决进行审理,并仅可撤销或拒绝撤销判决。③ 对当事人仲裁裁决上诉权的限制,就是对一裁终局制度的保障,因此撤销裁决成为能够获得一致认可的裁决救济途径。

一裁终局制度的另一个含义是,仲裁庭一旦作出裁决,其职责就履行完毕。从理论上讲,随着裁决书的签发,仲裁庭即告解散,其不可能有机会重新考虑裁决。④ 此外,仲裁机构具有民间性和独立性,其不存在如同法院那样的审级制度,因此当事人无法就裁决向仲裁庭提出进一步的申诉。

---

① 参见〔法〕洛伊克·卡迪耶:《法国民事司法法》,杨艺宁译,北京:中国政法大学出版社2010 年版,第 704 页和第 706 页。

② 同上,第 706 页。在法国,上告是一种针对判决法律部分的审查,其不会涉及判决的事实部分,因此这种救济途径也不具有普遍性。

③ 参见〔法〕洛伊克·卡迪耶:《法国民事司法法》,杨艺宁译,北京:中国政法大学出版社2010 年版,第 543 页。

④ 各国的立法一般也都规定了仲裁庭可以对裁决书的错误进行补正,但补正裁决书与仲裁庭重新考虑裁判事实或理由不同,详细论证参见杨桦:《重裁事由的问题与主义——基本域外经验与本土实践的考察》,《国际经济法学刊》,2019 年第 1 期,第 133—134 页。

但是,如果裁决的确存在重大瑕疵,那么在一定条件下,赋予当事人以必要的裁决救济权之做法应当是公正与效率价值衡平的程序目标之体现。在仲裁庭的职责已经履行完毕甚至无法重新组成仲裁庭的情况下,能持续地提供令当事人信服的最终定论的主体非法院莫属。因此,当事人申请撤销裁决之行为可被视为是在行使裁决救济权;同时,法院做出撤销裁决与否的决定之行为又可被视为是在行使司法监督权。

其次,由于撤销裁决的权力之行使受地域限制,因此撤销裁决在国际仲裁领域的适用受限。尽管学者们倡导仲裁“非地方化”理论的努力从未停止过,但是国际立法(如《纽约公约》《国际商事仲裁示范法》等)与国内立法都不约而同地将撤销裁决的权力授予了仲裁地法院。例如,《法国民事诉讼法》第 1518 条规定,针对在法国境内作出的国际仲裁裁决,提起撤销之诉是当事人唯一可以获得的裁决救济途径。上述规定一方面证实了上文观点——撤销裁决是国际仲裁领域最重要的裁决救济手段,另一方面也说明,当事人不得就那些在法国境外作出的国际仲裁裁决和外国裁决提起撤销之诉。[①] 上述假设的前提就是,裁决与仲裁地法律的联系最为密切,对仲裁地法律秩序的影响也最为重大,因此由仲裁地法院行使撤销权具有正当性。[②]

最后,撤销裁决的后果也具有地域性。一方面,裁决是否具有国际性会影响撤销的后果。例如,《法国民事诉讼法》第 1493 条规定,国内裁决被法院撤销的,法院应在仲裁员的任务范围内,在使当事人得以进行实体答辩的情况下,作出实体判决。针对国际裁决,在撤销仲裁裁决后,上诉法院不得就争议的实体作出判决,当事人回到事前状态。相反,如果上诉法院驳回了当事人的撤销仲裁裁决之请求,那么该驳回裁定就会使仲裁裁决中的没有被撤销之部分获得完全的执行效力。[③] 另一方面,针对撤销国际裁决的效力之地域范围,既有学者主张撤销国际裁决的效力应及于全球,并获得各国的尊重,又有学者主张其效力仅及于撤销地国。由于裁决仍然存在,因此其具有被其他国家法院承认与执行的可能性,并且在司法实践领域能够得到前述 Chromalloy 案、Hilmarton 案、Dallah 案等实例之佐证。

---

① 参见〔法〕洛伊克·卡迪耶:《法国民事司法法》,杨艺宁译,北京:中国政法大学出版社 2010 年版,第 716 页。

② 当然,更为周密的表述应当是,仲裁地法院与当事人选择适用法律的法院都享有撤销裁决的权力。

③ 参见〔法〕洛伊克·卡迪耶:《法国民事司法法》,杨艺宁译,北京:中国政法大学出版社 2010 年版,第 717 页。

《德国民事诉讼法》第 1059(5)条规定,如果当事人无相反约定,那么撤销裁决应导致当事人的仲裁协议重新产生效力。裁决被撤销应意味着裁决失去效力,即仲裁裁决无效,且依笔者之见,在论及撤销裁决和宣布裁决无效时,学者们常常将二者交替使用,而无严格区分,本章亦采此种方式。

二、宣布裁决无效或撤销裁决的立法模式

对于大陆法系的诉讼法学界而言,民事诉讼行为理论已经成为一种有效的分析模型。例如,大陆法系的学者通常认为,按评价任务和目的之不同,民事诉讼行为的评价可以被细分为四种类型,即成立或不成立、合法或不合法、有效或无效、有理由或无理由,分别对应着是否成立解决诉讼法律事实是否存在的问题、是否合法解决诉讼行为是否合法律的问题、是否有效解决诉讼行为能否发生行为人预期效果的问题、是否有理由解决诉讼主张能否获得法院支持的问题。[①] 其中,民事诉讼行为是否有效是传统意义上的重点问题之一,其内容主要是对当事人和法院的能够在诉讼法上引起一定效果之行为进行合法性评价。诉讼行为理论下的诉讼行为评价体系之构建是民事诉讼法学精致化发展的必由之路,并且与我国学者常使用的程序价值论等宏观分析模型相比,此种理论模型更为科学有效。前文已述,各国的仲裁制度深受本国的诉讼制度之影响,即使在国际仲裁领域,诉讼制度的烙印甚至立法模式之间的博弈仍清晰可见。因此,诉讼行为无效制度为宣布裁决无效或撤销裁决制度提供了直接的制度理论基础。

一方面,民事诉讼行为无效理论构建了宣布裁决无效或撤销裁决的基本原则和程序。民事诉讼行为的无效与民事行为的无效不同,为保证程序的安定性,诉讼行为以"相对无效为原则,绝对无效为例外",即民事诉讼行为在实施完毕后一般被推定为有效,其只有经过法定程序(如责问、撤销等)确认后才能被认定为无效,且无效的瑕疵在一定条件下还可以得到补正。相反,民事行为以"绝对无效为原则,相对无效为例外"。确认民事诉讼行为无效的程序之启动主要有两种方式,一种是当事人申请,另一种是由法院依职权进行。在上述诉讼理念的影响下,此处仅将联合国《国际商事仲裁示范法》第 34 条对撤销裁决的规定作为例证,该条第 1 款和第 3 款对撤销权行使的限制、第 2 款"依当事人申请"和"法院依职权"审查相关事由的结构以及第 4 款对瑕疵补正的规定,无不体现了诉讼行为无效制度对

---

① 参见王德新:《民事诉讼行为法律评价体系之构建》,《时代法学》,2013 年第 3 期,第 31 页。

撤销裁决制度的影响。

另一方面,民事诉讼行为无效事由的立法模式为宣布裁决无效或撤销裁决的事由提供了有益参照。依据不同的标准,诉讼行为无效的类型可以被划分为法定无效与实质无效、私益性无效与公益性无效、全部无效与部分无效、绝对无效与相对无效。[①] 以"条文无规定,无效不成立"为原则的法国立法模式和以"利益未损害,无效不成立"为原则的德国立法模式,不仅为诉讼行为无效事由提供了判断标准,而且为宣布裁决无效或撤销裁决事由提供了参照蓝本,下文将详述之。

(一)法国立法模式

《法国民事诉讼法》第117条规定:"有下列情形之一的,构成影响诉讼行为效力的实体不合规:当事人不具备诉讼能力(*capacité d'ester en justice*);当事人不具备诉讼权力,或者以代理人身份(被代理人可以是法人,也可以是无行为能力的自然人)参与诉讼的人不具备诉讼权力;代表当事人参与诉讼的代理人不具备诉讼能力或者诉讼权力。"此外,判例法规定的实体不合规之情形还包括司法执达员在其住所地之外进行送达,以及传票未载明任何请求。与法律行为一样,如果诉讼人不具备行为能力或者权利,那么其诉讼行为即告无效,其可以通过程序抗辩制度(*exception de procédure*)来寻求救济。[②]《法国民事诉讼法》第112—116条规定了通知形式的不合规引起通知行为无效的一系列规则,如诉讼文书的瑕疵等。但是,形式不合规的抗辩制度与实质不合规的抗辩制度之规则不同,前者需要满足如下两个条件:一是提出行为无效请求的一方当事人必须举证证明行为形式上的不合规性对其造成的损害,即"无损害则有效";二是当事人只能在法律有明确规定的情况下,才能提出诉讼行为无效的主张,即"法无据者,不得主张无效",但"诉讼行为未遵守实质性程序或违反公共秩序"的除外。[③] 此外,《法国民事诉讼法》第430条、第446条、第458条等条款也规定,在审判庭组成不合法、庭审公开性方面不合法、注明法官姓名的规定不合法等情况下,法院可以通过法定程序来宣告诉讼行为无效。

上述诉讼行为无效事由可类比于《法国民事诉讼法》第1492条关于撤销国内仲裁裁决的规定(如仲裁庭错误组成、裁决违反公共秩序、仲裁员未

---

① 参见王德新:《民事诉讼行为的无效及确认程序——以法院的诉讼行为无效为中心》,《河北科技大学学报(社会科学版)》,2011年第2期,第49—51页。

② 参见〔法〕洛伊克·卡迪耶:《法国民事司法法》,杨艺宁译,北京:中国政法大学出版社2010年版,第346—348页。

③ 同上,第395—396页。

在裁决书上签名等），以及第 1520 条关于撤销在法国境内作出的国际裁决的规定（如仲裁庭错误组成、承认或执行裁决违反国际公共政策等）。除了事由具有相似性，以上二者在适用的原则方面也都规定，非经法定程序和条件之认可，法院不得撤销裁决。

（二）德国立法模式

《德国民事诉讼法》规定的宣布裁决无效之模式被学者称为利益衡量无效模式，即法律不对各种诉讼行为的无效进行列举性规定，而是只在上诉理由和再审理由中规定可撤销的法院诉讼行为。在判断诉讼行为是否有效时，法官不仅要依据法律条文的规定，而且需综合考虑法条背后的利益基础、法律秩序、司法政策等因素，从而做到"利益未损害，无效不成立"。[①] 前述原则实际上与法国的立法亦有相似之处，虽然后者在诉讼行为的无效类型方面做了更明确的分类和更详尽的列举，但是因形式不合规而宣布诉讼行为无效仍需满足"利益受到损害"这一条件，这与德国的立法原则是一致的。因此，在保障程序安定的共同理念之下，各方能够达成"利益受损"的共识原则也不足为奇。

《德国民事诉讼法》第 1059（2）条规定的撤销裁决事由除了在具体事由上与法国相类似（包括仲裁庭组成错误、承认或执行仲裁裁决有违公共秩序等）外，其区分"依当事人申请"和"法院依职权"审查相关事由的整体结构也明显受到了诉讼行为无效制度之影响。

第三节　拒绝承认与执行仲裁裁决

虽然宣布裁决无效或撤销裁决被多数国家认可为是阻却裁决效力的重要制度，但是在国际仲裁领域，其作用常常因跨越国界而受阻，仲裁地国法院作出的撤销裁决判决不一定能在执行地国获得必然之承认。此外，即使仲裁地法院承认裁决的效力，执行地法院也仍有可能基于独立判断而拒绝承认与执行裁决，毕竟对于执行地法院而言，阻却裁决效力的最有效方式就是拒绝承认与执行裁决。拒绝承认与执行裁决和撤销裁决之间既有着显而易见的区分，又有着不易厘清的纠葛。那么，如何认识此种纠葛，以及是否有行之有效的解决之道呢？下文将试析之。

---

① 参见王德新：《民事诉讼行为的无效及确认程序——以法院的诉讼行为无效为中心》，《河北科技大学学报（社会科学版）》，2011 年第 2 期，第 50 页。

一、拒绝承认/执行裁决与撤销裁决之区分

国际商事仲裁裁决的国籍国是裁决效力的直接来源,对其效力进行否定(亦即撤销仲裁裁决)的权力理应由国籍国行使。然而,由于各国的司法主权具有独立性,因此被请求地国法院并不当然地听从仲裁地国法院撤销仲裁裁决的决定,它没有义务与此保持一致;同时,仲裁地国法院撤销仲裁裁决之决定,也并不妨碍胜诉的当事人去仲裁地国以外的其他国家寻求获得对这一被撤销之仲裁裁决的承认与执行。① 因此,当被申请承认与执行地和裁决作出地及仲裁程序适用法律地分属不同法域时,被申请承认与执行地的法律将成为影响国际商事仲裁裁决效力的重要因素。而且,在实践中,被申请承认与执行地法律对裁决效力的影响不可小觑,因为裁决内容的实现与当事人权利的真正实现正是依靠该地法律。如果裁决被拒绝承认与执行,那么对于当事人而言,即使裁决被其国籍国法律认定为有效,其也因不能实现效力而如同废纸一张。

《纽约公约》第5条和联合国《国际商事仲裁示范法》第36条的规定都试图统一各国对"被请求国可以拒绝承认与执行裁决情况"之认识。然而,由于各国对条约用语的解释不同,因此他们在实践中产生了认识分歧,从而导致部分已在某国被撤销的裁决却在另一国获得承认与执行。学界通常将上述现象出现的根源归结为《纽约公约》第5条第1款中的"may"语焉不详,即究竟是应采用授权性规范解释("可以"),还是应采用强制性规范解释("必须")。② 由上述这种解释偏差所引发的争议案件包括前述的Chromalloy案、Hilmarton案、Dallah案等。面对此种困境,"非地方化理论"的倡导者再次主张国家法院不能行使撤销的权力,对国际商事仲裁裁决的唯一补救办法就是拒绝执行该裁决③,即对裁决的监督由"双重监督"(裁决国籍国和承认与执行地)变为"单一监督"(承认与执行地),这对应了《日内瓦公约》到《纽约公约》的立场转变。但是,如前所述,多数国家仍将撤销裁决视为主要的阻却裁决效力的制度。即使作为Hilmarton案制造者的法国不认可裁决国籍国撤销裁决的效力,其国内立法也并未取消裁决

---

① 张潇剑:《被撤销之国际商事仲裁裁决的承认与执行》,《中外法学》,2006年第3期,第372页。

② 参见黄雁明:《〈纽约公约〉第5条第1款中的"May"——读书札记》,《北京仲裁》,第64辑,第169—174页。

③ 赵秀文:《论国际商事仲裁裁决的国籍及其撤销的理论与实践》,《法制与社会发展》,2002年第1期,第76页。

撤销制度，《法国民事诉讼法》第 1504 条与第 1506 条不厌其烦地对仲裁裁决撤销制度进行了详细规定。[①] 面对实务界向传统理论"不可执行论"（"如果一个裁决被裁决地国撤销，那么其就不能在他国得到执行"）发起的挑战，理论界的部分学者主张在一定的前提或条件下，裁决被撤销并不当然构成一国拒绝承认与执行外国仲裁裁决的理由。例如，若作出撤销裁决的判决在程序上不公正或违背基本正义的理念，则该已被撤销的裁决仍可具有执行力。[②] 以上这些零星的观点或主张在帮助我们了解两种制度间的区分及其意义方面具有启示作用。

第一，也是最重要的，就是拒绝承认/执行裁决与撤销裁决的后果有很大不同。撤销裁决与拒绝承认/执行裁决在法律后果上有本质的区别。如果一国法院拒绝执行一项仲裁裁决，那么其判决仅在本国之内产生拒绝承认/执行的效果，而不会发生宣告裁决无效或消灭裁决的效果。如果法院做出不予执行仲裁裁决的决定，那么其否定的也只是仲裁裁决的强制执行力，该决定并不会对仲裁裁决的其他效力产生影响。实际上，该仲裁裁决仍然是具有法律效力的裁决[③]，且法院的决定并不影响当事人在其他国家继续申请强制执行裁决的权利。在国际商事仲裁实务中，只要败诉方在多个国家都有可供执行的财产，胜诉方就会挨个挑选法院提交申请，直到裁决被强制履行。当然，如果申请承认与执行地是败诉方的唯一财产所在地，而该地法院又拒绝执行仲裁裁决，那么对于胜诉方来说，这就是致命的，其后果等同于对仲裁裁决效力的全面否定，除非败诉方还能自愿接受这一自然债务。

如果裁决被有关法院（多数为仲裁地法院）宣布无效或撤销，那么这表明裁决停止产生效力或裁决不存在了，至少是在仲裁地不存在了，就如同上诉法院作出撤销初审法院判决之效果。当裁决在其他国家被申请承认/执行时，被执行人也能够以此为由来抗辩裁决的承认/执行。在《纽约公约》生效后的一段时间内，尽管没有经过充分论证，但是"裁决被仲裁地宣布无效后，任何地方都拒绝承认其效力"是被普遍接受的观点。

第二，对于拒绝承认/执行裁决与撤销裁决而言，拥有权限的法院不完全相同。前文已述及，行使撤销权的法院通常为仲裁地国法院，而当事人

---

① 谢新胜：《论争中的已撤销国际商事仲裁裁决之承认与执行》，《北京仲裁》，第 63 辑，第 79 页。

② 李沣桦：《已撤销商事仲裁裁决之承认与执行实证研究——以 Chromalloy 案为例对〈纽约公约〉的适用分析》，《北京仲裁》，第 66 辑，第 116—117 页。

③ 韩红俊：《仲裁裁决不予执行的司法审查研究》，《河北法学》，2010 年第 7 期，第 94 页。

选择的执行地法院既有可能是仲裁地法院,又有可能是其他法院。

纵使撤销裁决与拒绝承认/执行裁决存在诸多差异,但是这些差异有时也确实被夸大了,尤其是涉及到撤销裁决的判决和拒绝承认/执行裁决的判决之域外效力时,上述差异实际上是有可能忽略不计的。① 当裁决被仲裁地以外的法院拒绝承认/执行时,拒绝裁定能否产生域外效力实际上是一个国际私法问题,其通常受到当地法律或执行外国判决的有关条约之规制。如果法院依据《纽约公约》第5(1)条的规定拒绝承认/执行裁决,那么其应排除当事人在其他潜在的承认/执行地法院再重提争议。② 如果以上结论得到认同,那么撤销裁决与拒绝承认/执行裁决之间的差异就没想象中那么重要。反之,裁决被仲裁地法院撤销后,撤销裁定能否产生域外效力呢? 前文所列案例已清晰表明,仲裁地以外的其他法院仍然会选择承认/执行裁决。尤其是在仲裁地法院依据本国公共政策、不可仲裁性的规定、本国法律允许对裁决的实体问题进行复审等事由撤销裁决之情况下,外国法院享有承认裁决的自由。因此,无论法院是做出拒绝承认/执行裁决的决定,还是做出撤销裁决的决定,在域外效力的不确定性上,二者都是极为相似的。

综上所述,尽管《纽约公约》对拒绝承认/执行裁决的条件进行了明确限制,但是即使是缔约国,其对“公共政策”和“可仲裁性”的解释也有可能不同,从而造成执行问题上的实质性差别,并阻却裁决的效力。再者,以上述先例为证,即使裁决在仲裁地法院被撤销,其也有可能在执行地获得执行。这种撤销制度与执行制度的错位和不协调,导致有学者提出了取消拒绝承认/执行裁决制度的激进观点,他们认为如果只是确保裁决应受必要的司法监督,那么保留撤销裁决制度就能达到目的。当然,也有完全相反的观点。“非地方化”理论认为,仲裁地与执行地的双重司法监督可以转变为执行地的单一司法监督模式,即保留拒绝承认/执行裁决制度而取消撤销裁决制度。笔者认为,基于前文已论及的拒绝承认/执行裁决与撤销裁决间的实质区别以及如今国际商事仲裁体制的发展,取消拒绝承认/执行裁决制度尚不现实。然而,从既有的制定法层面看,在拒绝承认/执行裁决与撤销裁决之间做出协调则不仅是可能的,而是是必要的。

---

① See Gary B. Born, *International Commercial Arbitration*, Hague: Kluwer Law International, 2009, p. 2674.

② 《纽约公约》第5(2)条规定了不可仲裁性和违背仲裁地公共政策这两种情形,但因为这两种情形具有极强的地方色彩,所以我们认为,依此两项事由拒绝承认/执行裁决的决定一般不具排除效力。

二、拒绝承认/执行裁决与撤销裁决之协调

通常认为,《纽约公约》只是致力于统一拒绝承认/执行裁决的理由,而联合国《国际商事仲裁示范法》则做出了进一步的尝试,其不仅明确了撤销裁决是当事人行使追诉权的唯一途径,而且详尽无疑地列出了撤销的理由。这些撤销理由被规定在联合国《国际商事仲裁示范法》第34(2)条之中,它们与第36(1)条的拒绝承认/执行裁决之理由是一样的,而这些理由又都是照搬了《纽约公约》第5条的拒绝承认/执行裁决之规定。联合国《国际商事仲裁示范法》以相同的理由规制法院撤销裁决和拒绝承认/执行裁决的行为之做法,至少消除了仲裁地法院与执行地法院在司法审查依据上的冲突。至于条文解释上的差异,这不是联合国《国际商事仲裁示范法》所能解决的问题。盛名之下的《纽约公约》第5(1)(e)条相当明确地规定,如果裁决被仲裁地法院撤销,那么其他缔约国法院可以拒绝承认裁决,但是其既未要求拒绝承认裁决,又未就什么时候拒绝承认是合理的、什么时候是不合理的制定一套清晰标准。Van deng Berg 教授曾在 2008 年提出了《新纽约公约》的设想,其中的第 5(3)条明确规定了撤销裁决的理由与拒绝承认/执行裁决的理由相同,第6(1)条规定了如果撤销裁决的申请在仲裁地国处于未决状态,那么被请求执行的法院有权决定是否延缓关于执行裁决的决定。由此看来,学界也已认识到协调撤销裁决制度与拒绝承认/执行制度之必要性。

(一) 大陆法系之协调制度

如果我们认为国际商事仲裁裁决撤销制度与拒绝承认/执行制度在国际范围内的协调尚需获得更多的共识,或者我们需对《纽约公约》进行现代化改革,那么各国国内对二者的协调则较易实现。

法国对撤销裁决与拒绝承认/执行裁决制度之协调至少体现在如下两个方面:第一,撤销裁决与拒绝承认/执行裁决事由之间的协调。《法国民事诉讼法》第1492条规定的撤销国内仲裁裁决的事由包括仲裁庭错误行使或放弃管辖权、仲裁庭错误组成、仲裁庭超越授权、仲裁程序违法、仲裁裁决违反公共政策、仲裁裁决未说明理由或仲裁员未署名和签署日期、仲裁裁决不是依多数意见作出等。《法国民事诉讼法》第1520条规定的撤销仲裁地在法国的国际裁决的事由包括仲裁庭错误行使或放弃管辖权、仲裁庭错误组成、仲裁庭超越授权、仲裁程序违法、承认/执行仲裁裁决违反国际公共政策等。关于拒绝承认/执行在法国境内作出的国际裁决之事由,虽然法律未明确列举,但是《法国民事诉讼法》第1522(2)条规定,即使当

事人放弃了申请撤销裁决的权利,其也依然可以依据第 1520 条所列的事由,就执行裁决的命令提起上诉。此外,《法国民事诉讼法》第 1525 条规定,如果法院拒绝承认/执行仲裁地在法国以外的国际裁决,那么当事人可以提起上诉,并且上诉法院可以依据第 1520 条所列的事由拒绝承认/执行裁决。

第二,撤销裁决与拒绝承认/执行裁决制度间的衔接协调。撤销之诉的逻辑后果是,如果承认或执行裁定的法官已经宣布其承认或执行裁定,那么提起裁决撤销之诉就意味着,当事人对该法官的承认或执行裁定提起了上诉;或者如果法官尚未宣布其承认或执行裁定,那么提起撤销之诉就意味着,承认或执行裁定的法官无权再审理案件。①

德国对撤销裁决与拒绝承认/执行裁决制度之协调亦至少体现在如下两个方面:第一,撤销裁决与拒绝承认/执行裁决事由之间的协调。《德国民事诉讼法》第 1059(2)条规定的撤销国内裁决的事由包括当事人无行为能力或仲裁协议无效、当事人未被给予指定仲裁员和适用仲裁程序的适当通知或未能陈述意见、裁决内容超出仲裁协议范围、仲裁庭组成或者仲裁程序违反法律或仲裁协议、争议事项不可仲裁、承认/执行裁决违反公共政策。《德国民事诉讼法》第 1060(2)条规定,如果第 1059(2)条所列之情形出现,那么法院可以拒绝承认/执行国内裁决。但是,如果裁决已获承认/执行,那么基于上述事由提起的撤销裁决申请应被拒绝。而且,在《德国民事诉讼法》第 1059(3)条规定的提起撤销之诉的期限届满时,当事人仍未依据无行为能力或仲裁协议无效提起撤销之诉的,其在承认/执行阶段就不可再以此为由,提出拒绝承认/执行的申请。

第二,撤销裁决与拒绝承认/执行裁决程序间的衔接协调。《德国民事诉讼法》第 1059(3)条规定,仲裁裁决在被德国法院宣布可以执行后,当事人不能再提起撤销裁决的申请,但是执行异议之诉是可以被提起的。同时,根据《德国民事诉讼法》第 767(3)条的规定,执行异议之诉只能基于债务人既未能在可执行宣告程序中提出,又未能在撤销程序中提出之抗辩。《德国民事诉讼法》第 1061(3)条规定,如果仲裁裁决在国内宣告执行后又被外国撤销的,那么当事人可以申请撤销执行宣告。《德国民事诉讼法》第 1065 条规定,当事人对撤销裁决、可执行宣告以及撤销执行宣告的裁判有异议的,其还可以向联邦最高法院提起法律抗告。

---

① 〔法〕洛伊克·卡迪耶:《法国民事司法法》,杨艺宁译,北京:中国政法大学出版社 2010 年版,第 716 页。

比较法、德两国的立法,他们的相同点是都规定了协调仲裁裁决的撤销与执行程序的法则,并对申请撤销裁决的诉讼设置了一定的期间。但是,两国的区别也是显而易见的:第一,法国法院在作出承认/执行裁决的判决后,还允许当事人提出撤销之诉,而德国法院在发出执行宣告后,是不允许当事人再提起撤销之诉的。相比较而言,德国立法更注重本国法院体系内的司法统一。第二,仲裁裁决在外国被撤销,并不影响当事人继续在法国获得承认与执行的权利,而在德国的当事人则可以申请撤销执行宣告。两相对比,德国立法更尊重仲裁地法院对国际裁决的司法监督权。

(二)英美法系之协调制度

1996年的《英国仲裁法》第66条及第99—104条规定了仲裁裁决的执行,并将其总体分为两类,即第66条规定的针对英国本土制作的裁决书(包括国内仲裁和国际仲裁)和第101条规定的按照《纽约公约》之要求执行的裁决书。其中,1996年的《英国仲裁法》第103条规定了拒绝承认/执行裁决书的情形,其几乎复制了《纽约公约》第5条的规定,包括当事人无行为能力、仲裁协议无效、当事人未被给予指定仲裁员和适用仲裁程序的适当通知或未能陈述意见、裁决内容超出仲裁协议范围、仲裁庭组成或者仲裁程序违反法律或仲裁协议、裁决尚未生效或正在由仲裁地法院审理撤销申请甚至已被撤销、争议事项不可仲裁、承认/执行裁决违反公共政策等。1996年的《英国仲裁法》第67—69条规定了对裁决书的各种救济方法,但是立法对各种救济的适用情形、期限等要件规定得过于严密,其基本原则是,如果当事人未能尽快行使救济权利,那么其在最后的申请承认/执行裁决阶段获得救济的可能性是微乎其微的。因此,在协调撤销裁决与拒绝承认/执行裁决方面,英国的主要做法就是程序间的衔接协调,这不同于法、德两国的立法在具体事由上亦有重合。

如果一项国际裁决需在英国得到执行,那么我们可以优先考虑能否依据1996年的《英国仲裁法》第101条使其获得公约裁决的地位,从而更有利于执行,其次再考虑依据第66条使其获得执行。撤销裁决与拒绝承认/执行裁决间的衔接协调主要体现在,1996年的《英国仲裁法》第70(3)条规定了当事人依据第67—69条之规定对裁决书申请救济的时限,即当事人必须在裁决书作出之日起28天内向法院提出申请或上诉,或者如果文书有修改,那么当事人也应在修改后28天内提出申请或上诉。如果当事人超出时限规定,在裁决书的执行阶段才提出诸如仲裁庭缺乏管辖权、仲裁程序有问题、裁决书内法律观点错误等抗辩,那么其必须有充足的理由来说明为何未在28天的时限内及时提出该抗辩。同时,根据1996年的《英国仲裁法》第103(5)条之规定,如果当事人根据《纽约公约》第5(1)(e)条向相关法院申请撤销或中止裁书,那么在该法院作出判决前,若英国执行法院认为适当,则其可中止承认/执行裁决的程序。如果裁决书被《纽约公约》第5(1)(e)条规定的相关法院撤销,那么关于该裁决书是否还能在英国法院得到承认与执行,立法并无规定,目前实务界也无相关先例。如果有证据表明,由相关法院作出的撤销裁决书之判决是通过欺诈手段得到的,那么英国的法院可以忽略该判决,并批准裁决书的承认与执行。[①]

在美国,国际仲裁裁决的执行主要是由联邦法的有关原则进行调整,基本原则是区分公约裁决和非公约裁决,并适用不同的执行条件。最重要的联邦法渊源是《纽约公约》和《美国联邦仲裁法》第2章。与此有关的法律法规还有《美国联邦仲裁法》第1章与第3章以及《巴拿马公约》。最后,美国州法偶尔对国际裁决在美国的承认/执行产生一定的影响。[②]

《美国联邦仲裁法》第9条要求法院执行仲裁裁决,除非存在第10条规定的具体的法定撤销理由,包括:裁决以贿赂、欺诈等不正当方法取得;仲裁员全体或者任何一人显然有偏袒或者贪污情形;仲裁员有拒绝合理的展期审问的请求的错误行为,有拒绝审问适当和实质的证据的错误行为,或者有损害当事人的权利的其他错误行为;仲裁员超越权力或者没有充分运用权力,以至于对仲裁事件没有作成共同的、终局的、确定的裁决。虽然上述两条规定除适用于国内裁决外,还适用于国际裁决,但是针对公约裁决(包括《纽约公约》裁决和《巴拿马公约》裁决),《美国联邦仲裁法》第207条和第303条是将直接合并公约拒绝承认/执行裁决事由的方式作为判断执行与否之依据。总体而言,美国法院和学者的普遍观点是,在涉及国际商事仲裁裁决的承认与执行时,相关主体应尽量采取有利于仲裁的方式进行处理。[③] 美国曾漠视裁决作出地法院已经撤销裁决书或令其无效的事实,这在以前被认为是与法国持有同样的立场,而美国近期的案例却显示出对裁决作出地法院撤销裁决之事实的尊重,其会根据《纽约公约》的规定拒绝执行该裁决。[④] 针对非公约裁决,《美国联邦仲裁法》的国内部分会对其进行规制。

---

① 杨良宜、莫世杰、杨大明:《仲裁法——从开庭审理到裁决书的作出与执行》,北京:法律出版社2010年版,第870页。

② Gary B. Born, *International Commercial Arbitration*, Hague: Kluwer Law International, 2009, p. 708.

③ 丁颖:《美国商事仲裁制度研究——以仲裁协议和仲裁裁决为中心》,北京:法律出版社2006年版,第278页。

④ 杨良宜、莫世杰、杨大明:《仲裁法——从开庭审理到裁决书的作出与执行》,北京:法律出版社2010年版,第731页。

　　对比英、美两国在撤销制度与执行制度上的异同,相同点是二者都以仲裁地作为区分内外国裁决的标准,也就是说,英、美两国的国际商事仲裁裁决概念应包括仲裁地在国内和仲裁地在国外两种情况。基于上述划分标准,裁决的执行与撤销会区别适用国内制度和《纽约公约》。因此,英、美两国的立法都将裁决的承认/执行区分为公约裁决和非公约裁决,并且在拒绝承认/执行裁决的事由方面,英、美两国均采用将事由直接并入公约规定之做法,这与法、德两国以立法明文规定事由之做法不同,如法国拒绝承认/执行裁决的事由略少于《纽约公约》的规定。此外,由于英、美两国的国内裁决都无拒绝承认/执行的制度,因此针对这部分裁决,两国要么执行,要么撤销,这也是与法、德两国的立法不太相同之处。

　　根据以上分析,尽管两大法系在协调的具体方式上有所不同,但是二者都意识到撤销裁决制度与拒绝承认/执行裁决制度需要得到协调,而这种协调在英、美两国被展现得更为彻底。针对国内裁决,英、美两国直接取消了拒绝承认/执行制度。除了上述实体规定方面的协调,程序方面的协调可能更为重要。例如,如果一方当事人在仲裁地法院以某种理由申请撤销裁决,而法院判决不支持该理由并驳回申请,那么当事人能否在执行程序中再次提出该理由以对抗执行？或者说,仲裁地法院对裁决书的司法监督是否应当规定有时间限制,以及法院对当事人超过时限才提出的救济是否原则上不予支持？德国与英国就分别采取了上述从程序上协调撤销制度与执行制度的方式,而这种解决问题的方式才真正体现了支持仲裁和节约司法资源的价值理念。在国际仲裁领域,撤销裁决制度与承认/执行裁决制度的错位,本身就体现了执行程序在现阶段仍然被视为司法监督程序中的重要一环之必要性。虽然这种必要性会随着支持仲裁理念的深入而弱化,但是其无论如何都不可能被取消。从国际范围来看,能够避免"跛脚裁决"的首要方法就是,以公约的形式统一撤销裁决的理由与拒绝承认/执行裁决的理由。

　　(三)《纽约公约》之立场

　　针对《纽约公约》就外国裁决在缔约国间的承认/执行问题做出统一规定并取得显著成效之事实,学界大都没有疑义。但是,关于如何理解《纽约公约》第5(1)(e)条的法院可以拒绝承认/执行经仲裁地法院撤销的裁决之规定,可谓见仁见智,学界至少有以下三种代表性主张:第一,如果裁决依据"地方标准"被撤销,那么其仍可被承认。所谓地方标准,是指《纽约公约》第5(1)条以外的事由,如对裁决进行实质性审查的规定(美国"显然漠视法律"的规定)、不可仲裁性、公共政策等。第二,仲裁地法院作出的撤销裁决判决应被视作外国判决,并且只有在满足承认外国判决的条件时,判决才有效,即法院不承认/执行该裁决。反之,如果条件不满足,那么法院将承认/执行该裁决。第三,一旦被撤销,裁决就不可以在其他地方获得承认/执行。因为裁决已经不存在了,所以其就没有获得承认/执行的基础了。上述主张实则描述了国际裁决撤销制度和承认/执行制度之间的冲突。那么,《纽约公约》有没有展现自己的立场? 其立场如何呢?

首先,《纽约公约》没有禁止承认/执行已被撤销的裁决。《纽约公约》第四章第三节已进行详述,其中的第 5 条是授权性条款。《纽约公约》的立场是,在出现规定事由的情况下,执行地法院可以拒绝承认/执行裁决,而非必须承认/执行裁决。如果我们将仲裁裁决视作仲裁协议的产物的话,那么合同是不会因为一个法院宣布其无效就消失不见的。实际上,裁决被撤销并不能使裁决消失,也不能使仲裁程序倒回去再重来一遍。相反,正如"裁决被撤销"这一名称所示,仲裁地法院只是作出了一个否认裁决效力的法院判决而已。但是,对于其他国家的法院而言,上述判决并不是分析论证问题的终点,而是起点。更恰当的问题应当是,其他国家的法院应赋予仲裁裁决和撤销判决以怎样的效力。[①] 结合《纽约公约》第 6 条的承认/执行已被撤销裁决方式之规定和第 7 条的"更优权利条款"之规定,我们就能认识到,《纽约公约》根本无意认为被撤销的裁决就消失不见了。

其次,如果我们认可上述观点,即《纽约公约》未禁止或要求承认/执行已被撤销之裁决,那么接下来的重要问题就是,指引国内法院承认/执行这一裁决的标准是什么。《欧洲公约》第 9(1) 条为我们提供了较好的参考,即国内依据《纽约公约》第 5(1) 条前四项事由撤销裁决的,该撤销判决应被其他法院承认。也就是说,国内法院基于公共政策、不可仲裁性、纠纷实质问题的复审等事由撤销裁决的,撤销判决对其他法院不具排除效力。一般认为,《纽约公约》第 5(1) 条的拒绝承认/执行裁决之例外规定是全球中立的标准,如第 5(1)(a) 条规定的仲裁协议是否有效、第 5(1)(b) 条规定的当事人是否未获听审机会、第 5(1)(c) 条规定的仲裁庭是否超越权限、第 5(1)(d) 条规定的仲裁程序是否未尊重当事人的协议等。以上这些标准都是国际标准,而非国内立法或法律传统之标准。因此,基于上述事由作出的撤销裁决之判决,应被赋予排除效力,并为其他国家所承认。

至于公共政策、不可仲裁性等"地方性标准",因为它们具有因法而异的特点,所以这些地方标准有可能既是一国撤销裁决的标准,又是另一国

---

① Gary B. Born, *International Commercial Arbitration*, Hague: Kluwer Law International, 2009, p. 2693.

拒绝承认/执行裁决的标准。当然,也有可能一国认为就纠纷实质问题进行复审是撤销裁决的理由,而另一国在承认/执行裁决问题上却根本不考虑该理由。因此,以上述这些地方标准为依据的撤销裁决之判决不具排除效力是较合理的。需要注意的是,《纽约公约》第 5(2)条允许一国在极其有限的情况下拒绝承认/执行那些有违本国公共政策和可仲裁性规则的裁决,但是其没有规定,如果仲裁地国依据公共政策、不可仲裁性等地方标准撤销裁决,那么缔约国仅可以此为由来拒绝承认/执行裁决,否则公共政策的概念很可能会从例外适用变为普遍适用,从而与公约的内容体系和目的不符。

在各国对撤销裁决制度与承认/执行裁决制度的具体协调还缺乏一致认识之情况下,《纽约公约》的上述立场或许可以为两种制度间的冲突之解决提供有益思路。

第四节　重新仲裁

重新仲裁制度为部分国家的立法所认可,如《英国仲裁法》《美国联邦仲裁法》《瑞士联邦最高法院法》《中华人民共和国仲裁法》等,联合国《国际商事仲裁示范法》对此也有规定。然而,重新仲裁并非取得了所有的国家和地区之认可,如荷兰、意大利、奥地利等国的法律[①]就没有规定重新仲裁的概念。在联合国《国际商事仲裁示范法》的起草阶段,曾有代表国就第 34 条(4)中的重裁之设置问题进行过激烈的争论,甚至有国家建议删除该条内容。[②] 上述论争主要缘起于,在法律已经设置了宣布裁决无效或撤销裁决制度及拒绝承认/执行裁决制度之背景下,重新仲裁是否有作为一种独立的效力阻却制度之必要。

一、重新仲裁的本质

重裁制度本身是对裁决既判效力的反对,其是与仲裁的"一裁终局"之

---

① Stefan Riegler, *The Award and the Courts：Remission of the Case from the State Court to the Arbitral Tribunal*, in *Austrian Yearbook on International Arbitration*, Christian Klausegger, et al., Manz'sche Verlags-und Universitätsbuchhandlung, 2012, p. 231.

② *Analytical compilation of comments by Governments and international organizations on the draft text of a Model Law on international commercial arbitration*：report of the Secretary-General(A/CN. 9/263), Art. 34(4)para. 15.

理念相悖的。仲裁裁决的既判效力对于仲裁制度的生存和发展之意义是不言而喻的,其理论渊源是诉讼法中的"既判力"(res judicata)原则。判决既判力概念的产生主要基于"诉讼应有尽头""不能为了同一诉因而向对方追索两次"等法律理念,其核心意义是禁止当事人就既判事项再次进行争议,以及禁止法院就既判事项再次进行判断。^① 既判力理论有如下三个目标:第一,通过减少裁判冲突的风险来确保法律的安定;第二,通过避免针对相同争议的大量重复程序来提升效率;第三,在法院或仲裁庭就争议作出最终裁判后,当事人提出重新评判争议的主张得不到支持之规定,可以保护裁判的可信度。^② 上述理念同样为仲裁所认同。仲裁程序的最基本目标之一就是,为当事人之间的纠纷提供一个快速、经济的最终解决方案。^③ 为保证国际商事仲裁的效率和终局性目标之实现,仲裁裁决在之后的仲裁程序中应具有确定效力(conclusive effect)和排除效力(preclusive effect)。^④ 既判力理论在仲裁领域的具体运用表现为,当事人不能无休止地将相同的争议重复提交给相同的仲裁员进行裁决,仲裁庭也不能在作出裁决后随意修改在先的裁决。^⑤ 除极其有限的情况(如修改、解释裁决书等一些补救裁决的措施)外,仲裁庭的"职责已尽"(functus officio)原则是神圣不可侵犯的。^⑥ 然而,"人非圣贤,孰能无过",当仲裁裁决存在可修补的严重瑕疵时,一味牺牲裁决公正来确保裁决终局的做法似有偏颇,重新仲裁制度就是在平衡公平与效率的价值理念中孕育而生。因此,重新仲裁发生于裁决已经生效之后,并且与宣布裁决无效、撤销裁决、申请拒绝承认/执行裁决等制度一同构成当事人救济裁决的主要方式。例如,《法国民事诉讼法》第1502条规定,裁决已经产生既判力是申请重裁的必要前提。

---

① 林剑锋:《既判力相对性原则在我国制度化的现状与障碍》,《现代法学》,2016年第1期,第132页。

② Nothalie Voser & Julie Raneda, "Recent Developments on the Doctrine of Res Judicata in International Arbitration from a Swiss Perspective: A Call for a Harmonized Solution", *ASA Bulletin* vol. 33, no. 4, pp. 742 – 743, December, 2015.

③ Gary B. Born, *International Commercial Arbitration*, Hague: Kluwer Law International, 2009, p. 2512.

④ See the International Law Association (ILA), *Recommendations on Res Judicata and Arbitration*, adopted at the 72nd ILA Conference in Toronto, 4 – 8 June 2006.

⑤ Alexis Mourre, *Is There a Life after the Award?*, in Pierre Tercier (ed.), *Post Award Issues*, ASA Special Series, 2011, no. 38, p. 3.

⑥ Thomas H. Webster, "Functus Officio and Remand in International Arbitration", *ASA Bulletin* no. 27, p. 441, 2009.

毫无疑问,作为既判力理论之例外的重新仲裁制度与"一裁终局"、契约必守等仲裁的显著特征相违背。一言以蔽之,重新仲裁制度触动了仲裁的敏感神经——如何减少法院对仲裁庭的干预,从而保持仲裁作为一种高效的可替代性纠纷解决机制的独立性。既然如此,重新仲裁何以能冒着撼动仲裁制度根基的风险而窃据一席之地呢? 在联合国《国际商事仲裁示范法》起草阶段的几次会议中,有代表团认为,从仲裁员的立场来看,联合国《国际商事仲裁示范法》第 34(4)条的规定非常有价值,因为重新仲裁制度已经在很多国家实现良好运行,并且与撤销裁决相比,重新仲裁制度提供了一种更好的修补程序错误之方式。[1] 由此可见,重新仲裁与撤销裁决在程序上的比较优势促成了该制度的立法确认,并赋予了重新仲裁以独立的裁决效力阻却制度之地位。但是,也有国家对此持反对意见,如法国代表团就支持奥地利删除该条的提议,其认为企图以重新仲裁的概念将国家司法权与仲裁庭联系起来的做法很奇怪、无法接受,法院和仲裁庭之间的来回较量也是不可取的,这只能造成针对整体仲裁制度的偏见。[2] 有意思的是,法国代表团的观点并未影响重新仲裁制度的立法归入。在 2011 年的《仲裁改革法令》颁布前后,重新仲裁作为一种与撤销裁决相并列的、独立的裁决异议制度之地位从未动摇过。因此,在承认重新仲裁制度的大前提下,依笔者之观点,立法模式至少应包含如下两种类型:一种是作为提出仲裁裁决异议的后果之一的重新仲裁,该类型基于对程序上的比较效率之考虑,认为"重新仲裁是赋予仲裁庭修补裁决某些瑕疵的权限的有用制度,尤其能在一定程度上避免法院直接撤销裁决"[3];另一种是作为提出仲裁裁决异议的方式之一的重新仲裁,该类型无法接受法院与仲裁庭之间的来回较量,并认为重裁程序与撤裁程序应和平共处。

二、重新仲裁的立法模式

根据不同的标准,国内外学者对各国的立法模式进行了分类。根据与撤销裁决之间的关系,重新仲裁可以分为裁决撤销后的重新仲裁和裁决撤

---

① *Yearbook of the United Nations Commission on International Trade Law*(319th *Meeting*),Vol. 14,1985,Art. 34(4)para. 4.

② *Summary records for meetings on the UNCITRAL Model Law on international commercial arbitration*(318th *Meeting*),Art. 34(4)para. 78.

③ *Analytical Commentary on the Draft Text of a Model Law on International Commercial Arbitration*,report of the Secretary-General(A/CN. 9/264),Art. 34(4)para. 13.

销程序中的重新仲裁①；根据申请撤销裁决期限的规定，重新仲裁可以分为普通期间下的重新仲裁和特殊期间下的重新仲裁②；根据混合标准，重新仲裁可以分为作为单独救济措施的重新仲裁、撤销程序中的重新仲裁和裁决撤销后的重新仲裁③。事实上，由于各国对重新仲裁制度的认识和定位不同，因此立法模式远比术语本身复杂得多，类型化的努力常有管中窥豹之嫌。然而，为了方便比较讨论，笔者也只得冒险尝试，即根据重新仲裁在裁决异议体系中的不同地位，将其分为作为提出仲裁裁决异议后果之一的重新仲裁和作为提出仲裁裁决异议方式之一的重新仲裁。

（一）作为提出仲裁裁决异议后果之一的重新仲裁

联合国《国际商事仲裁示范法》第 34 条规定④，申请撤销裁决是当事人唯一能对仲裁裁决提出异议的方式。但是，多数国家的立法所认可的裁决异议之方式不限于申请撤销裁决，还包括申请宣布裁决无效等。在此基础之上，部分国家的立法设计出裁决异议程序与重新仲裁程序前后承接的模式，即在受理了当事人的有关裁决异议之申请后，法院可以在异议程序中或异议程序后，将裁决发回仲裁庭，并由仲裁庭重新进行考虑。上述立法模式又可以细分为异议程序中的重新仲裁和异议程序后的重新仲裁。

1. 异议程序中的重新仲裁

采用此种立法模式的国家有英国、瑞典等。1996 年的《英国仲裁法》第 68(3)条规定："如果存在影响仲裁庭、仲裁程序和裁决的严重不正常情形，法院可以（a）将裁决全部或部分发回（remit）仲裁庭重新考虑（reconsideration）；（b）全部或部分撤销裁决；或（c）宣布裁决全部或部分无效。除非法院认为将争议事项发回仲裁庭重新考虑是不适当的，法院不能行使全部或部分撤销裁决或宣布裁决无效的权力。"1996 年的《英国仲裁法》第 69 条关于法律问题的上诉之第 7 款也规定，法院可以将裁决全部或部分发还仲裁庭，并由仲裁庭根据法院的指引重新进行考虑，也可以全部或部分撤销裁决，但撤销裁决同样必须以不宜发回重新仲裁为条件。当事

---

① 王吉文：《我国重新仲裁制度的重构——以重新仲裁的根据为视角》，《河南省政法管理干部学院学报》，2008 年第 4 期，第 172 页。杨玲：《仲裁法专题研究》，上海：上海三联书店 2013 年版，第 101 页。

② Nathalie Voser & Anya George, *Revision of Arbitral Awards*, in Pierre Tercier ed., *Post Award Issues*, ASA Special Series, 2011, no. 38, pp. 45—48.

③ 刘晓红：《仲裁"一裁终局"制度之困境及本位回归》，北京：法律出版社 2016 年版，第 128—130 页。

④ 联合国《国际商事仲裁示范法》第 34(1)条："不服仲裁裁决而向法院提出追诉的唯一途径是依照本条第(2)款和第(3)款的规定申请撤销。"

人应自裁决作出之日起 28 日内,或自得知裁决结果之日起 28 日内,向法院提出挑战裁决书的申请(1996 年的《英国仲裁法》第 70 条第 3 款)。根据 1996 年的《英国仲裁法》第 79 条之规定,如果当事人超过了时限,那么其可以向法院申请延期,但是这个过程会很不容易。[①]仲裁庭应当在法院下令重新仲裁后的 3 个月内,或者在法院指示的或长或短之期限内,制作一份新的裁决书(1996 年的《英国仲裁法》第 71 条第 3 款)。重新仲裁一般发生在一方当事人向仲裁地(the seat of the arbitration)法院提出申请的背景下。[②]鉴于英国法的规定,凡是在英国提起撤销裁决和就裁决书内的法律观点上诉的案件,都可以适用重新仲裁。

1999 年的《瑞典仲裁法》第 35 条第 1 款规定:"在下述情形下,法院可将关于仲裁裁决无效或撤销的程序中止一段时间,给仲裁庭机会,继续仲裁程序或采取仲裁庭认为会消除无效或撤销事由的其他措施:(1)如法院认定无效或撤销的主张会得到支持,且一方当事人申请中止程序;或(2)双方当事人均申请中止程序。"当事人必须自其收到仲裁裁决之日起 3 个月内,或者在根据 1999 年的《瑞典仲裁法》第 32 条做出更正、补充或解释之情况下,自其收到裁决最终文本之日起 3 个月内,向法院提起诉讼(1999 年的《瑞典仲裁法》第 34 条第 3 款)。1999 年的《瑞典仲裁法》第 46 条规定,无论争议是否具有国际因素,只要是在瑞典进行的仲裁程序都适用该法,因此凡是在瑞典提起的裁决无效和撤销之诉案件,都可适用重新仲裁。

联合国《国际商事仲裁示范法》也采用了相同的模式,该法第 34(4)条规定:"向法院申请撤销裁决时,如果适当而且一方当事人也提出请求,法院可以在其确定的一段时间内暂时停止进行撤销程序,以便仲裁庭有机会重新进行仲裁程序或采取仲裁庭认为能够消除撤销裁决理由的其他行动。"在收到裁决书之日起三个月后,当事人不得再申请撤销裁决(联合国《国际商事仲裁示范法》第 34 条第 3 款)。

在上述立法中,1996 年的《英国仲裁法》最为支持重新仲裁,其规定对那些能通过重新仲裁得到补救的裁决,法院不能行使撤销或宣布无效之权力。相反,联合国《国际商事仲裁示范法》及其模仿者 1999 年的《瑞典仲裁法》则显得没那么支持重新仲裁。在撤销裁决和重新仲裁之间的选择方面,联合国《国际商事仲裁示范法》和 1999 年的《瑞典仲裁法》赋予了法院

---

① 杨良宜等:《仲裁法——从 1996 年英国仲裁法到国际商务仲裁》,北京:法律出版社 2006 年版,第 299 页。

② Nigel Blackaby et al. , *Redfern and Hunter on International Arbitration*(6th ed.),Oxford:Oxford University Press,2015, p. 589.

更多的自由裁量权。

2. 异议程序后的重新仲裁

采用此种立法模式的国家有美国、德国等。《美国联邦仲裁法》(FAA)第10(1)(e)条规定:"仲裁裁决地所属区内(the district wherein the award was made)的美国法院可以根据任何当事人的请求,撤销仲裁裁决。如果仲裁裁决被撤销,且仲裁协议规定的裁决作出期限未满,法院可以斟酌指示仲裁员重新审理(rehearing)。"当事人应当自裁决书提交或送达之日起3个月内,向法院提出撤销裁决的申请(《美国联邦仲裁法》第12条)。2000年的《美国统一仲裁法》(UAA)①第23(3)条规定:"如果法院是根据上述第1款第(5)项规定以外的理由撤销裁决的②,法院都可以命令重新审理(rehearing)。如果裁决是依据第1款第(1)、第(2)项理由被撤销的③,则必须由新的仲裁员重新审理。如果裁决是依据第1款第(3)、第(4)或第(6)项理由被撤销的④,则可由原仲裁员或其继任者重新审理。仲裁员必须在第19条第2款规定的裁决期限内重新审理并作出裁决。"当事人应当自收到裁决书之日起90日内,向法院提出撤销裁决的申请(《美国统一仲裁法》第23条第2款)。

1998年的《德国民事诉讼法》与联合国《国际商事仲裁示范法》的观点一致,即认为申请撤销裁决是当事人提出裁决异议的唯一方式。《德国民事诉讼法》第1059(4)条规定了重新仲裁,即"受理撤销裁决的申请时,如法院认为适当,可以撤销裁决并将案件发回仲裁庭"。若无其他约定,则当事人应自收到裁决书之日起3个月内,向法院申请撤销裁决(《德国民事诉讼法》第1059条第3款)。如果3个月的期限已过,那么当事人丧失依据诉讼法直接申请救济的权利;但是,如果仲裁裁决存在程序性欺诈的情况,

---

① 颁布于1955年的《美国统一仲裁法》,可谓是统一各州法律联邦委员会制定的最成功的示范法之一。目前已有49个司法管辖区制定了成文仲裁法;其中,35个司法管辖区采用了《统一仲裁法》,14个司法管辖区也采用了基本相同的法律。《美国统一仲裁法》于2000年做了最新修订。

② 《美国统一仲裁法》第23条第1款第(5)项:"无仲裁协议,除非仲裁程序参加人没有在第15条第3款规定的不迟于仲裁庭审开始之前提出反对意见。"

③ 《美国统一仲裁法》第23条第1款第(1)项:"裁决是贿赂、欺诈和其他不正当的途径获得的";《美国统一仲裁法》第23条第1款第(2)项:"仲裁员存在证据上的偏见;仲裁员有受贿行为;或仲裁员有损害当事人权利的不当行为。"

④ 《美国统一仲裁法》第23条第1款第(3)项:"仲裁员拒绝合理的延期审理申请,拒绝考虑与争议相关的实质证据,或违反第15条的规定庭审,以至于在实质上损害了当事人的权利";《美国统一仲裁法》第23条第1款第(4)项:"仲裁员超越权限的";《美国统一仲裁法》第23条第1款第(6)项:"仲裁是在开始时没有依据第9条的规定进行适当通知,并实质上损害了当事人的权利的情况下进行的。"

那么当事人可以依据《德国民法典》第 826 条的规定,请求侵权损害赔偿。此时,法院会签发一个"当事人阻止裁决生效"的命令,以使侵权损害赔偿请求在实际效果上等同于宣告裁决无效。[①]

上述两种立法模式均强调重新仲裁与裁决异议程序之间的紧密联系,即不论重新仲裁发生于异议程序之中还是之后,没有异议程序的启动就不会有重新仲裁的发生,所以重新仲裁附属于异议程序,其是当事人提出裁决异议的后果之一。

(二) 作为提出仲裁裁决异议方式之一的重新仲裁

前已论及,不是所有的国家和地区都设置了重新仲裁制度。例如,《荷兰民事诉讼法》第 1067 条规定:"除非当事人另有协议,一旦撤销裁决的决定成为终局,法院的管辖权即应恢复。"上述规定同样适用于《荷兰民事诉讼法》第 1068 条——在欺诈、伪造证据、隐匿证据等情形下,裁决应当被废除(revocation)。《意大利民事诉讼法》有类似于荷兰立法之内容,其第 831 条规定,在程序性欺诈、伪造证据、发现新证据等情况下,仲裁裁决应当被废除。除此之外,一些大陆法系国家的立法也有重新仲裁的概念,但是其与作为提出裁决异议后果之一的重新仲裁制度大相径庭。譬如,在瑞士法和法国法中,重新仲裁是与撤销裁决并列的一种单独提出裁决异议的方式。

1. 瑞士的重新仲裁

根据瑞士的法律,仲裁裁决异议的提出方式有如下两种:一种是向法院申请由其撤销裁决,另一种是向法院申请重新仲裁。[②]《瑞士联邦最高法院法》(Federal Tribunal Act)第 123(1)条和第 123(2)(a)条规定,如果存在如下情形,当事人可以向法院申请将裁决发回仲裁庭重新仲裁:(1)裁决受犯罪行为影响而作出(如伪造证据、虚假证词、证人受贿等);(2)当事人发现了在仲裁时就已存在的、对案件有实质影响的新事实或证据。如果联邦最高法院同意重新仲裁的申请,那么其会宣告裁决无效,并将裁决发回仲裁庭重新仲裁。[③] 自 1992 年始,重新仲裁的规定适用于国际仲裁。

瑞士的重新仲裁之所以被定性为与撤销裁决并列的、单独构成一种仲

---

① Nathalie Voser & Anya George, *Revision of Arbitral Awards*, in Pierre Tercier ed., *Post Award Issues*, *ASA Special Series*, 2011, no. 38, p. 46.

② Elliott Geisinger & Alexandre Mazuranic, "Challenge and Revision of the Award", in Elliott Geisinger, et al. (eds.), *International Arbitration in Switzerland: A Handbook for Practitioners*(2nd ed.), Hague: Kluwer Law International, 2013, p. 223.

③ *Ibid.*, p. 272.

裁异议提出途径的方式,首先是因为其立法的相关规定。《瑞士联邦最高法院法》第 100 条规定,当事人必须自裁决书签发之日起 30 日内,向法院提出撤销裁决的申请。以上期限短于《瑞士联邦最高法院法》第 124(1)(d)条规定的重新仲裁期限——当事人应当自发现重新仲裁的事由之日起 90 日内提出申请。因此,如果 30 日的申请撤销裁决期限届满,那么当事人唯一还可以采取的提出裁决异议之方式就是向最高法院申请重新仲裁。① 如果当事人在撤销期限内发现了重新仲裁的理由,并且其属于程序性欺诈的(即《瑞士联邦最高法院法》第 123 条第 1 款之规定),那么当事人应优先适用撤销裁决程序;如果当事人在撤销期限内发现了重新仲裁的理由,并且其属于新事实或新证据的(即《瑞士联邦最高法院法》第 123 条第 2 款 a 项之规定),那么当事人应申请重新仲裁。② 同时,当事人必须自裁决书生效之日起 10 年内,向法院提出重新仲裁的申请(《瑞士联邦最高法院法》第 124 条第 2 款),此期限被称为最长期限。

其次,瑞士联邦最高法院曾在判例中表明,如果仲裁裁决存在《瑞士国际私法》第 190 条规定的情形③,那么其只能被撤销,即在相同情形下,没有重新仲裁的余地。在瑞士的程序法中,像重新仲裁这样的救济方式,只有在法律没有提供其他救济的情况下才能被适用。④

2. 法国的重新仲裁

2011 年的《仲裁改革法令》将原《法国民事诉讼法》第 1491 条的重新仲裁(recours en révision)之规定更改为现在的第 1502 条:"当出现本法第 595 条就法院判决所规定的情形,且符合本法第 594 条、第 596 条、第 597 条以及第 601 条至第 603 条所列之条件时,可以申请重新仲裁。申请应当向仲裁庭提出。如仲裁庭不能重新组成,则应向具有裁决异议管辖权的上诉法院提出。"上述规定完全适用于国内仲裁,但国际仲裁只适用前两款之规定,即国际裁决也可以由仲裁庭重新仲裁,并且在国际仲裁中,如果仲裁

---

① Elliott Geisinger & Alexandre Mazuranic, "Challenge and Revision of the Award", in Elliott Geisinger, et al. (eds.), *International Arbitration in Switzerland: A Handbook for Practitioners*(2nd ed.),Hague: Kluwer Law International, 2013, p. 10.

② Nathalie Voser & Anya George, *Revision of Arbitral Awards*, in Pierre Tercier ed., *Post Award Issues*, ASA Special Series, 2011, no. 38, pp. 63 - 64.

③ 《瑞士国际私法》第 190(2)条规定的撤销裁决的情形包括:独任仲裁员的指定错误或仲裁庭的组成错误、仲裁庭错误行使管辖权、仲裁庭超裁或漏裁、平等对待当事人或听审权的原则未被遵守、裁决违反公共政策等。

④ Elliott Geisinger & Alexandre Mazuranic, "Challenge and Revision of the Award", in Elliott Geisinger, et al. (eds.), *International Arbitration in Switzerland: A Handbook for Practitioners*(2nd ed.),Hague: Kluwer Law International, 2013, pp. 260 - 261.

庭不能重新组成(《法国民事诉讼法》第 1502 条第 3 款),那么重新仲裁就不能被适用。当事人必须自发现重新仲裁事由之日起 2 个月内,向法院提出申请(《法国民事诉讼法》第 596 条)。

法国的重新仲裁被定性为一种独立的裁决异议方式。一方面,从立法形式上看,《法国民事诉讼法》的"重新仲裁"之规定位于第六章"对裁决的异议"的第五节"其他提出异议的方法"之中,与第二节"撤销之诉"并列。除了上诉和申请撤销裁决外,重新仲裁是当事人唯一可采用的提出裁决异议的其他方式。[①]

另一方面,从立法内容上看,《法国民事诉讼法》"重新仲裁"之规定与"撤销之诉"并未交叉,因为该法第 1493 条规定:"如法院撤销裁决,则应在仲裁庭权限范围内对案件实体做出决定,当事人另有约定的除外。"同时,重新仲裁只有在所有提出裁决异议的程序用尽,并且所有提出异议期限届满后,才能被适用[②],其是极其例外和很少被使用的程序。[③]

上述各国的立法可谓各有千秋,但与之形成鲜明对比的是,多数仲裁机构规则都没有重新仲裁的相关规定。[④] 笔者仅在 ICC 的《仲裁规则》第 35 条第 4 款中寻得规定:"如果法院将裁决书退回(remit)仲裁庭,第 31 条、第 33 条、第 34 条和第 35 条的规定在细节上进行必要修正后,适用于根据该退回令的各项条款所作出的任何附件或裁决,仲裁院可以采取必要措施保证仲裁庭遵守上述条款,并可确定一笔预付金以支持仲裁庭的任何额外费用和支出及任何额外的国际商会管理费。"上述规定是在 2012 年的仲裁规则修改工作中,ICC 为了承认重新仲裁的可能性而新建立的管理制度。

当然,比上述这些尚可归类的立法模式更为复杂的,是涉及重新仲裁主体、事由、期限等内容的具体规定,其千差万别至难以类型化的程度,但是尚可总结的规律是,这些具体规定与重新仲裁在各国立法中的制度定

---

① Yves Derains & Laurence Kiffer, *National Report for France*(2013), in Jan Paulsson & Lise Bosman (eds), *ICCA International Handbook on Commercial Arbitration*, *Supplement* No. 74, May 2013, p. 81.

② Jean-Louis Delvolvé et al. *French Arbitration Law and Practice: A Dynamic Civil Law Approach to International Arbitration* (2nd ed.), New York: Wolters Kluwer, 2009, p. 279.

③ Yves Derains & Laurence Kiffer, *National Report for France*(2013), in Jan Paulsson & Lise Bosman (eds), *ICCA International Handbook on Commercial Arbitration*, *Supplement* No. 74, May 2013, p. 82.

④ Thomas H. Webster, "Functus Officio and Remand in International Arbitration", *ASA Bulletin* no. 27, p. 459, 2009.

位、程序设计等事项相协调。从更为宽广的视角来看,以上这些具体规定
与各国的诉讼制度也是相协调的。而且,在多国的司法实践中,重新仲裁
的阻却裁决效力例外制度之定位均以限制适用或极少适用的方式得到了
体现。例如,在瑞士,联邦最高法院极少做出重新仲裁的决定。从瑞士于
1992 年开始承认重裁的可能性到 2012 年,这 20 年间,在所有申请重裁的
20 多例案件中,只有两例获准。[①] 2015 年,英国法院共作出 62 例与仲裁相
关的判决,其中的 3 例是基于"严重不正常"(serious irregularity)挑战裁决
书,最终只有 1 例案件获准发回仲裁庭重裁。[②] 2016 年和 2017 年,依据
1996 年的《英国仲裁法》第 68 条提出挑战裁决书之申请的数量分别为 31
件和 47 件,但是最终未有一件申请挑战成功。[③] 同样,宣布裁决无效或撤
销裁决、拒绝承认/执行裁决等制度均会产生阻却裁决效力之效果,这是仲
裁裁决应当经一裁终局而产生如同法院判决之效力的例外情形。从维护
仲裁裁决之独立解纷地位、尊重当事人之仲裁意愿、实现高效解纷之初衷
等角度来看,与重新仲裁一样,上述制度也应在适用上受到严格限制。

[①] Elliott Geisinger & Alexandre Mazuranic, "Challenge and Revision of the Award", in Elliott Geisinger, et al. (eds.), *International Arbitration in Switzerland*: *A Handbook for Practitioners* (2nd ed.), Hague: Kluwer Law International, 2013, p. 259.

[②] Louise Reilly, *Recent Developments in International Arbitration in Ireland and the United Kingdom*, *Journal of International Arbitration*, 2016, Vol. 33, pp. 555,559.

[③] Commercial Court Users' Group, at https://www. judiciary. gov. uk/wp-content/uploads/2018/04/commercial-court-users-group-report. pdf. , Sep. 26,2018.

第六章　我国涉外商事仲裁裁决效力理论及其反思性构建

　　我们梳理有关国际商事仲裁裁决效力的表述就能发现,不论是国内立法、国际公约,还是仲裁机构的仲裁规则,最常出现的用语就是"仲裁裁决具有与确定判决相同的效力"。虽然仲裁与诉讼是不同的纠纷解决方式,但是国际商事仲裁制度现代化的进程实际上就是愈加法治化的过程,这个过程也使得仲裁与诉讼在程序构造上无限接近。因此,一方面,"仲裁司法化"不应只是司法侵蚀仲裁的贬义表达,我们应当从这一概括中看到法律助推仲裁蓬勃发展的正面作用;另一方面,仲裁裁决法律效力的增强不再只是立法揠苗助长的结果,而是仲裁制度内部不断自我完善、赢得尊重的必然趋势。所以,与其回避仲裁与诉讼的紧密联系,不如正视这种关系,并研究如何使二者进入良性互动的状态。

　　判决的效力理论是大陆法系诉讼法的重要理论,其以既判力制度的构建为核心,而英美法系的判决效力理论则主要体现为排除原则。前文的比较研究清晰地呈现出一国的诉讼制度对其仲裁制度之影响,即使在国际仲裁领域,这种影响也时常可见。循此路径,本章既关注我国仲裁领域的相关理论成果及立法现状,又探究我国民事诉讼法领域的相应内容,旨在提出适应我国法制环境的制度完善建议。

第一节　我国涉外商事仲裁裁决效力理论的研究和立法现状

　　我国的法律历来有"重实体、轻程序"之倾向,并且我国的法律文化一直倡导实体正义远远高于程序正义、不惜一切代价追求事实真相等观念,因此判决效力理论在我国学界长期不受重视,立法或司法对判决效力的正确定位更是无从谈起。近些年来,我国的民事诉讼法学界掀起了一股研究判决效力理论的小高潮,尤其是对既判力的研究更加细化,相关专著与论文层出不穷。然而,总体来说,我国的判决效力理论研究仍然比较薄弱,立法尚需完善,司法中的重复诉讼、随意推翻判决之现象也屡见不鲜。[1] 以上状况既不利于维护司法的权威和保证判决的终局性,又不利于与判决制度密切相关的仲裁裁决制度的发展。有鉴于此,我国涉外商事仲裁裁决效力理论的研究与立法水平更显不足。

一、我国涉外商事仲裁裁决效力理论的研究现状及其检讨

(一) 研究现状

依笔者之见,目前国内系统研究国际商事仲裁裁决效力理论的论文或著作寥寥无几。以"仲裁裁决效力"为主题的论文仅 10 余篇,其中既有对仲裁裁决效力的概括阐述,又有侧重于既判力、一事不再理原则等内容的专门论述。[2] 目前,国内还未有研究涉外商事仲裁裁决效力问题的专著,只是有个别学者在其他相关著作中的某些章节提及仲裁裁决的效力。例如,刘想树的《中国涉外仲裁裁决制度与学理研究》第四章第四部分"涉外仲裁裁决的效力"、乔欣的《比较商事仲裁》第五章第五节"商事仲裁裁决的效力"、刘晓红与袁发强合著的《国际商事仲裁》第七章第三节"国际商事仲裁裁决的效力"、齐湘泉的《外国仲裁裁决承认及执行论》第七章第一节、李井杓的《仲裁协议与裁决法理研究》第五章第八节"仲裁裁决的确定"等。

仅从这些国内学者现有的研究成果来看,仲裁裁决的效力研究以判决效力理论为模板。在仲裁裁决效力种类的划分上,国内学者尤其受大陆法系的判决效力理论之影响。例如,有学者将仲裁裁决的效力划分为既判力、执行力、预决力和程序终结力[3];有学者直接依据大陆法系的判决效力种类之划分方式,将仲裁裁决的效力划分为形式拘束力和实质拘束力,并

① 参见陶志蓉著:《民事判决效力研究》,中国政法大学博士论文,2004 年 5 月,第 101 页。
② 主要包括:肖建华、杨恩乾:《论仲裁裁决的既判力》,《北方法学》,2008 年第 6 期;宋明志:《仲裁裁决争点效之否定》,《仲裁研究》,2008 年第 3 期;高薇:《论诉讼与仲裁关系中的既判力问题》,《法学家》,2010 年第 6 期;丁伟:《一事不再理:仲裁制度中的"阿喀琉斯之踵"》,《东方法学》,2011 年第 1 期;朱瑶:《对国际商事仲裁中一事不再理原则适用的思考》,《法制与社会》,2008 年第 5 期;宋明志:《仲裁裁决效力论》,《北京仲裁》,2010 年第 2 期;许志华:《商事仲裁已决事实效定位之批判与重构》,《学术交流》,2018 年第 3 期;傅攀峰:《国际投资仲裁中既判力原则的适用标准——从形式主义走向实质主义》,《比较法研究》,2016 年第 7 期;卜石元:《仲裁裁决既判力案例研究与中国民事诉讼法的精细化》,《中国应用法学》,2017 年第 1 期;傅攀峰:《仲裁裁决既判力问题研究》,武汉大学博士论文,2015 年 4 月,等等。
③ 参见刘想树:《中国涉外仲裁裁决制度与学理研究》,北京:法律出版社 2001 年版,第185—191 页;乔欣:《仲裁权论》,北京:法律出版社 2009 年版,第 314—316 页。

且有的学者认为实质拘束力应包括既判力和执行力[①],有的学者则认为实质拘束力还应包括预决力[②]。我们从上述有关仲裁裁决效力的整体研究中可以看出,学者们基本认同将既判力和执行力作为裁决效力的主要形式,但是对二者的内涵之剖析尚需深入。目前,国内的学术焦点主要集中在既判力问题上,多数学者选择讨论仲裁裁决的既判力及与其相关的一事不再理原则、争点效、事实效等问题。从研究趋势上看,论题逐渐深入、细化,且有理论研究结合案例解读之趋向。

(二) 研究中存在的不足

综观上述这些学术成果,笔者认为以下方面存在尚需完善之处:

首先,仲裁裁决效力的划分。笔者认为,在科学构建仲裁裁决的效力理论体系之过程中,最重要的就是对效力种类的划分,而且这种划分需要注意以下两方面问题:一是仲裁裁决是否应具备这种效力;二是此效力与彼效力是否存在重合,也就是效力的独立性问题。只有解决上面的问题,效力种类的划分才既能体现效力的全貌,又能区分不同效力的功能。虽然以上论著也部分涉及到仲裁裁决的效力分类,但是它们大多数缺乏科学性。多数论著对概念的理解存在偏差,从而导致了效力种类间的实质上之包含关系。以仲裁裁决的预决力为例,有学者认为,所谓仲裁裁决的预决力,是指针对生效仲裁裁决所确认的事实和法律关系,仲裁机构和法院在处理其他相关纠纷时,不得对其进行争执或重新审核,也不得做出与其相互矛盾的认定和决定。[③] 仔细解读上述概念,并结合笔者在前文中对既判力的论述,我们会发现,此定义与既判力中的裁决理由是否具有既判力的问题如出一辙。其一,在附具理由的裁决书中,"仲裁裁决所确认的事实和法律关系"是理由中的重要组成部分;其二,"不得对其进行争执或重新审核"以及"不得做出与其相矛盾的认定和决定",即禁止重复与禁止矛盾,而这也正是既判力内容的两个重要方面。所以,仲裁裁决的预决力不应被当作与既判力相并列的裁决效力之一,因为后者包含前者。况且,关于"仲裁裁决所确认的事实和法律关系"是否一概具有既判效力,结论也是不一定的。

其次,仲裁裁决效力体系的模式选择。仲裁裁决效力的分类在很大程度上取决于各国的判决效力之规定,所以在确定我国涉外仲裁裁决效力的

[①]　参见李井杓:《仲裁协议与裁决法理研究》,北京:中国政法大学出版社2000年版,第179—181页。

[②]　参见宋明志:《仲裁裁决效力论》,《北京仲裁》,第71辑,第53—56页。

[③]　乔欣:《比较商事仲裁》,北京:法律出版社2004年版,第315页。

内涵时,我们应注意其与判决效力的协调。总体来说,虽然大陆法系与英美法系对判决效力的基本认识是相同的,但是二者在具体术语的使用上是不同的,而且相关概念也不总是一一对应。例如,英美法系中的排除原则经常被对应于大陆法系的既判力概念,但是实际上,二者的作用范围存在很大差异,尤其是在适用主体的范围上,前者要远大于后者。此外,一事不再理原则与既判力的概念也有所不同,二者既有交叉,又有区别,是不可以任意替换的。大陆法系的"一事不再理"既包含有诉讼系属的含义,又包含有禁止当事人重复起诉的含义;而既判力除了禁止当事人重复起诉外,也不允许法院作出相反判决。所以,在讨论仲裁裁决的效力时,我们应先明确讨论体例。此外,在术语的选择方面,我们也应非常慎重。

再次,仲裁裁决效力与判决效力的异同。仲裁裁决的效力理论与判决的效力理论之构建原则是相同的,即维护程序的安定性与保证裁判的正确性之间的平衡。虽然仲裁裁决的效力理论以判决的效力理论为原型,但是二者的差异使得相关概念的内涵不尽相同。总体来说,仲裁裁决的效力问题需要涉及更多的难题。但是,就既判力而言,在大陆法系的分析框架内,判决的既判力范围只需涉及主观范围、客观范围和时间范围,而仲裁裁决的既判力还需对仲裁裁决与法院判决间的既判力之相互承认问题做出说明。所以,在构建仲裁裁决效力理论时,我们一方面需要注意裁决效力与判决效力的同一性,另一方面还要区分出裁决效力的特殊性,并且这种特殊性的分析应当是质的不同,而非只是用语上的。[①] 在国际仲裁领域,裁决的效力问题与涉外民商事判决的效力问题也有着重要区别。法院司法监督权的行使导致裁决的效力问题常以各种形式被阻却,甚至《日内瓦公约》以"终局性"来讨论裁决的效力,而《纽约公约》的颁布才明确赋予裁决以"拘束力"。涉外民商事判决的效力问题只存在判决被外国法院承认与执行之困境,虽然实践操作层面难度较大,但是与仲裁裁决相比,理论问题更为单纯,且不会出现概念混淆的情况。

最后,仲裁裁决效力理论与相关制度的关系。仲裁裁决效力体系的构建不单是解决裁决效力内容方面的问题,其更需要以效力制度来促进和完善其他相关制度,并以其他相关制度来支撑与体现效力制度。以裁决的效力阻却制度为例,前文已论及,法院对国际仲裁裁决的司法监督至少可以

[①] 例如,有学者主张将仲裁裁决的既判力问题命名为"既裁力",但是在范围的实质性问题方面,仲裁裁决既判力效力与判决既判力并无二致,未体现出裁决效力的特殊性。参见齐湘泉:《外国仲裁裁决承认及执行论》,北京:法律出版社 2010 年版,第 243—246 页和第 250—253 页。

在如下两个阶段进行：一是在对裁决可以提出异议的时间范围内，法院以宣布裁决无效或撤销裁决、重新仲裁等方式来实施直接监督；二是在裁决的执行阶段，法院以拒绝承认/执行裁决的方式来实施间接监督。我国学界就法院对仲裁裁决行使司法监督的范围问题曾有过热烈的讨论，许多大家名作的涌现使该问题一度成为仲裁学界的热点。① 当纷争逐渐尘埃落定，并且学界对仲裁的合意性与司法的克制性达成基本共识之时，仲裁裁决的效力理论却从未在此场颇为引人关注的争论中现身，其直接后果便是论战在宏大、粗略的原则层面上戛然而止，从而无法深入到精细、具体的制度层面。因此，我国学界在仲裁裁决效力理论上的单薄之势可见一斑。无独有偶，国际仲裁裁决的执行制度历来都是我国仲裁学界所关注的热点问题。近年来，以《纽约公约》为核心，对涉外仲裁裁决的执行问题进行全方位解读的论著可谓汗牛充栋。与之形成鲜明对比的是，将执行力置于裁决效力理论的语境中进行分析的论著却尚未出现。上述现象的出现，大概是因为实用主义的研究比纯粹理论的构筑能更快地获得收益，殊不知缺乏理论根基的实践研究就如同航行于苍茫大海的船只，而没有航标指引的船只将无法辨清正确方向，理论上的莫衷一是只能导致实践上的手足无措。

二、我国有关涉外商事仲裁裁决效力的立法现状及其不足

（一）立法现状

在我国，有关涉外商事仲裁裁决效力的法律规定主要出现在《中华人民共和国民事诉讼法》与《中华人民共和国仲裁法》之中。在总括性内容方面，《中华人民共和国民事诉讼法》第 273 条规定："经中华人民共和国涉外仲裁机构裁决的，当事人不得向人民法院起诉。一方当事人不履行仲裁裁决的，对方当事人可以向被申请人住所地或者财产所在地的中级人民法院申请执行。"《中华人民共和国仲裁法》第 9 条规定："仲裁实行一裁终局的制度。裁决作出后，当事人就同一纠纷再申请仲裁或者向人民法院起诉的，仲裁委员会或者人民法院不予受理。裁决被人民法院依法裁定撤销或者不予执行的，当事人就该纠纷可以根据双方重新达成的仲裁协议申请仲

---

① 代表性论著包括陈安：《中国涉外仲裁监督机制申论》，《中国社会科学》，1998 年第 2 期；肖永平：《也谈我国法院对仲裁的监督范围》，《法学评论》，1998 年第 1 期；陈安：《再论中国涉外仲裁的监督机制及其与国际惯例的接轨——兼答肖永平先生》，《仲裁与法律通讯》，1998 年第 1 期；汪祖兴：《浅谈仲裁的公正性——兼论中国仲裁的监督机制与国际惯例的接轨》，《仲裁与法律通讯》，1998 年第 4 期；万鄂湘、于喜富：《再论司法与仲裁的关系——关于法院应否监督仲裁实体内容的立法与实践模式及理论思考》，《法学评论》，2004 年第 3 期；赵健：《国际商事仲裁的司法监督》，北京：法律出版社 2000 年版，等等。

裁,也可以向人民法院起诉。"《中华人民共和国仲裁法》第 57 条规定:"裁决书自作出之日起发生法律效力。"

在涉外仲裁裁决的撤销方面,《中华人民共和国仲裁法》第 70 条规定:"当事人提出证据证明涉外仲裁裁决有民事诉讼法第 260 条第 1 款规定的情形之一的,经人民法院组成合议庭审查核实,裁定撤销。"《中华人民共和国民事诉讼法》第 260 条第 1 款现已变更为第 274 条第 1 款,其规定:"对中华人民共和国涉外仲裁机构作出的裁决,被申请人提出证据证明仲裁裁决有下列情形之一的,经人民法院组成合议庭审查核实,裁定不予执行:(一)当事人在合同中没有订有仲裁条款或者事后没有达成书面仲裁协议的;(二)被申请人没有得到指定仲裁员或者进行仲裁程序的通知,或者由于其他不属于被申请人负责的原因未能陈述意见的;(三)仲裁庭的组成或者仲裁的程序与仲裁规则不符的;(四)裁决的事项不属于仲裁协议的范围或者仲裁机构无权仲裁的。"

在涉外仲裁裁决的执行力方面,除上述《中华人民共和国民事诉讼法》第 274 条第 1 款的规定外,第 274 条第 2 款还规定:"人民法院认定执行该裁决违背社会公共利益的,裁定不予执行。"《中华人民共和国民事诉讼法》第 275 条规定:"仲裁裁决被人民法院裁定不予执行的,当事人可以根据双方达成的书面仲裁协议重新申请仲裁,也可以向人民法院起诉。"《中华人民共和国民事诉讼法》第 283 条规定:"国外仲裁机构的裁决,需要中华人民共和国人民法院承认和执行的,应当由当事人直接向被执行人住所地或者其财产所在地的中级人民法院申请,人民法院应当按照中华人民共和国缔结或者参加的国际条约,或者按照互惠原则办理。"《中华人民共和国仲裁法》第 71 条规定:"被申请人提出证据证明涉外仲裁裁决有民事诉讼法第二百六十条第一款规定的情形之一的,经人民法院组成合议庭审查核实,裁定不予执行。"[①]此外,我国于 1986 年决定加入《纽约公约》,该公约已于 1987 年 4 月 22 日对我国生效,有关外国仲裁裁决的承认与执行将适用该公约。

与涉外仲裁裁决效力相关的其他制度还包括:《中华人民共和国仲裁法》第 56 条规定:"对裁决书中的文字、计算错误或者仲裁庭已经裁决但在裁决书中遗漏的事项,仲裁庭应当补正;当事人自收到裁决书之日

---

① 《中华人民共和国仲裁法》于 1995 年 9 月 1 日起施行,其当时参照的是 1991 年的《中华人民共和国民事诉讼法》,因此相关规定为 260 条第 1 款,而在最新修订的 2017 年《中华人民共和国民事诉讼法》中,原 260 条第 1 款中的规定已改为前文所引的第 274 条第 1 款。

起三十日内，可以请求仲裁庭补正。"《中华人民共和国仲裁法》第 61 条规定："人民法院受理撤销裁决的申请后，认为可以由仲裁庭重新仲裁的，通知仲裁庭在一定期限内重新仲裁，并裁定中止撤销程序。仲裁庭拒绝重新仲裁的，人民法院应当裁定恢复撤销程序。"

除了上述《中华人民共和国民事诉讼法》和《中华人民共和国仲裁法》中的规定，在司法实践中，我国的人民法院还经常将最高人民法院的司法解释作为判决依据。与涉外仲裁裁决效力相关的司法解释主要包括：2006 年的《最高人民法院关于适用〈中华人民共和国仲裁法〉若干问题的解释》（以下简称《仲裁法〉解释》）、2015 年的《最高人民法院关于适用〈中华人民共和国民事诉讼法〉的解释》（以下简称《民诉法〉解释》）、2017 年的《最高人民法院关于仲裁司法审查案件报核问题的有关规定》（以下简称《案件报核规定》）、《最高人民法院关于审理仲裁司法审查案件若干问题的规定》（以下简称《司法审查规定》）、2018 年的《最高人民法院关于人民法院办理仲裁裁决执行案件若干问题的规定》（以下简称《执行案件规定》）等。其中，有关涉外仲裁裁决效力的规定主要包括：《仲裁法〉解释》第 17 条规定的撤销事由[①]、第 25 条规定的执行程序中的平行程序[②]、第 26 条规定的一事不再理[③]、第 27 条对仲裁协议效力异议的进一步解释[④]；《民诉法〉解释》第 546 条规定的外国仲裁裁决先承认后执行的程序[⑤]；《案件报核规定》第 2 条第 1 款规定的认定仲裁协议无效、不予承认和执行裁决等案

---

① 《仲裁法〉解释》第 17 条："当事人以不属于仲裁法第五十八条或者民事诉讼法第二百六十条规定的事由申请撤销仲裁裁决的，人民法院不予支持。"

② 《仲裁法〉解释》第 25 条："人民法院受理当事人撤销仲裁裁决的申请后，另一方当事人申请执行同一仲裁裁决的，受理执行申请的人民法院应当在受理后裁定中止执行。"

③ 《仲裁法〉解释》第 26 条："当事人向人民法院申请撤销仲裁裁决被驳回后，又在执行程序中以相同理由提出不予执行抗辩的，人民法院不予支持。"

④ 《仲裁法〉解释》第 27 条："当事人在仲裁程序中未对仲裁协议的效力提出异议，在仲裁裁决作出后以仲裁协议无效为由主张撤销仲裁裁决或者提出不予执行抗辩的，人民法院不予支持。当事人在仲裁程序中对仲裁协议的效力提出异议，在仲裁裁决作出后又以此为由主张撤销仲裁裁决或者提出不予执行抗辩，经审查符合仲裁法第五十八条或者民事诉讼法第二百一十七条、第二百六十条规定的，人民法院应予支持。"条文中的"民事诉讼法第二百一十七条、二百六十条"之规定分别对应 2017 年的《中华人民共和国民事诉讼法》第 237 条和第 274 条的规定。

⑤ 《民诉法〉解释》第 546 条："对外国法院作出的发生法律效力的判决、裁定或者外国仲裁裁决，需要中华人民共和国法院执行的，当事人应当先向人民法院申请承认。人民法院经审查，裁定承认后，再根据民事诉讼法第三编的规定予以执行。当事人仅申请承认而未同时申请执行的，人民法院仅对应否承认进行审查并作出裁定。"

件需报核①;《司法审查规定》第 20 条规定的司法审查案件中法院裁定的救济途径②;《执行案件规定》第 13 条规定的不予执行情形的具体解释,等等。③

(二) 立法之阙如

总体来看,我国有关涉外商事仲裁裁决效力的立法既零散不系统,又比较粗糙和不完善,这一方面缘于学界理论研究的落后,另一方面也与判决效力立法的不足有很大关系。就裁决效力的立法而言,其主要存在如下问题:

1. 涉外商事仲裁中的"涉外"之含义与功能不明

何谓"涉外仲裁",我国现有的立法存在两种观点。其一,依据《中华人民共和国民事诉讼法》第 274 条"中华人民共和国涉外仲裁机构"及《中华人民共和国仲裁法》第 66 条"涉外仲裁委员会"之表述,仲裁机构的性质成为判断仲裁裁决是否涉外的依据。由此引发的争议是,仲裁机构的性质是以其所在地为判断标准,还是以受案范围为判断标准? 在我国的仲裁机构已经可以受理涉外案件的情况下,上述机构所受理的案件均被认定为是国内仲裁;或者,在境外仲裁机构竞相于国内设立分会或代表处的情况下,上述机构受理的案件均被认定为是涉外仲裁。上述这种判断标准是否科学? 经过数年的讨论,学界倾向于认为,以仲裁机构所在地为标准来确定仲裁裁决是否涉外有不合理之处。在司法实践领域,2017 年的《司法审查规定》第 17 条第 2 款也给予了正面回应,即"人民法院对申请执行我国内地仲裁机构作出的涉外仲裁裁决案件的审查,适用《中华人民共和国民事诉讼法》第二百七十四条的规定",从而肯定了国内仲裁机构也可以作出涉外

---

① 《案件报核规定》第 2 条第 1 款:"各中级人民法院或者专门人民法院办理涉外涉港澳台仲裁司法审查案件,经审查拟认定仲裁协议无效,不予执行或者撤销我国内地仲裁机构的仲裁裁决,不予认可和执行香港特别行政区、澳门特别行政区、台湾地区仲裁裁决,不予承认和执行外国仲裁裁决,应当向本辖区所属高级人民法院报核;高级人民法院经审查拟同意的,应当向最高人民法院报核。待最高人民法院审核后,方可依最高人民法院的审核意见作出裁定。"

② 《司法审查规定》第 20 条:"人民法院在仲裁司法审查案件中作出的裁定,除不予受理、驳回申请、管辖权异议的裁定外,一经送达即发生法律效力。当事人申请复议、提出上诉或者申请再审的,人民法院不予受理,但法律和司法解释另有规定的除外。"

③ 《执行案件规定》第 13 条:"下列情形经人民法院审查属实的,应当认定为民事诉讼法第二百三十七条第二款第二项规定的'裁决的事项不属于仲裁协议的范围或者仲裁机构无权仲裁的'情形:(一)裁决的事项超出仲裁协议约定的范围;(二)裁决的事项属于依照法律规定或者当事人选择的仲裁规则规定的不可仲裁事项;(三)裁决内容超出当事人仲裁请求的范围;(四)作出裁决的仲裁机构非仲裁协议所约定。"虽然上述规定是对不予执行国内裁决情形的解释,但是由于《中华人民共和国民事诉讼法》第 274 条第 1 款第(四)项与第 237 条第 2 款第(二)项的规定完全相同,因此我们有理由认为该解释也适用于不予执行涉外裁决的情形。

仲裁裁决,并否定了以仲裁机构性质来确定仲裁裁决是否涉外之做法。

其二,最高人民法院的司法解释确定了"涉外"因素的实质性判断标准。2012年的《最高人民法院关于适用〈中华人民共和国涉外民事关系法律适用法〉若干问题的解释(一)》(以下简称《〈涉外民事关系法律适用法〉解释》)第1条规定:"民事关系具有下列情形之一的,人民法院可以认定为涉外民事关系:(一)当事人一方或双方是外国公民、外国法人或者其他组织、无国籍人;(二)当事人一方或双方的经常居所地在中华人民共和国领域外;(三)标的物在中华人民共和国领域外;(四)产生、变更或者消灭民事关系的法律事实发生在中华人民共和国领域外;(五)可以认定为涉外民事关系的其他情形。"2015年的《〈民诉法〉解释》第522条规定:"有下列情形之一,人民法院可以认定为涉外民事案件:(一)当事人一方或者双方是外国人、无国籍人、外国企业或者组织的;(二)当事人一方或者双方的经常居所地在中华人民共和国领域外的;(三)标的物在中华人民共和国领域外的;(四)产生、变更或者消灭民事关系的法律事实发生在中华人民共和国领域外的;(五)可以认定为涉外民事案件的其他情形。"上述司法解释对"涉外"的解释如出一辙,此种判断标准类似于本书第四章第二节中的部分国家之立法规定,如法国以争议是否涉及国际商事利益为标准,瑞士和美国以仲裁地为主、以当事人国籍等因素为辅进行判断,等等。此外,德国、瑞典和英国则是将仲裁地作为判断涉外因素的标准。

联合国《国际商事仲裁示范法》第1条第3款规定:"一项仲裁是国际性的,如果(1)仲裁协议双方当事人在签订该协议时,他们的营业地位于不同的国家;或(2)下列地点之一位于双方当事人营业地共同所在地国家之外:(a)仲裁协议或根据仲裁协议确定的仲裁地;(b)商事关系义务的主要部分将要履行的任何地点与争议的标的具有最密切联系的地点;或者(3)双方当事人已明确地同意,仲裁协议的标的与一个以上的国家有关。"依据《纽约公约》的相关规定,外国仲裁裁决的确定标准有二:一为裁决作出地标准,二为仲裁程序所适用的法律标准。除了《纽约公约》的标准外,各国的国内法划分仲裁裁决的标准还包括仲裁员的国籍、仲裁所适用的实体法、裁决书的签字地点等类型。[①] 总结以上各国的规定,采用仲裁地标准的立法占据多数。

从本质上看,仲裁裁决的"涉外性"与"国籍"是不同的概念,二者不仅

---

① 参见赵秀文:《论国际商事仲裁裁决的国籍及其撤销的理论与实践》,《法制与社会发展》,2002年第1期,第67—68页。

在确定的标准上有所不同,而且在功能方面也存在差异。如果我们将仲裁地作为判断仲裁裁决国籍的标准,那么一项涉外商事仲裁裁决既有可能是在本国境内作出的本国裁决,又有可能是在本国境外作出的外国裁决。然而,上述国外立法及国际公约都未将仲裁机构的国籍作为确定裁决国籍的标准,因为实践证明,此种标准不具合理性。相比较而言,上述两个司法解释对"涉外"的界定更具合理性。仲裁裁决涉外性的判断标准固然重要,但是在本书的语境下,更为重要的是,我们应当明确裁决的国籍在构建我国商事仲裁裁决效力体系方面的作用。具体来说,仲裁裁决的国籍能否成为确定裁决效力的因素?在宣布裁决无效或撤销裁决以及承认/执行仲裁裁决时,一国法院应当选择"国籍主义"还是"国际主义"来适用审查标准?①

2. 关于撤销裁决与拒绝承认/执行裁决的理由

作为《纽约公约》的缔约国,我国应履行遵守公约之义务。所以,在不予执行外国仲裁裁决的理由方面,我国应当与《纽约公约》保持一致。虽然《纽约公约》第5(1)条的不予承认与执行裁决之理由属于授权性规范,但是根据前文对一些主要国家的国内立法之比较分析,在执行仲裁裁决的立法中,各国一般都会区分国内仲裁裁决与公约裁决,并规定在执行公约裁决时,以公约规定为准。以上这种弹性的规定,既可以使各国避免因违反公约而受责难,又保证了公约适用的灵活性。针对国内仲裁裁决的承认与执行,各国的规定通常都与《纽约公约》的规定有所出入,并不是完全一致的。针对拒绝承认/执行裁决的理由,我国的立法也区分了内外国裁决,只是有一些问题仍待解决:

其一,涉外仲裁裁决的确定标准问题。《中华人民共和国民事诉讼法》第237条和第274条分别列明了非涉外仲裁裁决与涉外仲裁裁决的不予执行之条件,但条文暗含的"以仲裁机构的性质确定裁决的国籍"之标准因含义不明、匪夷所思而造成了法律适用上的混乱,这长期受到学者们的诟病。② 2017年的《司法审查规定》第12条已对上述问题进行了明确③,并且其在第17条第2款进一步加以佐证,但该条并未对"涉外仲裁"进行全面界定,只是规定国内仲裁机构仍有作出涉外仲裁裁决的可能。那么,国外

---

① 部分论证参见本书第五章。

② 关于我国立法以"仲裁机构的性质确定裁决的国籍"之标准的历史梳理、详细评论等资料,可参见刘想树:《涉外仲裁裁决执行制度之评析》,《现代法学》,2001年第4期,第111—112页。

③ 《司法审查规定》第12条:"仲裁协议或者仲裁裁决具有《最高人民法院关于适用〈中华人民共和国涉外民事关系法律适用法〉若干问题的解释(一)》第一条规定情形的,为涉外仲裁协议或者涉外仲裁裁决。"

仲裁机构在我国的分会、代表处等机构作出的仲裁裁决的性质该如何界定？如果我们选择参照《〈涉外民事关系法律适用法〉解释》第 1 条关于涉外民事关系的认定，以及《〈民诉法〉解释》第 522 条关于涉外民事案件的认定，而二者雷同的实质性审查标准又完全不同于《中华人民共和国民事诉讼法》和《中华人民共和国仲裁法》之观点，那么司法解释与法律本身相矛盾时的法律选择问题又会凸显——更合理的标准之法律效力等级过低，法律效力等级高的标准又不合理。因此，即使我国的立法区分了拒绝承认/执行内外国裁决的理由，其在如何区分内外国裁决这一先决问题上的态度也是不明朗的，从而造成了法律适用方面的选择障碍。

其二，拒绝承认/执行涉外仲裁裁决具体事由的合理性问题。多年来，学界争论的焦点主要集中在《中华人民共和国民事诉讼法》第 237 条的关于国内裁决实质性审查之规定上，并且这个规定还曾引发了有关司法监督究竟应当是"全面监督"还是"程序性监督"的大争论。对比《纽约公约》的拒绝承认/执行外国裁决之规定，以及部分国家的拒绝承认/执行裁决之立法，我国的多数学者得出结论认为，对仲裁裁决只进行程序上的监督是判断一国仲裁制度先进与否的重要标志。因此，我国的实体性监督审查标准成为继"仲裁机构的国籍"标准后的又一被集体讨伐之对象。然而，我们反思一下就会发现，不论在方法论上还是在论据上，上述争论都存在明显的漏洞，以下试举两例。首先，在具体论据上，本书在第五章第二节的拒绝承认/执行裁决的国别研究中已有论述，即多数国家是区分了内外国裁决，并采取不同的拒绝事由的。从立法思想上讲，上述做法应是符合各国的公共政策的。更为重要的是，详细考察《纽约公约》第 5 条的拒绝承认/执行外国仲裁裁决之事由，我们会发现，其中关于"超裁"和"违反公共秩序"之规定有实体性事由之嫌，所以怎么可能会得出《纽约公约》的立场是只限于程序性审查监督之结论呢？其次，在方法论上，程序监督与实体监督的讨论固然具有政策导向方面的支持仲裁之积极作用，并且在研究初期具有一定的意义，但是如果我们仅停留于此种大而化之的分类方式，而缺乏对具体事由的含义、合理性等问题的深入探讨，那么这将不利于进一步细化拒绝承认/执行裁决事由的研究，甚至会因此阻碍研究的深入。

关于撤销仲裁裁决的理由，《纽约公约》未进行规定，而联合国《国际商事仲裁示范法》第 34（2）条规定了撤销裁决的理由，该理由与《纽约公约》第 5（1）条的拒绝承认/执行裁决之理由非常相似。《中华人民共和国仲裁法》分别在第 70 条和第 71 条规定了撤销涉外裁决和不予执行涉外裁决的相关内容。就上述两条规定来看，撤销与不予执行的理由是相同的，依据都是《中华人民共和国民事诉讼法》第 274 条第 1 款之规定。然而，由此产生的疑问是，当面对同一情形时，法院是应当裁定撤销，还是裁定不予执行。法条对此做出的区分是，"当事人提出证据证明……"与"被申请人提出证据证明……"，这似乎是从提出证据的主体之角度来进行区分，但此种区分并不具有科学性。本书第五章第二节已述，撤销裁决与拒绝承认/执行裁决是两种不同的阻却裁决效力之方式，二者存在如下区别：第一，后果不同。如果裁决被撤销，那么这意味着其失去效力；而裁决被拒绝承认/执行，仅意味着该法院不赋予裁决以强制执行力，但这并不能完全否定裁决的效力，当事人仍有可能在其他法院获得执行。第二，决定法院不同。撤销裁决的申请只能由当事人向仲裁地法院提出，而承认/执行裁决的申请还可以由当事人向其他法院提出。因此，在涉外仲裁领域，尤其是对于仲裁地在国外的裁决而言，拒绝承认/执行裁决是一项重要的阻却裁决效力之制度。

　　基于上述差异，拒绝承认/执行裁决制度的存废之争实属无益[1]，真正重要的是，如何协调好撤销裁决与拒绝承认/执行裁决的关系。《〈仲裁法〉解释》第 25 条和第 26 条分别在制度衔接与事由协调上做了规定。[2] 虽然《〈仲裁法〉解释》是以司法解释的形式做出如上规定，但是其至少构建了制度理念。首先，关于制度衔接，《〈仲裁法〉解释》只规定了一方当事人先申请撤销裁决，而另一方当事人申请执行裁决之情形。如果当事人同时分别提出撤销裁决和执行裁决，那么我们该如何处理？如果裁决已被法院承认/执行，当事人又申请撤销裁决的，那么我们又该如何处理？在涉外案件中，如果我国法院已经承认/执行裁决，但是该裁决又被仲裁地法院撤销，那么我国法院该如何应对？现有的立法和司法解释均未涉及以上情况。关于事由协调，我国涉外仲裁裁决的撤销事由和不予执行事由均参照《中华人民共和国民事诉讼法》第 274 条第 1 款的规定，两者完全相同，此种立

---

[1] 有关我国不予执行裁决制度的存废之争，可参见陈忠谦：《论仲裁裁决的撤销与不予执行——兼谈中国〈仲裁法〉的修改》，《仲裁研究》，第八辑，第 6—17 页；占善刚、刘显鹏：《论不服仲裁裁决应有之救济途径及其适用》，《仲裁研究》，第七辑，第 27—35 页；于喜富：《比较法视角下仲裁裁决的执行监督——兼论我国仲裁裁决不予执行制度之存废》，中国仲裁与司法论坛暨 2010 年年会论文集，第 453—460 页，等等。

[2] 《〈仲裁法〉解释》第 25 条："人民法院受理当事人撤销仲裁裁决的申请后，另一方当事人申请执行同一仲裁裁决的，受理执行申请的人民法院应当在受理后裁定中止执行。"《〈仲裁法〉解释》第 26 条："当事人向人民法院申请撤销仲裁裁决被驳回后，又在执行程序中以相同理由提出不予执行抗辩的，人民法院不予支持。"

法模式与前述如法国、德国等国的模式相同,即以撤销裁决制度为阻却裁决效力的基础制度,拒绝承认/执行裁决的事由参照撤销裁决事由。但是,我们需要思考的,是具体事由的合理性问题,如未出现在《中华人民共和国民事诉讼法》第274条第1款中的仲裁协议无效、争议事项具有不可仲裁性、违背社会公共利益等情形可否成为撤销裁决的事由?《〈仲裁法〉解释》第18条和第19条对《中华人民共和国仲裁法》第58条的撤销国内仲裁裁决之事由进行了解释①,并明确了仲裁协议无效可以作为撤销事由和裁决可以被部分撤销的问题,但是争议事项具有不可仲裁性可否成为撤销事由仍未得到明确。更为重要的是,《〈仲裁法〉解释》中的上述规定可否用于解释《中华人民共和国民事诉讼法》第274条第1款的类似规定? 均以第一项事由为例,《中华人民共和国仲裁法》第58条第1款第(一)项为"没有仲裁协议的",《中华人民共和国民事诉讼法》第274条第1款第(一)项为"当事人在合同中没有订有仲裁条款或者事后没有达成书面仲裁协议的"。两相比照,《中华人民共和国仲裁法》的规定更为概括,《中华人民共和国民事诉讼法》的规定更为具体,然而后者漏掉了虽订有仲裁协议但属无效之情形。从法律的效力层次上看,《中华人民共和国民事诉讼法》由全国人民代表大会通过,属于基本法律,而《中华人民共和国仲裁法》由全国人大常委会通过,属于一般法律,因此前者的效力自然高于后者。在规定不一致时,我们应以《中华人民共和国民事诉讼法》为准。② 因循上述思路,《中华人民共和国民事诉讼法》的规定无法得到扩大解释,从而使得涉外仲裁裁决的撤销事由显得不甚确当。

3. 关于救济时效的规定

我国涉外商事仲裁裁决效力阻却的相关规定主要包括《中华人民共和国仲裁法》第58—61条与第70—71条,以及《中华人民共和国民事诉讼法》第274条。其中,《中华人民共和国仲裁法》第59条和第60条规定了当事人申请撤销的期限与法院作出裁定的期限③,并且《〈仲裁法〉解释》第

---

① 《〈仲裁法〉解释》第18条:"仲裁法第五十八条第一款第一项规定的'没有仲裁协议'是指当事人没有达成仲裁协议。仲裁协议被认定无效或者被撤销的,视为没有仲裁协议。"《〈仲裁法〉解释》第19条:"当事人以仲裁裁决事项超出仲裁协议范围为由申请撤销仲裁裁决,经审查属实的,人民法院应当撤销仲裁裁决中的超裁部分。但超裁部分与其他裁决事项不可分的,人民法院应当撤销仲裁裁决。"
② 刘想树:《涉外仲裁裁决执行制度之评析》,《现代法学》,2001年第4期,第113页。
③ 《中华人民共和国仲裁法》第59条:"当事人申请撤销裁决的,应当自收到裁决书之日起六个月内提出。"《中华人民共和国仲裁法》第60条:"人民法院应当在受理撤销裁决申请之日起两个月内作出撤销裁决或者驳回申请的裁定。"

26 条和第 27 条通过对申请理由的限制,发挥了一定意义上的时效作用。近年来,最高人民法院出台的相关司法解释就期限问题做出了较为全面的规定。例如,《〈民事诉讼法〉解释》第 547 条规定:"当事人申请承认和执行外国法院作出的发生法律效力的判决、裁定或者外国仲裁裁决的期间,适用民事诉讼法第二百三十九条的规定。当事人仅申请承认而未同时申请执行的,申请执行的期间自人民法院对承认申请作出的裁定生效之日起重新计算。"①另外,《执行案件规定》第 8 条规定:"被执行人向人民法院申请不予执行仲裁裁决的,应当在执行通知书送达之日起十五日内提出书面申请;有民事诉讼法第二百三十七条第二款第四、六项规定情形且执行程序尚未终结的,应当自知道或者应当知道有关事实或案件之日起十五日内提出书面申请。本条前款规定期限届满前,被执行人已向有管辖权的人民法院申请撤销仲裁裁决且已被受理的,自人民法院驳回撤销仲裁裁决申请的裁判文书生效之日起重新计算期限。"《执行案件规定》第 12 条规定:"人民法院对不予执行仲裁裁决案件的审查,应当在立案之日起两个月内审查完毕并作出裁定;有特殊情况需要延长的,经本院院长批准,可以延长一个月。"由于我国的重新仲裁附属于撤销裁决程序之中,因此有关期限的规定可以参照《中华人民共和国仲裁法》第 59 条、第 60 条等相关条文之内容。综上所述,在救济期限问题上,我国通过各种法律文件,对撤销裁决、申请承认/执行裁决、重新仲裁等制度做出了较为全面、具体的规定,从而契合了仲裁制度对效率的要求,并在防止当事人利用司法审查程序来拖延纠纷的解决、提升当事人对我国仲裁制度的信心、确保仲裁裁决效力的实现等方面发挥了较好作用。

我国最高人民法院于 1998 年 4 月 23 日出台了《关于人民法院撤销涉外仲裁裁决有关事项的通知》(以下简称《撤销涉外裁决的通知》)后,又于 2017 年 11 月 20 日出台了《司法审查报核规定》,该规定于 2018 年 1 月 1 日起实施。《司法审查报核规定》第 2 条第 1 款规定:"各中级人民法院或者专门人民法院办理涉外涉港澳台仲裁司法审查案件,经审查拟认定仲裁协议无效,不予执行或者撤销我国内地仲裁机构的仲裁裁决,不予认可和执行香港特别行政区、澳门特别行政区、台湾地区仲裁裁决,不予承认和执行外国仲裁裁决,应当向本辖区所属高级人民法院报核;高级人民法院经

---

① 《中华人民共和国民事诉讼法》第 239 条:"申请执行的期间为二年。申请执行时效的中止、中断,适用法律有关诉讼时效中止、中断的规定。前款规定的期间,从法律文书规定履行期间的最后一日起计算;法律文书规定分期履行的,从规定的每次履行期间的最后一日起计算;法律文书未规定履行期间的,从法律文书生效之日起计算。"

审查拟同意的,应当向最高人民法院报核。待最高人民法院审核后,方可依最高人民法院的审核意见作出裁定。"这就是司法实践中延续至今的"内部报告制度"。根据司法解释,当事人向法院申请撤销我国内地仲裁机构作出的涉外仲裁裁决或者承认/执行涉外仲裁裁决的,如果一审法院裁定撤销或拒绝承认/执行涉外仲裁裁决,那么其需逐级上报至高级人民法院甚至最高人民法院,这被称为涉外仲裁裁决"超国民待遇",因为国内仲裁裁决的上述司法审查不需要逐级上报。司法解释一直延续着"内部报告"的做法,并通过提高管辖法院级别和内部报告监督之方式,在涉外案件的司法审查方面表现出谨慎的态度,但这实际上反映出的,是立法缺失及解释不统一所导致的无法可依、司法混乱之局面。因此,司法机关才不得已采取非常程序,以规范对涉外商事仲裁裁决的司法监督,并统一法律适用。但是,无论初衷为何,司法解释都未全面规定法院内部的逐级审查之期限,仅 1998 年的《撤销涉外裁决的通知》第 2 条有零星规定:"受理申请撤销裁决的人民法院如认为应予撤销裁决或通知仲裁庭重新仲裁的,应在受理申请后三十日内报请其所属的高级人民法院,该高级人民法院如同意撤销裁决或通知仲裁庭重新仲裁的,应在十五日内报最高人民法院,以严格执行仲裁法第六十条的规定。"那么,有关不予承认/执行裁决的报请期限、最高人民法院的审查期限等问题又该以何为参照? 这种不注重程序效率的立法缺失,反而模糊了我国支持涉外仲裁的倾向。

以上只是列举了立法缺失的部分内容,从这些规定散落在各效力等级与各类型的法律文件之中、内容零散、不成体系的现状来看,我国涉外仲裁裁决效力的立法缺失与缺乏统一、坚实的理论研究基础有着密切关系。没有前期的理论研究,立法制度的构建就会出现思路混乱、内容片面、频繁修订的局面。例如,2018 年 3 月 1 日起施行的《执行案件规定》第 4 条规定:"对仲裁裁决主文或者仲裁调解书中的文字、计算错误以及仲裁庭已经认定但在裁决主文中遗漏的事项,可以补正或说明的,人民法院应当书面告知仲裁庭补正或说明,或者向仲裁机构调阅仲裁案卷查明。仲裁庭不补正也不说明,且人民法院调阅仲裁案卷后执行内容仍然不明确具体无法执行的,可以裁定驳回执行申请。"另外,《中华人民共和国仲裁法》第 56 条规定:"对裁决书中的文字、计算错误或者仲裁庭已经裁决但在裁决书中遗漏的事项,仲裁庭应当补正;当事人自收到裁决书之日起三十日内,可以请求仲裁庭补正。"对照司法解释与立法的规定,以上两个条文所涉及的,均为裁决书的补正问题吗? 如果答案是肯定的,那么司法解释与立法就产生了矛盾。立法规定的期限为"当事人自收到裁决书之日起三十日内",申请程序是"当事人向仲裁庭提出";司法解释未规定期限,但期限应是"在执行程序中",此期限可能在"当事人收到裁决书之日起三十日"之内,也可能在"当事人收到裁决书之日起三十日"之外,且程序是"人民法院告知仲裁庭"。在立法的效力高于司法解释的效力之前提下,这种不断推陈出新的、与立法相矛盾的司法解释在裁决效力体系的完善方面又有何益呢? 如果我们认为司法解释只是应对执行程序中出现的裁决书无法执行之情况,其与立法规定的裁决书之补正是不同的问题,那么此种执行阶段由法院发起的对裁决书的补正又需满足哪些条件,与当事人向仲裁庭申请补正裁决书的救济应有哪些相同或不同之处呢? 可见,理论研究才是破除上述混乱局面的关键所在。

第二节　我国涉外商事仲裁裁决效力体系的反思性构建

在收集资料之初,笔者看到有学者提出了"我国的商事仲裁是立法主动建构的产物,而不是基于实践需求自发产生"[①]之论断,笔者对此颇为赞同。所以,前文在论及外国商事仲裁法律制度时,笔者心中无限感慨,并尤其折服于 1996 年的《英国仲裁法》之精致与严密。与此同时,国内关于商事仲裁制度的起源、发展,直至现代国际商事仲裁制度确立之论述,几乎统一于国外商事仲裁的立法、国外商事仲裁机构的建立和国际公约的签订这条线索。在分析国外商事仲裁制度发展的历程时,笔者通常会主动将国家与社会的分析框架融入其中,从而更好地理解商人社会的自治何以脱胎于政治国家的权威。在此基础上,笔者深信商事仲裁之缘起及其蓬勃发展,既关涉法制之发展健全的表象,又必然依赖于市民社会自治之理念根基。由于鲜见我国商事仲裁制度的历史脉络,因此笔者竟生"崇外之情",并一度怀疑我国是否具备建立商事仲裁制度的历史经验与现实根基。幸而,部分历史研究学者对我国近代商事仲裁制度的缘起、演变的过程等进行了考证,从而有理有据地证实了我国近代商事仲裁制度的存在及其所发挥的重要作用。有鉴于此,笔者认为,我国涉外商事仲裁裁决效力理论的反思性构建,不应当仅着眼于法律的完善,更应当注重理念的更新。

---

① 〔美〕克里斯多佛·R.德拉奥萨、〔美〕理查德·W.奈马克:《国际仲裁科学探索——实证研究精选集》,陈福勇等译,北京:中国政法大学出版社 2010 年版,代译序第 6 页。

一、制度背景的反思

（一）"灰脚法庭"与"商会仲裁"

探寻仲裁制度的历史足迹，尤其是近现代商事仲裁的起源，我们通常可以追溯至14世纪中叶的瑞典地方法典之仲裁规定。及至17世纪末，英国议会才承认仲裁制度，从而开启了仲裁制度法治化的道路。其后，从19世纪开始，法国、德国、美国、日本等国先后通过立法的方式建立了仲裁制度。进入20世纪后，在国际组织的推动下，《日内瓦公约》《纽约公约》《国际商事仲裁示范法》等国际条约相继制定，并成为现代仲裁制度发展的主要推动力。一时间，法律制度的建立成为判定仲裁制度是否成熟及实现现代化的主要标志。殊不知，上述逻辑进路忽略了仲裁制度的本源特征——民间性。"法的关系……不能从它们本身来理解，也不能从所谓人类精神的一般发展来理解，……它们根源于物质的生活关系，这种物质的生活关系的总和……"[1]在这场舍本逐末的错误中，商人法的影响被束之高阁，作为实践商人法的民间机构——"灰脚法庭"的重要作用也被视而不见。前文已论及，"灰脚法庭"不是严格意义上的法院，但其却具有现代常设国际仲裁庭的特点。"灰脚法庭"与中世纪商人法共同强化了西方市民社会的发展，并构筑了现代商事仲裁制度的基础，而仲裁制度的法治化便是在这种社会背景下的水到渠成之结果。

回头看我国的商事仲裁制度之发展。从中央人民政府政务院于1954年5月6日颁布《关于在中国国际贸易促进委员会内设立对外贸易仲裁委员会的决定》，到国务院办公厅于1996年6月8日出台《关于贯彻实施〈中华人民共和国仲裁法〉需要明确的几个问题的通知》，我国的商事仲裁机构之发展总是在行政机构的"扶持"下踟蹰不前。在意识到公权对私权的侵蚀乃仲裁制度之非常态后，我们又转而急于得出"在我国，历史上不具备市民社会的文化、法律、政治传统以及基础"[2]之结论，以试图用历史的实证来说明现实无奈的合理性。遗憾的是，历史的探究得出的是另一番结论——在19世纪末至20世纪初，英、法、德等国家以立法形式构建仲裁制度之时，近代中国的商会仲裁制度也在风雨飘摇中逐渐确立。

从现有的资料来看，在建立之初，仲裁制度并不具有如现今的国际商

---

① 〔德〕马克思：《〈政治经济学〉序言、导言》，中共中央马克思、恩格斯、列宁、斯大林著作编译局译，北京：人民出版社1971年版，第2页。

② 陈彬：《从"灰脚法庭"到现代常设仲裁机构——追寻商事仲裁机构发展的足迹》，《仲裁研究》，第11辑，第35页。

事仲裁般显赫之地位,更不体现公权对私权的尊重。相反,商人的社会地位之卑微性,导致政治国家放弃了对这一群体的利益纷争之管辖权。有学者认为,以"灰脚"称呼商旅,反映出商旅在一般人心中的形象和其当时社会的地位。在这样的时代,置身商旅必须时时面对动荡和风险,并且绝无体面可言。可以说,在某些国家或地区的某些时代,从商近于各种谋生形式的底线。正常情况下,从商只是一种无奈的选择,或者更确切地说,从商是一种被迫接受的命运。① 在我国的传统社会中,商人也是被列为"士农工商"之末位,从而足见其地位之卑微。同时,地方官府通常视商事纠纷为钱债细故,其要么敷衍延宕、经年累月,要么不谙商情、胡断乱判,动辄还刑讯索贿。涉讼商人的损失不仅得不到补偿,而且往往要大肆破费,乃至倾家荡产。在此种社会环境之下,一方面是商人们不愿意将纠纷诉讼至法庭或公堂,另一方面是行使国家公权力的法庭或官衙也不愿意受理这些繁琐纠纷。因此,商人群体急需寻求一种新的纠纷解决方式,而西方的"灰脚法庭"与中国的"商会仲裁"正是在此背景下应运而生的。

(二) 近代中国的"商会仲裁"之发展历程

20 世纪初的清政府意识到自身"商务素未讲求",从而致使"利权旁落",其他东西方强国则"以商战角胜驯至富强",因此其决定劝办商会。② 这些商会多以行会为组织基础,并由商业会议公所、会馆等机构改组而成。1898 年,为了振兴商务,清政府设立商务局兼理商事纠纷,但商务局初开时只任用候补官员,不任用一般商董。③ 这在本质上与官衙审判并无区别,商人的利益还是得不到维护。因此,在西方国家大兴仲裁立法之际,清政府商部也于 1904 年颁行《商会简明章程》共二十六条,其中第十五条指出,"凡华商遇有纠葛,可赴商会告知总理,定期邀集各董秉公理论,以众公断。如两造尚不折服,任其具禀地方官核办"。④ 至此,清政府通过立法的方式确定了商会调处商事纠纷之职权,从而使商会具有了现代商事仲裁机构的功能。由于各地商会的仲裁功能发挥得较为良好,并得到了商人们的广泛认可,因此有部分商会考虑在商会内部设立独立的仲裁机构,如成都

---

① 陈愉秉:《从西方经济史看旅游起源若干问题》,《旅游学刊》,2000 年第 1 期,第 70 页。

② 胡光明等:《天津商会档案汇编》(第一辑),天津:天津人民出版社 1989 年版,第 20 页。

③ 郑成林:《近代中国商事仲裁制度演变的历史轨迹》,《中州学刊》,2002 年第 6 期,第 122—123 页。

④ 马敏:《商事裁判与商会——论晚清苏州商事纠纷的调处》,《历史研究》,1996 年第 1 期,第 31 页。

商务总会于 1909 年在原来的商事公断处之基础上首倡设立了"商事裁判所"。[①] 此后，部分商会也有效仿。辛亥革命以后，在各地商会的要求下，北洋政府司法部和工（农）商部于 1913 年颁布了《商事公断处章程》。《商事公断处章程》规定，公断处受理的讼案包括两种，一是在未起诉前先由纠纷双方同意自行申请者，二是在起诉后由法律委托调处者。公断结果必须在征得纠纷双方同意之后，方可发生效力。若双方不同意公断结果，则任意一方均可起诉；若双方均已同意公断结果，则公断结果应得到强制执行，但执行必须呈请法院宣告。1914 年，《商事公断处办事细则》颁布，该细则共计 61 条，其使商事公断处的商事仲裁工作趋于规范化，并在一定程度上提高了仲裁效力。[②] 1926 年，北京政府公布了《修正商事公断处章程》及其办事细则，此章程直至 1936 年由国民政府司法院解释仍然有效。南京国民政府于 1928 年成立后，商事公断处也有改称公断委员会的，但与清末民初的仲裁机构相比，其作用已不可同日而语。[③] 近代中国商会仲裁机构的演进也是商会自身不断发展的结果，因此在时局动荡、战乱频发、各地商会的活动受到严重影响时，商会的商事仲裁职能也基本消失殆尽。

　　近代中国的商事仲裁制度是伴随着商会的兴衰而不断发展的。从清政府颁行的《商会简明章程》一直到《商事公断处章程》及其办事细则，虽然商会仲裁制度在经过不断修正后也仍旧不完善，但是其至少彰显了政府对商人利益的关注。事实证明，商会仲裁的确保护了商人利益，并且促进了当时社会的经济发展。据统计，1903 年至 1917 年，天津商会理结的商事纠纷共 5157 起[④]；1905 年至 1911 年，苏州商会受理商事纠纷共 393 起[⑤]；1913 年至 1932 年，云南总商会商事公断处共受理纠纷 3287 起，其中解决纠纷 1953 起，和解纠纷 680 起，未决纠纷 654 起，结案率为 80.10%[⑥]；京师商事公断处自 1915 年 6 月成立以来，至 1925 年 12 月 7 日止，共计受理案件 776 起[⑦]。

---

① 任云兰：《论近代中国商会的商事仲裁功能》，《中国经济史研究》，1995 年第 4 期，第 118—121 页。

② 虞和平：《清末民初商会的仲裁制度建设》，《学术月刊》，2004 年第 4 期，第 92 页。

③ 任云兰：《论近代中国商会的商事仲裁功能》，《中国经济史研究》，1995 年第 4 期，第 119 页。

④ 同上，第 124 页。

⑤ 马敏：《商事裁判与商会——论晚清苏州商事纠纷的调处》，《历史研究》，1996 年第 1 期，第 33 页。

⑥ 时攀：《民初云南总商会商事公断处初探》，《云南档案》，2011 年第 1 期，第 27 页。

⑦ 张松：《民初商事公断处探析——以京师商事公断处为中心》，《政法论坛》，2010 年第 3 期，第 33 页。

然而,商会仲裁生于乱世,并且商会裁断纠纷的权力既很有限,又不稳定。一方面,商会并不享有纠纷的最终裁决权。例如,《商会简明章程》第十五条规定,当事双方对商会裁决不服的,他们还可以继续将纠纷交由官府查办。另一方面,商会仲裁案件处于政府的严密监控之下,商会甚至被剥夺了部分仲裁权力。1911 年,清政府对民事审判制度做了进一步调整,其再度限制商会的权力,并规定在各地设立各级审判厅,"商事诉讼应尽一概归并",凡未设审判厅的地方,商事诉讼"应暂仍旧贯,由府州县受理"。①中华民国成立后,随着《商事公断处章程》及其细则之颁布,商事仲裁制度再次走上规范化的发展道路。

(三) 近代中国的涉外"商会仲裁"

总体看来,虽然清末民初的商会仲裁制度之发展历经了风雨,但是其确有可圈可点之处:商会仲裁受理纠纷的地域范围广泛,既涉及本地商号之间的纠纷,又涉及本埠与外埠商号之间的纠纷;商会仲裁受理纠纷的内容庞杂,如钱债纠纷、违约纠纷、商标侵权纠纷、房租地基纠纷、劳资纠纷等。即使在当时的半殖民地社会的背景下,各地商会也竭尽所能地处理中西商号之间的纠纷,以维护华商利益。早在 1904 年,清政府颁行的《商会简明章程》第十六条就明确规定:"华洋商遇有交涉龃龉,商会应令两造各举公正人一人,秉公理处,即酌行剖断。如未能允洽,再由两造公正人合举众望夙著者一人,从中裁判。其有两造情事,商会未及周悉,业经具控该地方官或该领事者,即听两造自便。设该地方官领事等判断未尽公允,仍准被屈人告知商会代为伸理。案情较重者,由总理禀呈本部当会同外务部办理。"与《商会简明章程》第十五条的商会对华商间纠纷之处理相比,第十六条的规定较为模糊,其并未明确商会处理纠纷的性质为何。因此,有学者认为,商会对华洋纠纷的调处,是华洋诉讼之前的一种纠纷解决之非正式程序。② 然而,1909 年,天津商会与日本商业会议共同拟定的《日清商事调停章程》却具有明显的仲裁特征,其规定甚至与现代仲裁制度相近似。例如,《日清商事调停章程》规定:"日清商事判断所调停之事,不得再记讼端于他者,倘敢故违,委员可征收第三条所定保证金⋯⋯若有不遵行调停判

---

① 张松:《民初商事公断处探析——以京师商事公断处为中心》,《政法论坛》,2010 年第 3 期,第 41 页。

② 蔡晓荣:《论清末商会对华洋商事纠纷的司法参预》,《学术探索》,2006 年第 1 期,第 108 页。

断之判决者,将其保证金可征收而给他造。"①

当然,基于当时的社会背景,华商与洋商之间的纠纷不仅具有商事性质,更具有政治性质。在华洋商发生纠纷时,华商即使并无过错,也常常会处于劣势地位,此时的商会则充当华商利益的保护者。因此,清末商会在处理华商间的纠纷与处理华洋商间的纠纷时的地位有所不同。针对华商间的纠纷,即使当事者因对商会裁决意见不服而向官府申诉,商会也仍然具有独立裁判权;而针对华洋商间的纠纷,商会则无独立裁决权,其要么需与在华的洋商组织联合仲裁,要么只能作为诉讼前的调解机构。虽然清末商会有时也单独受理华洋商间的纠纷,但是迫于时局压力,其很难对纠纷作出独立、公正的裁决。例如,在1907年的"恒康钱庄向日商索赔案"中②,苏州商会终因"事关交涉"而只能使该案不了了之。

总结中国清末民初商会仲裁制度的特点,其既有现代商事仲裁的影像,又有鲜明的历史烙印。商会仲裁肇始于民间,依托于商会组织,援用行会组织的处事原则,以专业人士处理专门纠纷,符合现代商事仲裁的基本精神。然而,在政治因素和法制因素的作用下,商会仲裁与现代商事仲裁的差距仍然较大。

首先,关于仲裁裁决的效力。以清末的《商会简明章程》为例,不论商会仲裁的是华商间的纠纷还是华洋商间的纠纷,其裁决都不具有最终效力,即不服的当事人仍可诉诸公堂,这与现代商事仲裁的或裁或审原则是不同的。虽然《日清商事调停章程》规定,凡经日清商会共同调停之争端,不得再诉讼至法院,但是其同时又规定,如有违反,可征收保证金,这说明或裁或审的原则仍可变通适用。随着商会仲裁的发展与商会的持续奋斗,在仲裁裁决的效力规定方面,北洋政府于1914年颁布的《商事公断处办事细则》更趋近于现代商事仲裁体系,如"公断之结果,并得两造之同意时,即为理结,两造亲自签押后,依公断处章程第三十五条办理。既经理结,其公断即发生效力,此后非发见其公断根据事实有重大错误,或有显然与该公断抵触之新证据时,不得再有异议""既经理结之件,如有关于赔偿、缴纳各事宜,应由当事人觅具殷实信用之保人担负责任,其无适当之保人者,应禀请该辖法院宣告强制执行"。③ 从上述规范文件在裁决效力方面的规定之

① 蔡晓荣:《论清末商会对华洋商事纠纷的司法参预》,《学术探索》,2006年第1期,第109页。

② 马敏:《商事裁判与商会——论晚清苏州商事纠纷的调处》,《历史研究》,1996年第1期,第38页。

③ 虞和平:《清末民初商会的仲裁制度建设》,《学术月刊》,2004年第4期,第93页。

演进来看,清末民初的商事仲裁制度还是在朝着现代仲裁的方向不断发展完善——从最初不承认裁决具有最终拘束力,到承认裁决具有最终拘束力,且进一步承认裁决具有强制执行效力。当然,与现代商事仲裁制度相比,商会仲裁具有更多的契约性质和较少的司法特性,因为裁决需经当事人同意后,才可发生拘束效力;现代商事仲裁裁决拘束效力的产生是不需经过当事人特别认可的,因为当事人签订仲裁协议的行为已足以说明其认可裁决的上述效力。

其次,关于仲裁裁决的依据。在现代商事仲裁制度的法律框架下,除友好仲裁外,裁决多依据法律作出。尤其在程序方面,现代商事仲裁越来越呈现出类诉讼的倾向。然而,商会裁决纠纷仍沿袭了行会组织的断案方式,其更多地以情理或商事惯例为依据,"秉公理论"和"秉公理处"是当时立法的常用语。当然,上述现象与当时法制不完善、民商立法缺失、无法可依的状况也不无关系,实体法与程序法的不健全成为阻碍商会仲裁制度发展的重要因素。因此,一方面,由商会裁决纠纷弥补了当时法律不健全之缺陷;另一方面,在意识到无民商立法之弊端后,商会积极吁请政府出台相应法律。

最后,关于涉外仲裁。清末民初的商会仲裁很少提及涉外仲裁,只有清末的《商会简明章程》第十六条规定了华洋商间的纠纷之处理方式。从前文的分析来看,商会在处理华洋商间的纠纷时之作用显然不同于现代商事仲裁机构。在遇到华商与洋商发生纠葛的情况时,商会更多地是以华商利益保护者的身份出现。而且,在当时的社会背景下,商会很难独立行使涉外仲裁的职权。当时的法律不仅规定当事人既可裁又可审,并可以在裁完或审完后再继续仲裁,而且甚至规定遇案情较重者,可由总理禀呈商会会同外务部办理。今非昔比,现代国际商事仲裁案件中的当事人地位是平等的,即不论当事人的国籍为何,只要其同意将纠纷提交仲裁,仲裁庭都能够以中立者的身份作出公正裁决。如果清末民初的商会之主要功能是区分商人国籍,并对华商予以特别保护,那么现代国际商事仲裁庭则需淡化这种身份的保护,并强调规则的统一适用。因此,我国涉外商事仲裁制度的构建要顺应历史的潮流,以实现仲裁立法领域的从"身份"到"契约"之转变。

二、涉外商事仲裁裁决效力体系的构建

虽然清末民初制订了一系列的商事仲裁法规,但是受社会环境、法制环境等因素的制约,其作用领域仍比较有限,运行效果也并不良好。历史

经验说明,构建我国涉外商事仲裁裁决的效力体系是一项系统工程。我们要进行体系构建前的基础建设,如对仲裁机构民间性的确认等,因为只有坚持仲裁的民间性,才能使仲裁制度保持不断发展的生机活力。与此同时,我们还要注意涉外仲裁制度与其他相关法律的协调,这些法律既包括主要的程序法(如民事诉讼法等),又包括相关的实体法(如民商法等)。从前文的比较论述之结果来看,各国的商事仲裁立法受到了本国的民事程序法之深刻影响。大陆法系的民事程序立法思维肯定会出现于仲裁立法之中;同样,英美法系的仲裁立法也必然蕴含了普通法的思想。例如,英国仲裁法的发展与英国民事司法改革之间有着密切的互动。在 1996 年的《英国仲裁法》之制定过程中,英国正掀起 20 世纪 90 年代的西方世界中最具影响力的民事司法改革浪潮。民事司法改革对 1996 年的《英国仲裁法》之立法及实践显然是有影响的,这不仅体现在以建立更低成本、更便捷的诉讼机制为重要目标的民事司法改革为仲裁制度改革带来的压力与动力,而且呈现为作为民事司法改革基本成果的 1998 年《民事诉讼规则》也包含了仲裁的内容。因此,沃尔夫勋爵表示,"新仲裁法的基本精神与新诉讼规则的基本精神在很大程度上是一致的"。[1] 所以,对各国的商事仲裁立法优劣之评价,不仅要依凭于其制度是否健全,更应致力于剖析该立法与其生长环境的和谐度。当代的许多实证研究都表明,那些不考虑社会背景、不关注人们的物质生活方式,仅仅从需要或抽象的"正义"出发的法律移植都失败了。[2] 因此,我国涉外商事仲裁裁决效力体系的构建也应遵循现实主义的思路,即在比较研究的基础上,寻找适宜本土环境的中国方案。通常认为,我国的立法体系更趋近于大陆法系,所以笔者将通过裁决的形式效力与裁决的实质效力来构建涉外商事仲裁裁决效力体系。

(一) 涉外商事仲裁裁决的形式效力

所谓涉外商事仲裁裁决的形式效力,主要是指仲裁裁决在程序上的效力,包括拘束力与形式确定力。虽然这种分类与大陆法系的判决效力之分类相类似,但是二者在具体内涵上并不相同。

1. 涉外商事仲裁裁决的拘束力

当拘束力成为涉外商事仲裁裁决程序效力之一部分时,其应当具有特定含义,以区别于一般意义上的"仲裁裁决具有拘束力"之概念。例如,《中华人民共和国仲裁法》第 57 条规定的仲裁裁决自作出之日起发生法律效

---

① 参见齐树洁主编:《英国民事司法制度》,厦门:厦门大学出版社 2011 年版,第 217 页。

② 苏力:《法治及其本土资源》(修订版),北京:中国政法大学出版社 2004 年版,第 36 页。

力,就是一种普遍拘束力的概念。所谓仲裁裁决的拘束力,是指在仲裁庭作出裁决后,其职责即告终结,不得再随意变更或撤销仲裁裁决之效力。因此,仲裁裁决的拘束力只作用于仲裁庭,并且在拘束力的问题上,涉外仲裁与国内仲裁没有区别。

有学者认为,裁决拘束力的作用主体还应包括对仲裁裁决负有监督义务的法院。① 上述学者建构的裁决效力体系,实际上是将裁决的拘束力与形式确定力统一于裁决的形式拘束力的概念之下。对此,笔者不敢苟同。在使用判决拘束力的概念时,大陆法系只将其限定在特定范围内,而且为了保持概念使用的一贯性,仲裁裁决的拘束力也应当只是一种程序上的效力。裁决拘束力概念的独立,旨在避免仲裁庭随意变更裁决结果,这是维护仲裁权威的最基本要求。而且,当事人协议仲裁的行为可以分解为两个部分,一为当事人之间的合同行为,二为当事人与仲裁庭之间的服务合同行为。当事人申请仲裁的目的就是得到最终裁决书,所以仲裁庭作出裁决就可以被视为其已按照与当事人的约定履行了合同义务,即合同因目的实现而消灭。

涉外商事仲裁裁决的拘束力应自仲裁庭作出裁决之日起产生,但该拘束力存在以下两种情况的例外:

一是仲裁裁决书的补正。《中华人民共和国仲裁法》第 56 条规定:"对裁决书中的文书、计算错误或者仲裁庭已经裁决但在裁决书中遗漏的事项,仲裁庭应当补正;当事人自收到裁决书之日起三十日内,可以请求仲裁庭补正。"上述规定表明,仲裁庭可以主动或经当事人请求进行补正。针对当事人请求补正的期限,法律也进行了规定,但是立法还应明确仲裁庭做出补正的期限。

二是重新作出裁决书。我国现有的法规对重新仲裁做出明确规定的条文有《中华人民共和国仲裁法》第 61 条②及《〈仲裁法〉解释》第 21 条③、

---

① 宋明志:《仲裁裁决效力论》,《北京仲裁》,第 71 辑,第 53 页。

② 《中华人民共和国仲裁法》第 61 条:"人民法院受理撤销裁决的申请后,认为可以由仲裁庭重新仲裁的,通知仲裁庭在一定期限内重新仲裁,并裁定中止撤销程序。仲裁庭拒绝重新仲裁的,人民法院应当裁定恢复撤销程序。"

③ 《〈仲裁法〉解释》第 21 条:"当事人申请撤销国内仲裁裁决的案件属于下列情形之一的,人民法院可以依照仲裁法第六十一条的规定通知仲裁庭在一定期限内重新仲裁:(一)仲裁裁决所根据的证据是伪造的;(二)对方当事人隐瞒了足以影响公正裁决的证据的。人民法院应当在通知中说明要求重新仲裁的具体理由。"

第22条①、第23条②。虽然上述规定所涵盖的内容较为广泛（包括程序模式、事由、期限、后果等），但是我们略加推敲就会发现，这些规定都比较粗糙。因此，我国的重新仲裁制度之完善必须考虑如下两个基本问题：一是设立该制度的必要性；二是重新仲裁的具体制度设计，如程序模式、主体、期限、事由等。对前述第一个问题的解答有助于我们认清重新仲裁制度的本质，而且也只有在认清本质的基础上，我们才能明确具体制度设计的基本原则和完善方向。本书第五章第三节已就重新仲裁的本质做了详尽论述，我国设立重新仲裁制度的初衷正是节约资源，以及避免直接撤销仲裁裁决所带来的浪费。至于重新仲裁的具体制度设计，非经理论上的比较研究与对我国的立法和司法实践之剖析论证，我们是很难形成令人信服的设计思路的。在本节的第三部分，笔者将以重新仲裁主体制度的设计为例，做一例证探讨。③

关于补正裁决书与重新仲裁的区别，本书第二章第一节已进行了讨论，即二者最根本的区别在于，补正裁决书应被视作仲裁庭尚未完成职责情况下的一种纠错行为，其对裁决的拘束力不产生影响；而重新仲裁却是阻却裁决效力的一种制度，其本质上是一种违反裁决拘束力的制度。基于上述认识，我国涉外商事仲裁裁决拘束力的完善就不仅需要明确补正裁决书与重新仲裁的不同分工，并在具体设计制度时使二者相互协调，而且需要在诸如期限、程序、适用条件等方面做出清晰的划分。

2. 涉外商事仲裁裁决的形式确定力

所谓涉外商事仲裁裁决的形式确定力，其基本含义为，如果通常的不服声明之方式不能剥夺仲裁裁决之存在状态，那么仲裁就确定化了。裁决的形式确定力是极为重要的一个概念，尤其是在我国的司法环境下，只有准确解释仲裁裁决确定力之含义，才能既保证仲裁的程序高效，又保障仲裁当事人的正当权益。裁决的形式确定力也是一个与司法制度密切相关的概念。

在我国的判决效力体系中，立法并未做出如此细致之效力划分，只是在研讨大陆法系的判决效力体系之过程中，学者们引入了判决形式确定力

---

① 《〈仲裁法〉解释》第22条："仲裁庭在人民法院指定的期限内开始重新仲裁的，人民法院应当裁定终结撤销程序；未开始重新仲裁的，人民法院应当裁定恢复撤销程序。"

② 《〈仲裁法〉解释》第23条："当事人对重新仲裁裁决不服的，可以在重新仲裁裁决书送达之日起六个月内依据仲裁法第五十八条规定向人民法院申请撤销。"

③ 关于重新仲裁事由的探讨，可参见杨桦：《重裁事由的问题与主义——基于域外经验与本土实践的考察》，《国际经济法学刊》，2019年第1期，第127—139页。

的概念,并将这个概念区别于我国目前比较常用,但缺乏科学性的判决生效之概念。判决一旦具有形式确定力,其在诉讼程序中就丧失了被撤销的机会,从而产生实质效力。所以,判决形式确定力的内核是一种程序上的效力。我国的诉讼法没有规定判决的形式确定力,因为我国存在一种特殊的司法制度,即再审制度。虽然两审终审是我国的基本审判原则,但是再审制度的规定使两审终审有名存实亡之感,并对我国司法判决的终局性造成强烈冲击。在 2007 年的《中华人民共和国民事诉讼法》修订工作中,学者们就我国的司法终局性、再审制度之完善等问题进行了激烈的讨论。①我国的学者们基本达成了如下共识,即在我国目前的司法状况下,立刻取消再审制度也不现实,但完善再审制度相对来说是一个容易实现的工程,如再审之诉的构建、再审理由的细化等。再审制度的存在使得判决的形式确定力难以被定义。严格来讲,现行的再审程序并不属于诉讼程序,它是一种多主体可以多次提起申诉的程序。因此,从程序上讲,判决的形式确定力应不受再审程序之影响。然而,就实际效果而言,作为非正式的程序,再审制度却往往能使经过两审终审的法院判决发生翻天覆地的变化,这对判决形式确定力的影响又是巨大的。因此,就我国的立法现状来看,判决形式确定力的提出可以促进立法与司法的不断改革,但其正式确立又必须与既判力制度、再审制度等相协调。

那么,在我国的诉讼法领域尚未建立起真正意义上的判决形式确定力之前,仲裁裁决效力体系能否先引入形式确定力的概念? 笔者认为这是完全可以的,只是在确定判决形式确定力的内涵时,我们仍然需要注意以下问题:首先,如同裁决的拘束力一样,形式确定力也是裁决在程序上的效力,所以此概念的独立旨在说明纠纷在仲裁程序上的终结力。"一裁终局"是仲裁制度的基本原则,除了前文提及的国际商品仲裁等仲裁形式有内部上诉机制外,一般的商事仲裁都实行一裁终局,这也就是说,在仲裁庭作出裁决后,当事人即应受裁决约束,裁决不可能在仲裁程序中再被撤销。因此,对裁决形式确定力的确认,就是对仲裁独立解决纠纷的能力之承认。

其次,在裁决形式确定力的概念之下,如何解释法院的司法监督权? 综观多国的国内立法及国际立法,剥夺法院对仲裁裁决行使司法监督权之

---

① 例如,何兵、潘剑锋:《司法之根本:最后的审判抑或最好的审判? ——对我国再审制度的再审视》,《比较法研究》,2000 年第 4 期;贺日开:《司法终局性:我国司法的制度性缺失与完善》,《法学》,2002 年第 12 期;陈桂明:《再审事由应当如何确定——兼评 2007 年民事诉讼法修改之得失》,《法学家》,2007 年第 6 期;齐树洁:《再审程序的完善与既判力之维护》,《法学家》,2007 年第 6 期,等等。

规定是很少见的。非但如此,法院行使司法监督权的形式也是多种多样的,如前文所述的撤销裁决或宣布裁决无效、拒绝承认/执行裁决、重新仲裁等,而其中的撤销裁决是被普遍认可的司法监督方式。如何认识法院对仲裁裁决行使司法监督权之行为的性质,关乎对仲裁裁决形式确定力的正确理解。在我国现有的研究现状及立法环境之下,裁决形式确定力概念的引入更具有修正观念的指导意义。前已论及,形式确定力具有仲裁程序上的终结力,而程序上的终结就意味着裁决产生拘束效力。但是,考虑到法院对仲裁裁决的各种司法监督,以及撤销裁决来否定其效力的现实,裁决的形式确定力之概念又有何价值呢? 笔者认为,上述疑惑与《日内瓦公约》对裁决"终局性"的描述是分不开的。《日内瓦公约》第1(2)(d)条对仲裁裁决的"终局性"做了明确限定——"裁决只有在不能提出异议、上诉或撤销原判的上诉,以及有证据表明旨在挑战裁决有效性的程序正在进行的情况下,才可被认定为终局裁决"。上述明确的限定显然已经将法院对裁决的司法监督程序全部包含在内,即裁决只有在经历了各种司法监督程序之后,才能被认为是终局的。如果我们从仲裁地法院能够撤销仲裁裁决的角度来理解,那么上述的"终局性"定义似乎无可指摘,因为没有法院最后的确定,裁决的效力似乎总处于不确定的状态。从国际商事仲裁的实践案例之角度来看,很多案件的当事人确实以各种理由将仲裁裁决提交至多国法院,以寻求各种救济。纠纷似乎没完没了,裁决也似乎总未终局。但是,为何《纽约公约》抛弃了"终局性"这个相当明晰的概念,并替换上"拘束力"这个不甚确切的概念呢? 概念的替换实际上传达了现代仲裁裁决效力认定的发展趋势——仲裁裁决应自作出之日起产生拘束效力。纵然之后的司法监督程序是不可避免的,但这些事后的司法程序并不能否定仲裁程序终结后的仲裁裁决所产生的拘束效力。此种立场不仅有助于裁决实质效力的尽快实现,而且是支持仲裁的最强信号。不然,在等待仲裁裁决终局的过程中,裁决是应当暂缓生效还是效力未定? 如此这般,仲裁到底是一种独立的纠纷解决方式,还是司法的前置程序? 所以,仲裁裁决形式确定力的概念也辅助了拘束力的概念,其从程序方面确定了裁决的效力,并表明了如下观点,即之后的司法监督制度实际上都是对裁决效力的否定。如果国家要体现支持仲裁的立法政策,那么慎用司法监督制度将是最基本的理念。

（二）涉外商事仲裁裁决的实质效力

大陆法系与英美法系都承认仲裁裁决具有既判力与执行力,只不过大陆法系将其总结为裁决的实质效力。仲裁裁决的形式确定力是实质效力产生的前提,所以与形式效力一样,裁决的实质效力也与各国的诉讼制度有着紧密联系。

1. 涉外商事仲裁裁决的既判力

涉外商事仲裁裁决的既判力问题不仅是裁决效力体系的核心问题,而且是一个比较棘手的问题,其近些年也引起了国际社会的广泛关注。从宏观层面分析,仲裁裁决的既判力问题涉及先前仲裁裁决在继后法院的诉讼或仲裁程序中的效力、先前法院判决在继后仲裁程序中的效力,以及仲裁庭与法院同步审理中的既判力问题;从微观层面分析,仲裁裁决的既判力问题涉及既判力的主观范围、客观范围与时间范围。如果同在一国境内作出的仲裁裁决与法院判决之间(各自之间或相互之间)发生既判效力的问题还比较容易得到解决,那么作出地在境外的仲裁裁决或法院判决之既判力的相互承认问题就会变得十分复杂。在缺乏国际公约的情况下,我们对超出一国国境的司法或准司法行为缺乏法律上的强制力,而且国际组织目前也无能力统一各国对既判力的相互承认问题之认识。但是,在构建涉外商事仲裁裁决既判力时,我国应当就既判力的相互承认问题做出原则性解答。笔者认为,鉴于我国已是《纽约公约》的缔约国,将该公约的相关规定(如《纽约公约》第5条)作为判断是否承认仲裁裁决既判力的基础是可行的。至于是否承认外国判决的既判力之问题,我们应当以我国签订的相关条约为依据。基于上述原则,笔者主要以微观层面的分析为基础进行论述,因为这样可能更容易阐释清楚裁决既判力的具体问题。

关于裁决既判力的主观范围。前文已经述及,所谓裁决既判力的主观范围,是指裁决所能拘束的人的范围。考虑到仲裁的契约属性,且鉴于仲裁协议之于仲裁程序的基石作用,仲裁协议的当事人与仲裁裁决的当事人具有同一性。在民事诉讼法学界热切讨论判决既判力的主观范围之扩张的背景下,仲裁裁决既判力的主观范围只能限于仲裁协议的当事人,因此虽然既判力具有相对性,但是其并不存在扩张的基础。有意思的是,仲裁法学界也在讨论仲裁协议对未签字人的效力问题,即仲裁协议的签字人是否为仲裁协议当事人,或者非签字人能否以及在什么情况下可以成为仲裁协议的当事人。因此,在建构我国涉外商事仲裁裁决既判力的主观范围时,我们应当考虑仲裁协议当事人的确定问题。

关于裁决既判力的客观范围。裁决既判力的客观范围是既判力理论的核心与重点,其受诉讼制度的影响较甚,并呈现出相当的复杂性。概括而言,所谓仲裁裁决既判力的客观范围,是指裁决中的哪些判断事项具有既判力。大陆法系以颇有争议的诉讼标的理论来解释既判力的客观范围,而英美法系则以"交易或事件"标准来确定排除原则的适用范围。大陆法系的理论较为完备,但是其灵活性不足,从而使得诉讼标的理论在解释既判力客观范围上的作用日渐减弱;英美法系的灵活性使其保持了长久的生命力,但是"交易或事件"标准并不适合于我国当前的司法水平。并且,通过两大法系的判断标准,我们也能窥见二者在制度设计上的价值选择之不同,即大陆法系更注重对当事人程序权利的保护,而英美法系则更注重纠纷的一次性解决。关于仲裁裁决既判力的客观范围之确定,我们还应以我国诉讼法制度中的规定为导向。近年来,我国的立法与司法解释在仲裁裁决既判力的客观范围之确定方面的规定有《中华人民共和国民事诉讼法》第 124 条第(二)项[①]、《〈民事诉讼法〉解释》第 93 条第(六)项[②]和第 247 条[③]、2002 年的《最高人民法院〈关于民事诉讼证据的若干规定〉》第 9 条第 1 款第(五)项规定等[④],这些规定分别从诉讼系属、既判力的客观范围、同一案件的判断标准等方面展示了诉讼法学界近些年对既判力的客观范围进行学术探讨的初步成果。有关仲裁裁决既判力的规定,主要见于《中华人民共和国仲裁法》第 9 条第 1 款[⑤],但是该条规定需得与民事诉讼法方面的相关规定相配合,并且其适用标准完全取决于判决既判力理论的发展状况。在我国现阶段的学术研究状况及立法和司法环境下,既判力的客观范围不宜过大。如果立法能进一步明晰特定范围,那么这对于我国当事人权利的保护而言将更为有利。

　　关于裁决既判力的时间范围。相对于主观范围和客观范围而言,涉外商事仲裁裁决既判力的时间范围属于较为次要的问题。裁决既判力的时间范围主要探讨既判力的产生从何时间点开始、该时间点前后判断的事项之拘束力如何等问题。由于两大法系的诉讼理论在裁决既判力的时间范围问题上存在融合,加上仲裁程序比诉讼程序灵活得多,因此裁决既判力

　　① 《中华人民共和国民事诉讼法》第 124 条第(二)项:"人民法院对下列起诉,分别情形,予以处理:……(二)依照法律规定,双方当事人达成书面仲裁协议申请仲裁、不得向人民法院起诉的,告知原告向仲裁机构申请仲裁;……"

　　② 《〈民事诉讼法〉解释》第 93 条第(六)项:"下列事实,当事人无须举证证明:……(六)已为仲裁机构生效裁决所确认的事实;……"

　　③ 《〈民事诉讼法〉解释》第 247 条:"当事人就已经提起诉讼的事项在诉讼过程中或者裁判生效后再次起诉,同时符合下列条件的,构成重复起诉:(一)后诉与前诉的当事人相同;(二)后诉与前诉的诉讼标的相同;(三)后诉与前诉的诉讼请求相同,或者后诉的诉讼请求实质上否定前诉裁判结果。当事人重复起诉的,裁定不予受理;已经受理的,裁定驳回起诉,但法律、司法解释另有规定的除外。"

　　④ 《最高人民法院〈关于民事诉讼证据的若干规定〉》第 9 条第 1 款第(五)项:"下列事实,当事人无须举证证明:……(五)已为仲裁机构生效裁决所确认的事实;……"

　　⑤ 《中华人民共和国仲裁法》第 9 条第 1 款:"仲裁实行一裁终局的制度。裁决作出后,当事人就同一纠纷再申请仲裁或者向人民法院起诉的,仲裁委员会或者人民法院不予受理。"

的时间范围之确定,更多的是为了借完善相关制度的机会来解决如何提高仲裁程序效率之问题。不仅是仲裁立法,我国仲裁机构的仲裁规则也都应当规定仲裁程序的终结阶段。在程序终结之前,当事人可以提交证据材料,也可以进行充分辩论;在程序终结之后,仲裁庭将制作裁决书,当事人未经允许是不得再补充材料的。对既判力的时间范围之正确认识,有助于我们回答突破裁决既判力制度的具体设计问题,如《〈仲裁法〉解释》第第21条第1款第(二)项规定了"对方当事人隐瞒了足以影响公正裁决的证据的",法院可以通知仲裁庭重新仲裁。另外,《执行案件规定》第16条解释了构成隐瞒证据的条件,即"该证据属于认定案件基本事实的主要证据""该证据仅为对方当事人掌握,但未向仲裁庭提交"以及"仲裁过程中知悉存在该证据,且要求对方当事人出示或者请求仲裁庭责令其提交,但对方当事人无正当理由未予出示或者提交"。[①] 在上述规定下,如果在仲裁庭作出裁决后,当事人新发现了证据,或者发现了新证据,那么裁决的既判力能否因此被推翻? 这是与既判力的时间范围之理解密切相关的问题。

2. 涉外商事仲裁裁决的执行力

涉外商事仲裁裁决的执行力关系着仲裁当事人的权利能否真正实现,并且其与强制执行制度直接相关。在判决执行力的产生时间方面,大陆法系与英美法系有明显区别。英美法系对判决确定的理解是,判决一经作出即确定,因此其也具有执行力;而大陆法系认为,判决在形式确定力产生后,才具有执行力。也就是说,两大法系在执行力的产生时间方面存在差异,英美法系的判决执行力之产生时间通常要早于大陆法系。然而,为了提高判决执行的效率,大陆法系也规定了宣告假执行制度。上述诉讼法方面的区别对仲裁裁决的执行力也是有影响的,各国一般都会规定相互协调的执行制度,尤其是在仲裁裁决需要借助法院的力量来实行强制执行的情况下。

一般而言,各国通常将仲裁裁决的执行分为两类,即国内仲裁裁决的执行与国外仲裁裁决的执行。本节讨论的涉外商事仲裁裁决的执行则是更广义的概念,其可能包含上述两种情况。不论是大陆法系国家还是英美法系国家,其仲裁裁决的强制执行通常都包含着承认裁决效力的前置程序,要么以法院的执行宣告为形式,要么以法院的执行命令为形式。也就是说,承认大多以一种独立程序的方式出现,而不仅仅是法院在决定是否

[①] 虽然此规定是针对《中华人民共和国民事诉讼法》第237条第2款第(五)项规定的"对方当事人向仲裁机构隐瞒了足以影响公正裁决的证据的"之解释,但是在没有其他相反解释的情况下,其亦可被用于对《〈仲裁法〉解释》第21条第1款第(二)项的隐瞒证据之解释。

执行裁决时需要处理的一个先决问题,瑞士立法除外。上述做法的优势是,不论裁决是否可以得到执行,或者无论当事人愿意何时执行、怎样执行,其都可以赋予当事人广泛的程序选择权,从而更有利于当事人实现裁决书中的权利。《〈民事诉讼法〉解释》第 546 条也规定了涉外仲裁裁决的承认制度,即"对外国法院作出的发生法律效力的判决、裁定或者外国仲裁裁决,需要中华人民共和国法院执行的,当事人应当先向人民法院申请承认。人民法院经审查,裁定承认后,再根据民事诉讼法第三编的规定予以执行。当事人仅申请承认而未同时申请执行的,人民法院仅对应否承认进行审查并作出裁定"。另外,《〈民事诉讼法〉解释》第 547 条关于期间计算的规定也①明确将涉外仲裁裁决的承认制度与执行制度区分了开来,这不仅体现了较为先进的立法技术,而且科学地涵盖了仲裁裁决的各种类型,如一些仅确认财产关系存在与否而不涉及执行的案件。

依照《纽约公约》的规定,各缔约国还可以对外国仲裁裁决作出拒绝执行的裁定,这可以被理解为是对外国裁决实行司法监督的一种方式。《中华人民共和国仲裁法》第 70 条和《中华人民共和国民事诉讼法》第 274 条分别规定了法院撤销涉外裁决与不予执行涉外裁决的情况。学界曾热议不予执行裁决制度之存废②,本书第五章第二节也已详细比较了不予执行裁决制度和撤销裁决制度之区别。在涉外商事仲裁领域,不予执行裁决(或前文所称的"拒绝承认/执行裁决")制度的存在十分必要且有其独立价值。由于不予执行裁决制度和撤销裁决制度的实施主体不同,因此当涉外裁决在我国领域外作出且符合《中华人民共和国民事诉讼法》第 274 条之条件时,我国法院只能作出不予执行的裁定,而不能行使撤销权。那种"裁决效力事实上已被法院不予执行的裁定所否决"的认识③,实际上混淆了仲裁裁决的执行力与执行权的概念,从而不利于我国涉外商事仲裁裁决效力体系的科学构建。

---

①　《〈民事诉讼法〉解释》第 547 条:"当事人申请承认和执行外国法院作出的发生法律效力的判决、裁定或者外国仲裁裁决的期间,适用民事诉讼法第二百三十九条的规定。当事人仅申请承认而未同时申请执行的,申请执行的期间自人民法院对承认申请作出的裁定生效之日起重新计算。"

②　相关文献可参见肖晗:《建议取消不予执行仲裁裁决的司法监督方式》,《河北法学》,2001 年第 3 期,第 59—61 页;占善刚、刘显鹏:《论不服仲裁裁决应有之救济途径及其适用》,《仲裁研究》,第七辑,第 27—35 页;陈忠谦:《论仲裁裁决的撤销与不予执行——兼谈中国〈仲裁法〉的修改》,《仲裁研究》,第八辑,第 6—17 页;马占军:《论我国仲裁裁决的撤销与不予执行制度的修改与完善——兼评〈最高人民法院关于适用《中华人民共和国仲裁法》若干问题的解释〉的相关规定》,《法学杂志》,2007 年第 2 期,第 108—111 页。

③　占善刚、刘显鹏:《论不服仲裁裁决应有之救济途径及其适用》,《仲裁研究》,第七辑,第 31 页。

综上所述,我国涉外商事仲裁裁决效力制度的构建是一项复杂的系统工程,我们尤其应注意该制度与相关的实体法和诉讼法之协调。同时,即使在商事仲裁立法改革的国际浪潮之推动下,我国也不可盲目追求与国际接轨,而是应当立基于自身的法制环境,通过立法来更好地服务参与国际经济交往活动的本国主体,并不断完善和提升参与国际商事纠纷解决的竞争力。

第三节　效力体系构建示例——重新仲裁的
主体选择之制度逻辑

重新仲裁制度为部分国家的立法所认可,如《英国仲裁法》《美国联邦仲裁法》《瑞士联邦最高法院法》《中华人民共和国仲裁法》等,联合国《国际商事仲裁示范法》对此也有规定。然而,在适用条件、具体程序、主体制度等方面,各国的法律仍表现出明显的差异。重新仲裁的主体是程序展开的必要且重要之因素,主体的合理选择不仅是重裁制度的整体自洽性之保证,而且有助于仲裁程序的公正、效率等价值之实现。本节拟通过对主体选择模式的考察,透视模式选择的内在必然性,并提出我国立法模式下的主体选择之初步意见。

一、问题的提出

一项完整的重新仲裁程序应当始于相关主体做出重裁决定,终于仲裁庭重新作出裁决,因此其至少包含两个重要主体——启动主体和仲裁主体,即谁有权决定是否重裁和谁有权重裁。但是,认可重裁制度的法律在前述两个问题上并未达成共识,而且表现出以重裁的制度定位和具体程序来决定主体之趋向。

近年来,国内学者围绕法院和仲裁庭谁享有重裁与否的决定权、应否考虑当事人的意愿、应否组成新仲裁庭重裁等问题提出了诸多意见。有学者认为,启动主体应包括法院、当事人和仲裁庭,即在做出重裁决定的过程中,法院要么依据了当事人在撤销裁决的过程中所达成的重裁协议[1],要么征求了当事人的意见[2],并且这些都得到了仲裁庭的同意。另有学者认

---

[1]　郭玉军、欧海燕:《重新仲裁若干法律问题刍议》,《中国对外贸易》,2001年第12期,第39页。

[2]　童曦:《重新仲裁制度研究》,《仲裁与法律》,第103辑,第25—26页;杨玲:《仲裁法专题研究》,上海:上海三联书店2013年版,第140页。

为,当事人和法院享有重裁的决定权,即当事人提出重裁的请求是前提,而最终决定权在法院。① 关于仲裁主体,部分学者认为,除坚持原仲裁庭重裁这个原则外②,特定情况还应被区别对待。例如,原仲裁庭的组成不符合法定程序或仲裁规则的,法院宜要求组建新的仲裁庭重裁③;仲裁员有明显不公、贪污受贿、不符合回避原则等情形,从而导致仲裁庭失去了公正裁决的基础的,法院应要求另行组成仲裁庭进行仲裁④;当出现仲裁员被撤销资格、仲裁员死亡等情况时,重新组成仲裁庭也是不可避免的⑤。还有学者提出,应否另行组成仲裁庭应由当事人决定。⑥

上述建议可谓包罗万象,并且学者们也进行了合理解释,如应充分体现仲裁的当事人意思自治原则、现实中的确存在不宜由原仲裁庭重裁的情况等。然而,笔者认为,如果我们缺乏对重裁制度的整体考察,那么一些容易获得的理由只能是单一视角下的片面结论。重裁的主体是重裁整体制度的一部分,其必然需要与制度定位、程序设置等相协调。甚至可以说,正是对重裁制度定位的不同理解和对重裁程序的不同设置,才造成了重裁主体的多样性。

二、重新仲裁的制度定位决定启动主体

重新仲裁并非被所有的国家和地区认可,如荷兰法、意大利法和奥地利法就没有重新仲裁的概念。在联合国《国际商事仲裁示范法》的起草阶段,有代表国曾就第 34(4)条中的重新仲裁之设置问题进行过激烈的争论,甚至有国家建议删除该条内容。⑦ 重裁制度本身是对裁决既判效力的

---

　　① 周清华、王利民:《论我国重新仲裁制度》,《社会科学辑刊》,2008 年第 3 期,第 74 页。

　　② 乔欣:《仲裁权论》,北京:法律出版社 2009 年版,第 340 页;童曦:《重新仲裁制度研究》,《仲裁与法律》,第 103 辑,第 26 页。

　　③ 刘晓红:《仲裁"一裁终局"制度之困境及本位回归》,北京:法律出版社 2016 年版,第 151 页;童曦:《重新仲裁制度研究》,《仲裁与法律》,第 103 辑,第 26 页;甘翠平:《国际商事仲裁一裁终局性的困境与出路——以重新仲裁为视角》,《兰州学刊》,2013 年第 1 期,第 190 页。

　　④ 童曦:《重新仲裁制度研究》,《仲裁与法律》,第 103 辑,第 26 页。

　　⑤ 郭玉军、欧海燕:《重新仲裁若干法律问题刍议》,《中国对外贸易》,2001 年第 12 期,第 40 页;甘翠平:《国际商事仲裁一裁终局性的困境与出路——以重新仲裁为视角》,《兰州学刊》,2013 年第 1 期,第 190 页;杨玲:《仲裁法专题研究》,上海:上海三联书店 2013 年版,第 140 页。

　　⑥ 刘晓红:《仲裁"一裁终局"制度之困境及本位回归》,北京:法律出版社 2016 年版,第 151 页;王小莉:《我国重新仲裁制度若干问题探析》,《仲裁研究》,第 20 辑,第 58 页;刘群芳:《我国重新仲裁的若干法律问题探讨》,《北京仲裁》,第 81 辑,第 92 页;冯珂:《浅析撤销仲裁裁决程序中的重新仲裁》,《河南省政法管理干部学院学报》,2003 年第 3 期,第 192 页。

　　⑦ *Analytical compilation of comments by Governments and international organizations on the draft text of a Model Law on international commercial arbitration*, report of the Secretary-General(A/CN. 9/263),Art. 34(4)para. 15.

反对,其与仲裁的"一裁终局"制度相悖,是对仲裁效率价值的侵蚀。

仲裁裁决的既判效力在仲裁制度的生存和发展方面的意义是不言而喻的,其理论渊源是诉讼法中的"既判力"(res judicata)原则。判决既判力概念的产生主要基于"诉讼应有尽头""不能为了同一诉因而向对方追索两次"等法律理念,其核心意义是禁止当事人就既判事项再次进行争议,以及禁止法院再次对既判事项进行判断①,并且这些理念同样为仲裁所认同。仲裁程序的最基本目标之一,就是为当事人之间的纠纷提供一个快速、经济的最终解决方案。② 为保证国际商事仲裁的效率和终局性目标之实现,仲裁裁决在之后的仲裁程序中应具有确定效力(conclusive effect)和排除效力(preclusive effect)。③ 当事人不能无休止地将相同的争议重复提交给相同的仲裁庭进行裁决,仲裁庭也不能在作出裁决后,再随意修改先前的裁决。④

基于上述共识,多数国家(如美国⑤、德国⑥、英国⑦、瑞士⑧、瑞典⑨等)将重新仲裁定位为一种司法监督方式,因此法院享有重裁与否的决定权。以上国家的立法认为,仲裁庭在签发了一个有效的裁决书之后,就裁决争

---

① 林剑锋:《既判力相对性原则在我国制度化的现状与障碍》,《现代法学》,2016 年第 1 期,第 132 页。

② Gary B. Born, *International Commercial Arbitration*, Hague: Kluwer Law International, 2009, p. 2512.

③ See the International Law Association (ILA), *Recommendations on Res Judicata and Arbitration*, adopted at the 72nd ILA Conference in Toronto, 4 – 8 June 2006.

④ Alexis Mourre, *Is There a Life after the Award?*, in Pierre Tercier (ed.), *Post Award Issues*, *ASA Special Series*, 2011, no. 38, p. 3.

⑤ 《美国联邦仲裁法》(FAA)第 10 条第 1 款第 5 项:"仲裁裁决地所属区内(the district wherein the award was made)的美国法院可以根据任何当事人的请求,撤销仲裁裁决。如果仲裁裁决被撤销,且仲裁协议规定的裁决作出期限未满,法院可以斟酌指示仲裁员重新审理(rehearing)。"2000 年的《美国统一仲裁法》(UAA)第 23 条第 3 款规定:"如果法院是根据上述第 1 款第(5)项规定以外的理由撤销裁决,法院都可以命令重新审理(rehearing)。……"

⑥ 《德国民事诉讼法》(1998 年)第 1059 条第 4 款规定了重新仲裁,即"受理撤销裁决的申请时,如法院认为适当,可以撤销裁决并将案件发回仲裁庭"。

⑦ 《英国仲裁法》(1996 年)第 68 条第 3 款:"如果存在影响仲裁庭、仲裁程序和裁决的严重不正常情形,法院可以(a)将裁决全部或部分发回(remit)仲裁庭重新考虑(reconsideration);(b)全部或部分撤销裁决;或(c)宣布裁决全部或部分无效。除非法院认为将争议事项发回仲裁庭重新考虑是不适当的,法院不能行使全部或部分撤销裁决或宣布裁决无效的权力。"《英国仲裁法》(1996 年)第 69 条关于法律问题的上诉之第 7 款也有重新仲裁的相似规定。

⑧ 《瑞士联邦最高法院法》(Federal Tribunal Act)第 123 条第 1 款和第 2 款 a 项规定,如果存在如下情形,当事人可以向法院申请发回仲裁庭重新仲裁:……

⑨ 《瑞典仲裁法》(1999 年)第 35 条第 1 款:"在下述情形下,法院可将关于仲裁裁决无效或撤销的程序中止一段时间,给仲裁庭机会,继续仲裁程序或采取仲裁庭认为会消除无效或撤销事由的其他措施:……"

议事项范围而言,其职责已尽(functus officio)。^① 由于缺乏授权,因此仲裁员此后无权改变已作出的裁决。^② 既判力原则是"职责已尽"原则产生的理论基础,二者具有功能上的联系,而仲裁裁决产生排除效力的表现之一,就是阻止仲裁庭对争议的重复受理。因此,法院只有依职权将裁决书发回仲裁庭重新考虑后,仲裁庭的管辖权才能复活。^③ 但是,也有个别国家模仿诉讼法中的上诉程序,将重新仲裁定位为仲裁制度内部的救济方式,并授权仲裁庭决定是否重裁,如法国。^④ 法国代表团在联合国《国际商事仲裁示范法》的起草阶段也曾请求删除第34(4)条的重新仲裁之规定,其认为"企图以重新仲裁这个概念将国家司法权与仲裁庭联系起来的做法很奇怪、无法接受,……法院和仲裁庭之间的来回较量也是不可取的,只能造成对仲裁整体制度的偏见"^⑤,如果裁决依据错误的证人证言、伪造文书或欺诈作出,并因此导致内国法院认定裁决无效,那么仲裁庭有权采取相应的改正行动,因为仲裁庭享有复查证据的"固有权力"(inherent power)。^⑥ 需要注意的是,司法监督方式和内部上诉模式均认为重裁属于裁决救济制度,其发生于裁决生效之后。即使将重裁与否的决定权交于仲裁庭的法国,其也规定重裁必须在裁决产生既判力后才能提出。^⑦ 因此,此"仲裁"非当事人协议进行初次仲裁之彼"仲裁"。在初次仲裁中,当事人选择通过仲裁的方式解决纠纷之有效协议是开启仲裁程序的前提,当事人的意思表示之缺将导致仲裁程序无法启动;而作为救济措施,重裁的启动程序要么属于司法监督程序,要么属于类上诉的内部监督程序,当事人

---

① Robert D. A. Knutson, "The Interpretation of Arbitral Awards-When is a Final Award not Final?", *Journal of International Arbitration* 11,1994, p. 99.

② Stefan Riegler, *The Award and the Courts: Remission of the Case from the State Court to the Arbitral Tribunal*, in *Austrian Yearbook on International Arbitration*, Christian Klausegger, et al., Manz'sche Verlags-und Universitätsbuchhandlung, 2012, pp. 231,236.

③ Gary B. Born, *International Commercial Arbitration*, Hague: Kluwer Law International, 2009, p. 2514.

④ 2011年,法国的《仲裁改革法令》公布施行,原《法国民事诉讼法》第1491条的重新仲裁(recours en révision)之规定变更为第1502条,即"当出现本法第595条就法院判决所规定的情形,且符合本法第594条、第596条、第597条以及第601条至603条所列之条件时,可以申请重新仲裁。申请应当向仲裁庭提出。如仲裁庭不能重新组成,则应向具有裁决异议管辖权的上诉法院提出。"

⑤ *Summary records for meetings on the UNCITRAL Model Law on international commercial arbitration*(318th Meeting), Art. 34(4)para. 78.

⑥ Nathalie Voser & Anya George, *Revision of Arbitral Awards*, in Pierre Tercier ed., *Post Award Issues*, *ASA Special Series*,2011, no. 38, p. 52.

⑦ 《法国民事诉讼法》第595条第2款:"重审申请必须在判决已产生既判力后提出。"

的意思自治在此种情境下似无居于决定地位之必要。

在承认仲裁裁决具有既判力的前提下,无论是围绕"职责已尽"理论还是"固有权力"理论来授权法院或仲裁庭决定重裁,其初衷皆是限制既判力例外情况的适用,两种模式并无先天的优劣之分。但是,基于如下原因,司法监督方式定位下的法院决定模式似乎更具合理性:其一,仲裁庭的"固有管辖权"(inherent jurisdiction)理论起源于国际公法领域内的国家间之仲裁,此类仲裁基本不会与内国程序产生交集。商事仲裁则常因当事人向一国法院提出裁决异议或执行裁决的申请而卷入到内国程序法中。因此,在商事仲裁领域,授予仲裁庭排他的、类似于公法中的重裁决定权之必要性就降低了。[①] 其二,仲裁裁决的终局性部分源自仲裁的契约性质,即当事人合意选择仲裁员来解决特定争议,而非与仲裁员保持长期的稳定关系。一旦仲裁员解决了当事人提交仲裁的事项,其就失去了保留管辖权的基础。[②] 其三,仲裁员的私人身份决定了其不受内国司法纪律的约束。如果仲裁员持续享有广泛的、不受审查地决定当事人权利的权力,那么这会引发较多顾虑。[③] 其四,在实践中,法院是常设机构,而商事仲裁庭常会随着裁决的作出被解散[④],因此授权法院决定是否重裁更具稳定性。最后,如果仲裁庭决定是否重裁,那么仲裁庭滥用权力的潜在风险就会持续存在[⑤],从而折损仲裁裁决的终局效力。

关于滥用权力的风险,前述法国代表团也表达了他们对法院滥用司法监督权的担忧,即法院在实践中果真会滥用权力吗?在瑞士,联邦最高法院极少做出重裁决定。从1992年开始承认重裁的可能性到2012年,这二十年间,在瑞典所有申请重裁的二十多例案件中,只有两例获准。[⑥] 2015年,英国法院共作出62例与仲裁相关的判决,其中3例是以"严重不正常"

---

① Nathalie Voser & Anya George, *Revision of Arbitral Awards*, in Pierre Tercier ed., *Post Award Issues*, ASA Special Series, 2011, no. 38, p. 53.

② Alexis Mourre, *Is There a Life after the Award?*, in Pierre Tercier (ed.), *Post Award Issues*, ASA Special Series, 2011, no. 38, pp. 3-4.

③ Gary B. Born, *International Commercial Arbitration*, Hague: Kluwer Law International, 2009, p. 2520.

④ Elliott Geisinger & Alexandre Mazuranic, "Challenge and Revision of the Award", in Elliott Geisinger, et al. (eds.), *International Arbitration in Switzerland: A Handbook for Practitioners* (2nd ed.), Hague: Kluwer Law International, 2013, p. 263.

⑤ Gary B. Born, *International Commercial Arbitration*, Hague: Kluwer Law International, 2009, p. 2520.

⑥ Elliott Geisinger & Alexandre Mazuranic, "Challenge and Revision of the Award", in Elliott Geisinger, et al. (eds.), *International Arbitration in Switzerland: A Handbook for Practitioners* (2nd ed.), Hague: Kluwer Law International, 2013, p. 259.

(serious irregularity)来挑战裁决书,最终只有 1 例案件获准发回仲裁庭重裁。[①] 2016 年和 2017 年,依据《英国仲裁法》第 68 条提出挑战裁决书申请的数量分别为 31 例和 47 例,但最终未有一件挑战成功。[②]

由此,我们可以得出的初步结论是,重新仲裁是一种裁决救济措施,因此当事人并无作为启动主体的必要,而法院或仲裁庭作为启动主体分别是重裁定位于司法监督方式或内部救济方式的必然选择。我们只要承认"重裁制度是对仲裁裁决既判力的反对"是极少被适用的例外情形,启动主体的选择就不必然导致权力的滥用,只不过法院作为启动主体更具现实性。

三、重新仲裁的程序设置决定主体选择

承认重裁制度的法律之程序设置也并不统一,有的将重裁附设于当事人向法院提出裁决异议的程序之中(如《瑞典仲裁法》、联合国《国际商事仲裁示范法》等),有的将重裁附设于当事人向法院提出裁决异议的程序之后(如《美国联邦仲裁法》《德国民事诉讼法》等),有的则将重裁作为一种独立的异议提出方式,即当事人可以直接向法院(如《英国仲裁法》《瑞士联邦最高法院法》等)或仲裁庭(如《法国民事诉讼法》等)提出重裁请求。正是上述这些程序设置上的差异,才导致了不同的主体选择。

(一) 程序设置决定启动主体

前已述及,虽然当事人意思自治是仲裁制度的基本原则,但是对于作为一种救济制度的重裁而言,当事人的意思已无居于决定地位的必要。虽然有的国家规定,当事人的申请是法院做出重裁决定的前提,但是这也主要是因程序的需要。例如,《英国仲裁法》第 68 条规定了当事人向法院申请挑战裁决书的诸种情形,并且第 68 条第 3 款表明,除非法院认为将裁决全部或部分发回仲裁庭重新考虑是不适当的,否则法院不得行使撤销裁决或宣布裁决无效的权力。如果当事人只是基于"严重不正常"向法院提出挑战裁决书的申请,那么针对是否重裁,立法并未给予当事人更多的决定权。《法国民事诉讼法》也有类似的规定,即当事人有权向仲裁庭提出重裁申请,而仲裁庭将做出是否重裁的最终决定。再如,《瑞士联邦最高法院法》第 123(1)(d)条规定,当事人可以向法院申请将仲裁裁决发回仲裁庭重裁,且当事人应当自发现重裁的事由之日起 90 日内提出申请。上述期

---

① Louise Reilly, *Recent Developments in International Arbitration in Ireland and the United Kingdom*, *Journal of International Arbitration*, 2016, Vol. 33, pp. 555,559.

② Commercial Court Users' Group, at https://www.judiciary.gov.uk/wp-content/uploads/2018/04/commercial-court-users-group-report.pdf. , Accessed Jun. 26,2018.

限长于当事人申请撤裁的期限①,即 30 日的撤裁申请期限届满后,当事人可以寻求救济的唯一方式就是向最高法院申请重裁。② 可见,瑞士立法认为,重裁与撤裁是相并列的两种裁决异议制度,而要求当事人提出重裁申请是特定诉讼程序的需要。因此,虽然上述立法规定了当事人应当提出重裁申请,但是这实际上是程序设置的需要,并且当事人并无重裁与否的决定权。

《瑞典仲裁法》第 35(1)条③是考虑当事人意愿的典型代表,其规定上诉法院在取证之后进行主要庭审,并于确定存在无效或异议事由后,根据一方当事人的请求,发出重审令;或者如果法院不确定原告诉求是否有理由,而双方当事人又同时要求将争议发回仲裁庭,那么法院无需经过调查程序就可以直接将案件发回重审。④ 如果法院依据双方当事人的合意将裁决发回仲裁庭重裁是为了在一定程度上维护纠纷解决的效率,那么在一方当事人申请重裁,而另一方当事人极力反对的情况下,法院仅凭一方当事人的申请就将裁决发回仲裁庭重裁则不具有充分的说服力。难道双方当事人的不同意思也有效力高低之分?

(二) 程序设置决定仲裁主体

仲裁主体的确定主要涉及原仲裁庭和新仲裁庭之纷争。考虑到成本和效率因素,案件通常会发回原仲裁庭,除非有严重的程序性问题。⑤ 因为原仲裁庭了解整个案件,其聆听了证人证言和专家意见,查看了全部书面证据,仔细考虑并起草了裁决书,所以只有原仲裁庭才有能力快速消除裁决瑕疵,以及正确评估继续程序是否会对仲裁结果产生影响。⑥ 也有学

---

① 《瑞士联邦最高法院法》(2005 年)第 100 条规定,当事人必须自裁决书签发之日起 30 日内提出撤销裁决的申请。

② Elliott Geisinger & Alexandre Mazuranic, "Challenge and Revision of the Award", in Elliott Geisinger, et al. (eds.), *International Arbitration in Switzerland: A Handbook for Practitioners*(2nd ed.), Hague: Kluwer Law International, 2013, p. 10.

③ 《瑞典仲裁法》(1999 年)第 35 条第 1 款:"……(1)如法院认定无效或撤销的主张会得到支持,且一方当事人申请中止程序;或(2)双方当事人均申请中止程序。"

④ 〔美〕拉斯·休曼:《瑞典仲裁法:实践和程序》,顾华宁译,北京:法律出版社 2012 年版,第 494 页。

⑤ Thomas H. Webster, "Functus Officio and Remand in International Arbitration", *ASA Bulletin* no. 27, p. 443.

⑥ Stefan Riegler, *The Award and the Courts: Remission of the Case from the State Court to the Arbitral Tribunal*, in *Austrian Yearbook on International Arbitration*, Christian Klausegger, et al., Manz'sche Verlags-und Universitätsbuchhandlung, 2012, p. 240.

者提出,将裁决发回原仲裁庭存在诸多弊端,如仲裁员主观性强不肯认错[1]、仲裁员有索贿受贿等行为而难以作出公正裁决[2]、原仲裁裁决存在严重的程序性瑕疵并由此失去当事人信任[3]、原仲裁庭不能就裁决事项达成一致意见且持不同意见的仲裁员拒绝在裁决书上签字等[4]。在上述情形下,发回原仲裁庭重裁似难以达至公正、效率之目标。

如果我们脱离纷繁复杂的案情来孤立地评判原仲裁庭与新仲裁庭的重裁之公正和效率,那么二者实难有高下之分,并且该做法将减损此种研究路径的意义。依笔者之见,现行的关于仲裁主体选择之相关法律仍主要以程序需求为出发点。以英国和美国的立法为例,《英国仲裁法》规定"将裁决全部或部分发回(remit)仲裁庭重新考虑(reconsideration)"时的仲裁主体只能为原仲裁庭,而美国的立法却认为,前述情况下的仲裁主体既可以是原仲裁庭,又可以是新仲裁庭。其中,《美国统一仲裁法》第23(3)条明确规定,法院可依据不同情形,将裁决发回原仲裁庭或新仲裁庭审理;虽然《美国联邦仲裁法》没有就上述情形做出明确规定,但是其通常认为,州法院享有将裁决发回原仲裁庭或新仲裁庭的自由裁量权。[5] 英国与美国在仲裁主体方面的立法之差异,主要源于重裁程序的设置。美国立法之所以允许组成新仲裁庭重裁,一是因为仲裁协议规定的裁决期限尚未终了,二是因为重裁发生于法院对裁决做出明确的否定性评价——撤裁之后,其是一种裁决撤销后的选择性救济措施,为当事人指引了一条解决纠纷的路径。此处的"重新仲裁"是一个广义的概念,其既包括原仲裁庭之重裁,又包括重新组成的仲裁庭之重裁。英国的立法之所以将仲裁主体严格限制为原仲裁庭,一方面是因为重裁发生于异议程序之中,法院对裁决书的效力不置可否,此时的重裁之主要目的是给原仲裁庭一次自我纠错的机会,而不是为当事人指引一条解决纠纷的路径,另一方面是因为英国的立法主要考虑效率因素,其将重裁设置为撤裁前优先考虑适用的救济方式,而发

---

[1] 杨良宜等:《仲裁法——从1996年英国仲裁法到国际商务仲裁》,北京:法律出版社2006年版,第296页。

[2] 乔欣:《仲裁权论》,北京:法律出版社2009年版,第340页。

[3] 刘晓红:《仲裁"一裁终局"制度之困境及本位回归》,北京:法律出版社2016年版,第151页。

[4] Thomas H. Webster, "Functus Officio and Remand in International Arbitration", *ASA Bulletin* no. 27, p. 452.

[5] Stefan Riegler, *The Award and the Courts: Remission of the Case from the State Court to the Arbitral Tribunal*, in *Austrian Yearbook on International Arbitration*, Christian Klausegger, et al., Manz'sche Verlags-und Universitätsbuchhandlung, 2012, p. 240.

回原仲裁庭也能更好地回应效率价值。

除此之外,重裁的事由也影响仲裁主体的确定。例如,《美国统一仲裁法》第23(3)条规定,根据事由之不同,裁决将发回原仲裁庭或新仲裁庭审理,"……如果裁决是依据第1款第(1)、(2)项①理由撤销的,则必须由新的仲裁员重新审理。如果裁决是依据第1款第(3)、(4)或(6)项②理由撤销的,则可由原仲裁员或其继任者重新审理"。重裁事由是更为复杂的问题,限于篇幅,本书难以详细讨论何种事由适宜何种仲裁主体,但可以肯定的是,主体适用是否得当的讨论也应以具体事由为前提。

四、我国立法语境下的主体规制路径

我国的重新仲裁制度见于《中华人民共和国仲裁法》第61条,即"人民法院受理撤销裁决的申请后,认为可以由仲裁庭重新仲裁的,通知仲裁庭在一定期限内重新仲裁,并裁定中止撤销程序。仲裁庭拒绝重新仲裁的,人民法院应当裁定恢复撤销程序"。上述规定清晰表明:

第一,我国立法所规定的重裁启动主体并不是单一主体,而是法院和仲裁庭这个共同主体。《中华人民共和国仲裁法》第61条规定,在撤销程序中,法院可以决定是否将裁决发回仲裁庭重审,但是"仲裁庭拒绝重新仲裁的,人民法院应当裁定恢复撤销程序"。可见,重裁程序能否启动,最终取决于仲裁庭是否同意重新仲裁。③ 法院可以依职权通知仲裁庭进行重新仲裁,但是该通知对于仲裁庭来说只是一种"授权行为",而非一种"命令行为",即仲裁庭可以进行重新仲裁,也可以拒绝进行重新仲裁。④ 在司法实践中,也有法院认为,法院向仲裁庭所发的重新仲裁之通知,仅仅是告诉仲裁庭要重新仲裁,其对仲裁庭是否重新仲裁及如何仲裁不产生法律上的

---

① 《美国统一仲裁法》第23条第1款第(1)项:"裁决是贿赂、欺诈和其他不正当的途径获得的";《美国统一仲裁法》第23条第1款第(2)项:"仲裁员存在证据上的偏见;仲裁员有受贿行为;或仲裁员有损害当事人权利的不当行为。"

② 《美国统一仲裁法》第23条第1款第(3)项:"仲裁员拒绝合理的延期审理申请,拒绝考虑与争议相关的实质证据,或违反第15条的规定庭审,以至于在实质上损害了当事人的权利";《美国统一仲裁法》第23条第1款第(4)项:"仲裁员超越权限的";《美国统一仲裁法》第23条第1款第(6)项:"仲裁是在开始时没有依据第9条的规定进行适当通知,并实质上损害了当事人的权利的情况下进行的。"

③ 刘晓红:《仲裁"一裁终局"制度之困境及本位回归》,北京:法律出版社2016年版,第142页。

④ 沈德咏、万鄂湘:《最高人民法院仲裁法司法解释的理解与适用》,北京:人民法院出版社2015年版,第192页。

拘束力。① 然而,没有法院在先的重裁决定,仲裁庭就根本没有表达意见的机会,所以只有在法院和仲裁庭都同意的情况下,重裁程序才能启动。

第二,我国立法所规定的重裁主体为原仲裁庭。2004 年,最高人民法院曾经出台《关于适用〈中华人民共和国仲裁法〉若干问题的解释(征求意见稿)》,其第 19 条第 1 款规定:"人民法院经审理认为有证据证明仲裁裁决存在第五十八条第一款第(三)项至第(六)项规定情形之一的,可以在作出裁定前通知仲裁委员会在一定期限内重新仲裁。其中,存在第(三)项'仲裁庭的组成违反法定程序的',或者第(六)项情形的②,当事人应当重新指定仲裁员重新仲裁。……"2006 年,最高人民法院最终公布的司法解释删去了第 21 条中的第(三)项和第(六)项理由,只保留了第(四)项和第(五)项理由③,并且相关表述由通知"仲裁委员会"变为通知"仲裁庭"。从上述司法解释的出台历程来看,我国的最高司法机关所确认的重裁主体是仲裁庭而非仲裁委员会,并且该仲裁庭应是原仲裁庭,即排除了由新仲裁庭仲裁的情况。

前文已述,重裁的制度定位与程序设置对主体选择具有决定性影响,因此我们只有准确剖析我国立法语境中的定位和程序,才能找到主体规制的正确路径。

首先,依据我国现行的立法,重新仲裁被定位为一种司法监督方式。但是,与多数国家的做法不同,我国的立法将法院和仲裁庭规定为共同的启动主体。有关仲裁庭作为启动主体的劣势,前文已经详述,并且从制度定位上看,我国的立法也无意将重裁定位为一种类上诉的仲裁内部救济方式,因此"仲裁庭拒绝重新仲裁"的立法预设被解读为对仲裁的支持似乎更为合理。与撤裁等使裁决无效的制度相比,重裁是一种修补裁决错误的更为经济之替代措施,但是"重裁是既判力原则的例外"已为多数国家所认可,其应是"紧急情况下的最后一招,即只有在仲裁庭犯下了如此之大的错误,以至于需要由正义亲自呼唤它改正的极端情况下重裁才能被适用"。④

①　林一飞:《最新商事仲裁与司法实务专题案例(第四卷)》,北京:对外经济贸易大学出版社 2010 年版,第 146 页。

②　《中华人民共和国仲裁法》(1994 年)第 58 条第 1 款第(六)项:"仲裁员在仲裁该案件时有索贿受贿,徇私舞弊,枉法裁决行为的。"

③　《〈仲裁法〉解释》第 21 条:"当事人申请撤销国内仲裁裁决的案件属于下列情形之一的,人民法院可以依据《仲裁法》第 61 条的规定通知仲裁庭在一定期限内重新仲裁:(一)仲裁裁决所根据的证据是伪造的;(二)对方当事人隐瞒了足以影响公正裁决的证据的。……"

④　UK Departmental Advisory Committee, "UK Departmental Advisory Committee on Arbitration Law 1996 Report on the Arbitration Bill", *Arbitration International* 13,1997, p. 280.

较为惯常的做法是,严格限制重裁的适用。在我国,据不完全统计,自 2014 年以来,法院决定重裁的国内案件至少有 318 例。① 又如,某地方仲裁机构统计得出,本机构仲裁裁决被法院撤销、通知重新仲裁、不予执行的合计数量占审结案件总数的比例不足 1%。② 虽然上述数据不全面,或者比例并不高,但是重裁案件的出现就意味着对裁决既判效力的违反,这是质的问题而非量的区别。因此,我国现有的立法赋予仲裁庭以重裁程序的最终启动权既非制度定位的必然结果,又非支持仲裁的唯一选择,只是在我国现有的立法语境下,由法院作为启动主体更为恰当。

其次,我国的重新仲裁附设于裁决撤销程序之中,其是当事人向法院提出撤裁申请的后果之一。即使当事人未明确要求重裁,程序的推进也不受影响。而且,仲裁裁决的撤销程序属于法院行使司法监督权的范畴,尊重当事人意思自治也不是诉讼程序的基本原则。因此,无论从程序需求上看,还是从程序性质上讲,我国的立法都无授权当事人来启动重裁程序之必要。

最后,我国的立法规定,重新仲裁发生于撤销裁决的过程中、法院对裁决做出否定性评价前,这不同于前述部分国家的先撤裁再重裁之程序。如前所述,撤销后的重裁之程序设置对经济、效率等价值的追求已不甚明显,并且裁决被撤销后,当事人不仅享有是否由原仲裁庭重裁之选择权,而且享有后续的纠纷处理方式之决定权。至于我国采用的撤销中的重裁,其程序设置的主要意义应当是给予仲裁庭一次自我纠错的机会,而由原仲裁庭审理更能体现对经济、效率等价值的追求。

重新仲裁制度只是整个仲裁制度的一部分,我们不可能期望所有裁决瑕疵都依此方式得到解决,更不可能用此方式来取代其他如补正、撤销裁决等制度。相反,与其他制度的协调运行有助于重新仲裁制度走向成熟和完善。我国的重裁主体之规制应以上述理念为基础,立足于我国的立法情境,契合重裁的制度定位和程序要求,及时回应其他制度(如重裁事由等)的变革,以确保重裁制度的整体自洽性。

---

① 数据统计来自于威科先行法律数据库,数据收集工作完成于 2018 年 4 月 18 日。
② 武兰芳:《完善仲裁司法监督制度的现实价值评析——以构建多元化纠纷解决机制为视角》,《河北法学》,2010 年第 9 期,第 40 页。

参考文献

一、中文类参考文献

（一）著作类

〔1〕刘想树：《中国涉外仲裁裁决制度与学理研究》，北京：法律出版社 2001 年版。

〔2〕杨良宜等：《仲裁法——从 1996 年英国仲裁法到国际商务仲裁》，北京：法律出版社 2006 年版。

〔3〕〔德〕罗森贝克等：《德国民事诉讼法》，李大雪译，北京：中国法制出版社 2007 年版。

〔4〕〔法〕让·文森、〔法〕塞尔日·金沙尔：《法国民事诉讼法要义》，罗结珍译，北京：中国法制出版社 2001 年版。

〔5〕〔法〕洛伊克·卡迪耶：《法国民事司法法》，杨艺宁译，北京：中国政法大学出版社 2010 年版。

〔6〕〔法〕菲利普·福盖德等：《国际商事仲裁》（影印本），北京：中信出版社 2004 年版。

〔7〕〔英〕艾伦·雷德芬、〔英〕马丁·亨特：《国际商事仲裁法律与实践》（第四版），林一飞等译，北京：北京大学出版社 2005 年版。

〔8〕苏力：《法治及其本土资源》（修订版），北京：中国政法大学出版社 2004 年版。

〔9〕邓正来：《国家与社会——中国市民社会研究》，北京：北京大学出版社 2008 年版。

〔10〕〔英〕施米托夫：《国际贸易法文选》，赵秀文选译，北京：中国大百科全书出版社 1993 年版。

〔11〕邓正来、亚历山大：《国家与市民社会——一种社会理论的研究路径》，北京：中央编译出版社 1999 年版。

〔12〕徐昕：《论私力救济》，北京：中国政法大学出版社 2005 年版。

〔13〕〔日〕棚濑孝雄：《纠纷的解决与审判制度》，王亚新等译，北京：中国政法大学出版社 2004 年版。

〔14〕〔美〕埃德加·博登海默：《法理学——法律哲学与法律方法》，邓正来译，北京：中国政法大学出版社 2004 年版。

〔15〕宋连斌：《国际商事仲裁管辖权研究》，北京：法律出版社 2000 年版。

〔16〕〔美〕罗伯特·D. 考特、〔美〕托马斯·S. 尤伦：《法和经济学》，上海：上海三联书店 1994 年版。

〔17〕〔美〕克里斯多佛·R. 德拉奥萨、〔美〕理查德·W. 奈马克：《国际仲裁科学探索——实证研究精选集》，陈福勇等译，北京：中国政法大学出版社 2010 年版。

〔18〕乔欣:《仲裁权论》,北京:法律出版社 2009 年版。

〔19〕乔欣:《比较商事仲裁》,北京:法律出版社 2004 年版。

〔20〕周鲠生:《国际法(上册)》,北京:商务印书馆 1976 年版。

〔21〕〔日〕中村英郎:《新民事诉讼法讲义》,陈刚等译,北京:法律出版社 2001 年版。

〔22〕〔德〕汉斯-约阿希姆·穆泽拉克:《德国民事诉讼法基础教程》,周翠译,北京:中国政法大学出版社 2005 年版。

〔23〕〔美〕格兰农:《民事诉讼法(第四版)》(注译本),孙邦清等注,北京:中国方正出版社 2004 年版。

〔24〕齐湘泉:《外国仲裁裁决承认及执行论》,北京:法律出版社 2010 年版。

〔25〕杨良宜等:《仲裁法——从开庭审理到裁决书的作出与执行》,北京:法律出版社 2010 年版。

〔26〕〔日〕兼子一、〔日〕竹下守夫:《民事诉讼法》,白绿铉译,北京:法律出版社 1995 年版。

〔27〕〔美〕斯蒂文·N.苏本等:《民事诉讼法——原理、实务与运作环境》,傅郁林等译,北京:中国政法大学出版社 2004 年版。

〔28〕〔英〕J. A. 乔罗威茨:《民事诉讼程序研究》,吴泽勇译,北京:中国政法大学出版社 2008 年版。

〔29〕李井杓:《仲裁协议与裁决法理研究》,北京:中国政法大学出版社 2000 年版。

〔30〕乔欣:《仲裁权研究——仲裁程序公正与权利保障》,北京:法律出版社 2001 年版。

〔31〕张卫平:《程序公正实现中的冲突与衡平》,成都:成都出版社 1993 年版。

〔32〕王甲乙等:《民事诉讼法新论》,台北:三民书局 2002 年版。

〔33〕〔日〕高桥宏志:《民事诉讼法——制度与理论的深层分析》,林剑峰译,北京:法律出版社 2003 年版。

〔34〕肖建华、乔欣:《仲裁法学》,北京:人民出版社 2004 年版。

〔35〕林剑锋:《民事判决既判力客观范围研究》,厦门:厦门大学出版社 2006 年版。

〔36〕〔德〕米夏埃尔·施蒂尔纳:《德国民事诉讼法学文萃》,赵秀举译,北京:中国政法大学出版社 2005 年版。

〔37〕常廷彬:《民事判决既判力主观范围研究》,北京:中国人民公安大学出版社 2010 年版。

〔38〕谭兵、陈彬:《中国仲裁制度研究》,北京:法律出版社 1995 年版。

〔39〕孙鹏:《合同法热点问题研究》,北京:群众出版社 2001 年版。

〔40〕刘晓红:《国际商事仲裁协议的法理与实证》,北京:商务印书馆 2005 年版。

〔41〕李浩:《强制执行法》,厦门:厦门大学出版社 2004 年版。

〔42〕〔日〕三月章:《日本民事诉讼法》,汪一凡译,台北:五南图书出版社 1997 年版。

〔43〕陈治东:《国际商事仲裁法》,北京:法律出版社 1998 年版。

〔44〕丁颖:《美国商事仲裁制度研究——以仲裁协议和仲裁裁决为中心》,武汉:武汉大学出版社 2007 年版。

〔45〕赵健:《国际商事仲裁的司法监督》,北京:法律出版社 2000 年版。

〔46〕李虎:《国际商事仲裁裁决的强制执行——特别述及仲裁裁决在中国的强制执行》,北京:法律出版社 2000 年版。

〔47〕〔德〕马克思:《〈政治经济学〉序言、导言》,中共中央马克思、恩格斯、列宁、斯大林著作编译局译,北京:人民出版社 1971 年版。

〔48〕 胡光明等：《天津商会档案汇编》（第一辑），天津：天津人民出版社 1989 年版。

〔49〕 〔日〕谷口安平：《程序的正义与诉讼》，王亚新等译，北京：中国政法大学出版社 2002 年版。

〔50〕 林一飞：《中国国际商事仲裁裁决的执行》，北京：对外经济贸易大学出版社 2006 年版。

〔51〕 〔美〕罗尔斯：《正义论》，台北：桂冠图书股份有限公司 2003 年版。

〔52〕 〔美〕波斯纳：《法律的经济分析》，蒋兆康等译，北京：中国大百科全书出版社 1997 年版。

〔53〕 〔德〕奥特马·尧厄尼希：《民事诉讼法》，周翠译，北京：法律出版社 2003 年版。

〔54〕 陈荣宗等：《民事诉讼法》（上、中、下），台北：三民书局 2005 年版。

〔55〕 〔美〕杰克·H.弗兰德泰尔：《民事诉讼法》（第 3 版），夏登峻等译，北京：中国政法大学出版社 2004 年版。

〔56〕 〔美〕阿瑟·库恩：《英美法原理》，陈朝璧译，北京：法律出版社 2002 年版。

〔57〕 张茂：《美国国际民事诉讼法》，北京：法律出版社 1999 年版。

〔58〕 汤维建：《美国民事司法制度与民事诉讼程序》，北京：中国法制出版社 2001 年版。

〔59〕 齐树洁：《美国司法制度》，厦门：厦门大学出版社 2006 年版。

〔60〕 江伟主编：《民事诉讼法学原理》，北京：中国人民大学出版社 1999 年版。

〔61〕 张卫平：《民事诉讼——关键词展开》，北京：中国人民大学出版社 2005 年版。

〔62〕 骆永家：《既判力之研究》，台北：三民书局 1999 年版。

〔63〕 刘荣军：《程序保障的理论视角》，北京：法律出版社 1999 年版。

〔64〕 肖建国：《民事诉讼程序价值论》，北京：中国人民大学出版社 2000 年版。

〔65〕 李浩培：《国际民事程序法概论》，北京：法律出版社 1996 年版。

〔66〕 李双元等：《现代国际民商事诉讼程序研究》，北京：人民出版社 2006 年版。

〔67〕 程琥：《全球化与国家主权——比较分析》，北京：清华大学出版社 2003 年版。

〔68〕 杨良宜等：《禁令》，北京：中国政法大学出版社 2000 年版。

〔69〕 宋航：《国际商事仲裁裁决的承认与执行》，北京：法律出版社 2000 年版。

〔70〕 韩健：《现代国际商事仲裁法的理论与实践》，北京：法律出版社 2000 年版。

〔71〕 屈广清：《国际民事程序与商事仲裁法》，北京：法律出版社 2006 年版。

〔72〕 韩健：《涉外仲裁司法审查》，北京：法律出版社 2006 年版。

〔73〕 赵秀文：《国际商事仲裁法》，北京：中国人民大学出版社 2008 年版。

〔74〕 刘晓红、袁发强：《国际商事仲裁》，北京：北京大学出版社 2010 年版。

〔75〕 汪祖兴：《国际商会仲裁研究》，北京：法律出版社 2005 年版。

〔76〕 赵秀文：《国际经济贸易仲裁法教学与参考资料》，北京：中国法制出版社 1999 年版。

〔77〕 宋连斌、林一飞译编：《国际商事仲裁资料精选》，北京：知识产权出版社 2004 年版。

〔78〕 赵秀文：《国际商事仲裁案例解析》，北京：中国人民大学出版社 2005 年版。

〔79〕 〔日〕小岛武司、〔日〕伊藤真：《诉讼外纠纷解决法》，北京：中国政法大学出版社 2005 年版。

〔80〕 石育斌：《国际商事仲裁第三人制度比较研究》，上海：上海世纪出版集团 2008 年版。

〔81〕 张永红：《英国强制执行法》，上海：复旦大学出版社 2014 年版。

〔82〕〔美〕拉斯·休曼著:《瑞典仲裁法:实践和程序》,顾华宁译,北京:法律出版社 2012 年版。

〔83〕赵秀文:《国际商事仲裁及其适用法律研究》,北京:北京大学出版社 2002 年版。

〔84〕罗结珍:《法国新民事诉讼法典》,北京:法律出版社 2008 年版。

〔85〕杨玲:《仲裁法专题研究》,上海:上海三联书店 2013 年版。

〔86〕刘晓红:《仲裁"一裁终局"制度之困境及本位回归》,北京:法律出版社 2016 年版。

〔87〕齐树洁主编:《英国民事司法制度》,厦门:厦门大学出版社 2011 年版。

〔88〕沈德咏、万鄂湘:《最高人民法院仲裁法司法解释的理解与适用》,北京:人民法院出版社 2015 年版。

〔89〕林一飞:《最新商事仲裁与司法实务专题案例(第四卷)》,北京:对外经济贸易大学出版社 2010 年版。

(二) 论文类

〔90〕肖建华、杨恩乾:《论仲裁裁决的既判力》,《北方法学》,2008 年第 6 期。

〔91〕宋明志:《仲裁裁决争点效之否定》,《仲裁研究》,第 16 辑。

〔92〕丁伟:《一事不再理——仲裁制度中的"阿喀琉斯之踵"》,《东方法学》,2011 年第 1 期。

〔93〕朱瑶:《对国际商事仲裁中一事不再理原则适用的思考》,《法制与社会》,2008 年第 5 期。

〔94〕宋明志:《仲裁裁决效力论》,《北京仲裁》,第 71 辑。

〔95〕舒瑶芝:《仲裁裁决效力探析》,《当代法学》,2002 年第 9 期。

〔96〕郭艺圃:《仲裁裁决效力浅析》,《金卡工程》,2009 年第 5 期。

〔97〕郭树理:《民商事仲裁制度——政治国家对市民社会之妥协》,《学术界》,2000 年第 6 期。

〔98〕徐静村、刘荣军:《纠纷解决与法》,《现代法学》,1999 年第 3 期。

〔99〕范愉:《私力救济考》,《江苏社会科学》,2007 年第 6 期。

〔100〕徐昕:《论私力救济与公力救济的交错——一个法理的阐释》,《法制与社会发展》,2004 年第 4 期。

〔101〕辛国清:《公力救济与社会救济、私力救济之间——法院附设 ADR 的法理阐释》,《求索》,2006 年第 3 期。

〔102〕郭道晖:《社会权力——法治新模式与新动力》,《学习与探索》,2009 年第 5 期。

〔103〕何炼红:《论国际商事仲裁的性质》,《湖南省政法管理干部学院学报》,2002 年第 4 期。

〔104〕宋航:《国际商事仲裁之性质述评》,《荆州师范学院学报》,1999 年第 6 期。

〔105〕张春良:《国际商事仲裁权的性质》,《西南政法大学学报》,2006 年第 4 期。

〔106〕刘瑞华:《司法权的基本特征》,《现代法学》,2003 年第 3 期。

〔107〕王瀚:"国际商事仲裁的非当地化理论之探析",《法律科学》,1998 年第 1 期。

〔108〕齐飞:《国际商事仲裁中当事人意思自治领域的新发展——以〈纽约公约〉第 5、6、7 条的修改为中心》,《仲裁研究》,第 9 辑。

〔109〕黄雁明:《〈纽约公约〉第 5 条第 1 款中的"May"——读书札记》,《北京仲裁》,第 64 辑。

〔110〕赵秀文:《论国际商事仲裁裁决的国籍及其撤销的理论与实践》,《法制与社会发展》,2002 年第 1 期。

〔111〕 谢新胜:《论争中的已撤销国际商事仲裁裁决之承认与执行》,《北京仲裁》,第63辑。

〔112〕 陶志蓉:《民事判决效力研究》,中国政法大学博士论文,2004年5月。

〔113〕 张旗坤:《论商品贸易协会仲裁制度及对我国的启示》,对外经济贸易大学博士论文,2007年11月。

〔114〕 石现明:《国际商事仲裁错误裁决司法审查救济制度的缺陷与克服》,《南京师大学报(社会科学版)》,2011年第1期。

〔115〕 江伟、肖建国:《论判决的效力》,《政法论坛》,1996年第5期。

〔116〕 陈桂明、李仕春:《形成之诉独立存在吗?——对诉讼类型传统理论的质疑》,《法学家》,2007年第4期。

〔117〕 丁宝同:《英美法系判决效力制度初考》,《宁夏大学学报》(人文社会科学版),2009年第1期。

〔118〕 叶自强:《论既判力的本质》,《法学研究》,1995年第5期。

〔119〕 宋英辉、李哲:《一事不再理原则研究》,《中国法学》,2004年第5期。

〔120〕 高薇:《仲裁抑或诉讼?——国际商事仲裁平行程序及其解决机制》,《河北法学》,2011年第5期。

〔121〕 毛国权:《英美法中先例原则的发展》,《北大法律评论》,1998年第1辑。

〔122〕 肖建华:《论判决效力主观范围的扩张》,《比较法研究》,2002年第1期。

〔123〕 陈洪杰:《美国民事既判力对当事人的效力规则评述》,《沈阳大学学报》,2008年第4期。

〔124〕 王福华:《民事判决既判力——由传统到现代的嬗变》,《法学论坛》,2001年第6期。

〔125〕 江伟、韩英波:《论诉讼标的》,《法学家》,1997年第2期。

〔126〕 陈洪杰:《美国民事既判力之争点排除效规则述评》,《阴山学刊》,2008年第1期。

〔127〕 韩红俊:《仲裁裁决不予执行的司法审查研究》,《河北法学》,2010年第7期。

〔128〕 陈安:《中国涉外仲裁监督机制申论》,《中国社会科学》,1998年第2期。

〔129〕 肖永平:《也谈我国法院对仲裁的监督范围》,《法学评论》,1998年第1期。

〔130〕 陈安:《再论中国涉外仲裁的监督机制及其与国际惯例的接轨——兼答肖永平先生》,《仲裁与法律通讯》,1998年第1期。

〔131〕 汪祖兴:《浅谈仲裁的公正性——兼论中国仲裁的监督机制与国际惯例的接轨》,《仲裁与法律通讯》,1998年第4期。

〔132〕 万鄂湘、于喜富:《再论司法与仲裁的关系——关于法院应否监督仲裁实体内容的立法与实践模式及理论思考》,《法学评论》,2004年第3期。

〔133〕 洪浩:《论新时期我国仲裁司法监督范围的调整——以一组数据为样本的实证分析》,《法学评论》,2007年第1期。

〔134〕 陈彬:《从"灰脚法庭"到现代常设仲裁机构——追寻商事仲裁机构发展的足迹》,《仲裁研究》,第11辑。

〔135〕 陈愉秉:《从西方经济史看旅游起源若干问题》,《旅游学刊》,2000年第1期。

〔136〕 郑成林:《近代中国商事仲裁制度演变的历史轨迹》,《中州学刊》,2002年第6期。

〔137〕 马敏:《商事裁判与商会——论晚清苏州商事纠纷的调处》,《历史研究》,1996年第1期。

〔138〕 任云兰：《论近代中国商会的商事仲裁功能》，《中国经济史研究》，1995 年第 4 期。

〔139〕 虞和平：《清末民初商会的仲裁制度建设》，《学术月刊》，2004 年第 4 期。

〔140〕 时攀：《民初云南总商会商事公断处初探》，《云南档案》，2011 年第 1 期。

〔141〕 张松：《民初商事公断处探析——以京师商事公断处为中心》，《政法论坛》，2010 年第 3 期。

〔142〕 蔡晓荣：《论清末商会对华洋商事纠纷的司法参预》，《学术探索》，2006 年第 1 期。

〔143〕 何兵、潘剑锋：《司法之根本：最后的审判抑或最好的审判？——对我国再审制度的再审视》，《比较法研究》，2000 年第 4 期。

〔144〕 贺日开：《司法终局性——我国司法的制度性缺失与完善》，《法学》，2002 年第 12 期。

〔145〕 陈桂明：《再审事由应当如何确定——兼评 2007 年民事诉讼法修改之得失》，《法学家》，2007 年第 6 期。

〔146〕 齐树洁：《再审程序的完善与既判力之维护》，《法学家》，2007 年第 6 期。

〔147〕 高薇：《论诉讼与仲裁关系中的既判力问题》，《法学家》，2010 年第 6 期。

〔148〕 丁宝同：《大陆法系民事判决效力体系的基本构成》，《学海》，2009 年第 2 期。

〔149〕 吴英姿：《判决效力相对性及其对外效力》，《学海》，2000 年第 4 期。

〔150〕 陈洪杰：《外国判决既判力的主观范围问题初探——以英国法为中心》，《吉林师范大学学报》（人文社会科学版），2008 年第 5 期。

〔151〕 叶自强：《论判决的既判力》，《法学研究》，1997 年第 2 期。

〔152〕 李龙：《论民事判决的既判力》，《法律科学》，1999 年第 4 期。

〔153〕 许少波：《论民事裁定的既判力》，《法律科学》，2006 年第 6 期。

〔154〕 江伟、肖建国：《论既判力的客观范围》，《法学研究》，1996 年第 4 期。

〔155〕 常廷彬、江伟：《民事判决既判力主观范围研究》，《法学家》，2010 年第 2 期。

〔156〕 胡云鹏：《既判力主观范围扩张的法理分析》，《河南社会科学》，2009 年第 5 期。

〔157〕 王娣、王德新：《论既判力的时间范围》，《时代法学》，2008 年第 8 期。

〔158〕 翁晓斌、宋小海：《既判力——理论解读与检讨》，《南京大学法律评论》，2002 年第 2 期。

〔159〕 朱孝彦：《构建我国民事判决既判力制度的法理分析》，《政法论丛》，2009 年第 4 期。

〔160〕 陈洪杰：《美国民事既判力之诉求排除效规则述评》，载《广东商学院学报》，2007 年第 5 期。

〔161〕 陈洪杰：《论"一事不再理"与"既判力"之区分——从罗马法到现代民事诉讼理论体系》，《民事程序法研究》，第 4 辑。

〔162〕 杨永波等：《一事不再理原则在我国民事诉讼中的运用》，《法律适用》，2005 年第 9 期。

〔163〕 柯阳友：《既判力理论与再审制度的冲突与平衡》，《法律适用》，2006 年第 7 期。

〔164〕 解兴权：《法律问题有正确答案吗？》，《外国法评译》，1998 年第 3 期。

〔165〕 邓瑞平：《论国际商事仲裁的历史演进》，《暨南学报》，2009 年第 6 期。

〔166〕 陈忠谦：《仲裁的起源、发展及展望》，《仲裁研究》，2006 年第 9 期。

〔167〕 江伟：《诉讼与诉讼外纠纷解决机制关系新论》，《江苏行政学院学报》，2009 年第 1 期。

〔168〕李智:《国际体育仲裁中一事不再理原则的适用》,《湖北体育科技》,2009 年第 9 期。

〔169〕相庆梅:《小议仲裁裁决的生效时间——与〈民事诉讼法〉的相关规定进行比较》,《北京仲裁》,2005 年第 3 期。

〔170〕杜焕芳:《中国法院涉外管辖权实证研究》,《法学家》,2007 年第 2 期。

〔171〕章尚锦:《国际民事诉讼管辖权制度研究》,《北京政法职业学院学报》,2004 年第 1 期。

〔172〕张丽霞:《论我国商事仲裁的司法监督》,对外经济贸易大学博士论文,2004 年 5 月。

〔173〕赵宁:《国际商事仲裁裁决撤销制度研究》,复旦大学博士论文,2008 年 5 月。

〔174〕张潇剑:《被撤销之国际商事仲裁裁决的承认与执行》,《中外法学》,2006 年第 3 期。

〔175〕李沣桦:《已撤销商事仲裁裁决之承认与执行实证研究——以 Chromalloy 案为例对〈纽约公约〉的适用分析》,《北京仲裁》,第 66 辑。

〔176〕赵健:《关于裁决撤销程序的几个问题》,《法学》,1998 年第 6 期。

〔177〕杨桦:《论网上仲裁程序法的适用》,《重庆师范大学学报》(哲学社会科学版),2011 年第 2 期。

〔178〕杨桦:《论国际商事仲裁裁决的国籍》,《2011 年中国国际经济法学会年会暨学术研讨会论文集(第二卷)》,2011 年 10 月。

〔179〕赵秀文:《国际仲裁中的排除协议及其适用》,《法学》,2009 年第 9 期。

〔180〕鲁篱:《论非法律惩罚——以行业协会为中心展开的研究》,《河北大学学报》(哲学社会科学版),2004 年第 5 期。

〔181〕孙宏友、曾仲皙:《〈纽约公约〉精神之伤——再评英法两国法院关于 Dallah 案之裁定》,《仲裁研究》,第 41 辑。

〔182〕朱伟东:《法国最新〈仲裁法〉评析》,《仲裁研究》,2013 年第 3 期。

〔183〕杨桦:《重裁事由的问题与主义——基本域外经验与本土实践的考察》,《国际经济法学刊》,2019 年第 1 期。

〔184〕王德新:《民事诉讼行为法律评价体系之构建》,《时代法学》,2013 年第 3 期。

〔185〕王德新:《民事诉讼行为的无效及确认程序——以法院的诉讼行为无效为中心》,《河北科技大学学报》(社会科学版),2011 年第 2 期。

〔186〕林剑锋:《既判力相对性原则在我国制度化的现状与障碍》,《现代法学》,2016 年第 1 期。

〔187〕王吉文:《我国重新仲裁制度的重构——以重新仲裁的根据为视角》,《河南省政法管理干部学院学报》,2008 年第 4 期。

〔188〕刘想树:《涉外仲裁裁决执行制度之评析》,《现代法学》,2001 年第 4 期。

〔189〕陈忠谦:《论仲裁裁决的撤销与不予执行——兼谈中国〈仲裁法〉的修改》,《仲裁研究》,第八辑。

〔190〕占善刚、刘显鹏:《论不服仲裁裁决应有之救济途径及其适用》,《仲裁研究》,第七辑。

〔191〕于喜富:《比较法视角下仲裁裁决的执行监督——兼论我国仲裁裁决不予执行制度之存废》,中国仲裁与司法论坛暨 2010 年年会论文集。

〔192〕肖晗:《建议取消不予执行仲裁裁决的司法监督方式》,《河北法学》,2001 年第 3 期。

〔193〕 马占军：《论我国仲裁裁决的撤销与不予执行制度的修改与完善——兼评〈最高人民法院关于适用《中华人民共和国仲裁法》若干问题的解释〉的相关规定》，《法学杂志》，2007 年第 2 期。

〔194〕 郭玉军、欧海燕：《重新仲裁若干法律问题刍议》，《中国对外贸易》，2001 年第 12 期。

〔195〕 童曦：《重新仲裁制度研究》，《仲裁与法律》，第 103 辑。

〔196〕 周清华、王利民：《论我国重新仲裁制度》，《社会科学辑刊》，2008 年第 3 期。

〔197〕 甘翠平：《国际商事仲裁一裁终局性的困境与出路——以重新仲裁为视角》，《兰州学刊》，2013 年第 1 期。

〔198〕 王小莉：《我国重新仲裁制度若干问题探析》，《仲裁研究》，第 20 辑。

〔199〕 刘群芳：《我国重新仲裁的若干法律问题探讨》，《北京仲裁》，第 81 辑。

〔200〕 冯珂：《浅析撤销仲裁裁决程序中的重新仲裁》，《河南省政法管理干部学院学报》，2003 年第 3 期。

〔201〕 武兰芳：《完善仲裁司法监督制度的现实价值评析——以构建多元化纠纷解决机制为视角》，《河北法学》，2010 年第 9 期。

二、外文类参考文献

(一) 著作类

〔202〕 Gary B. Born, *International Commercial Arbitration*, Hague：Kluwer Law International, 2009.

〔203〕 Robert C. Casad, Kevin M. Clermont, *Res Judicata : A Handbook on Its Theroy, Doctrine, and Practice*, Durham：Carolina Academic Press, 2001.

〔204〕 Mustill Boyd, *Commercial Arbitration (Second Edition)*, London：Butterworths, 2001.

〔205〕 Mauro Rubino-Sammartano, *International Arbitration Law*, Hague：Kluwer Law International, 1990.

〔206〕 Peter R. Barnett, *Res Judicata, Estoppel and Foreign Judgments*, Oxford：Oxford University Press, 2001.

〔207〕 Christian Bühring-Uhle, ed., *Arbitration and Mediation in International Business*, Hague：Kluwer Law International, 1996.

〔208〕 American Law Institute, *Restatement of Law-Second, Judgment* 2nd, Philadelphia：American Law Institute Publisher, 1982.

〔209〕 Jack H. Friedenthal, *Civil Procedure: Third Edition*, Minnesota：Thomson West, 1999.

〔210〕 Richard D. Freer, Wendy Collins Perdue, *Civil Procedure——Cases, Materials, Questions (Second Edition)*, Cincinnati：Anderson Publishing Company, 1997.

〔211〕 Joseph W. Glannon, *Civil Procedure Examples and Explanations (Second Edition)*, New York：Little, Brown and Company, 1992.

〔212〕 Tibor Varady, John J. Barcelo Ⅲ, Arthur T. von Mehren, *International Commercial Arbitration*, Minnesota：Thomson West, 1999.

〔213〕 Yves Derains, Eric A. Schwartz, *A Guide to the New ICC Rules of Arbitration*, Hague：Kluwer Law International, 1999.

〔214〕 Abdul Hamid El-Ahdab, *Arbitration with the Arab Countries*, Hague: Kluwer Law International, 1999.

〔215〕 Thomas E. Carbonneau, *Lex Mercatoria and Arbitration (Revised Edition)*, Hague: Kluwer Law International, 1998.

〔216〕 Richard B. Lillich, Charles N. Brower, *International Arbitration in the 21ˢᵗ Century: Towards "Judicialization" and Uniformity?*, New York: Gransnational Publishers, 1994.

〔217〕 David W. Rikin, Chales Platto, *Litigation and Arbitration in Central and Eastern Europe*, Hague: Kluwer Law International, 1998.

〔218〕 J. G. Merrills, *International Dispute Settlement (Second Edition)*, Cambridge: Cambridge University Press, 1995.

〔219〕 Alan Redfern, Martin Hunter, *Law and Practice of International Commercial Arbitration (Second Edition)*, London: Sweet & Maxwell, 1991.

〔220〕 Christoph Liebscher, *The Healthy Award: Challenge in International Commercial Arbitration*, Hague: Kluwer Law International, 2003.

〔221〕 Jean-Louis Delvolvé, Gerald H. Pointon, Jean Rouche, *French Arbitration Law and Practice: A Dynamic Civil Law Approach to International Arbitration (Second Edition)*, Hague: Kluwer Law International, 2009.

〔222〕 Nigel Blackaby et al., *Redfern and Hunter on International Arbitration (6th ed.)*, Oxford: Oxford University Press, 2015.

〔223〕 Martin Bernet, Philipp Meier, "Recognition and Enforcement of Arbitral Awards", in Elliott Geisinger, et al. (eds.), *International Arbitration in Switzerland: A Handbook for Practitioners (2nd ed.)*, Amsterdam: Kluwer Law International, 2013.

(二) 论文类

〔224〕 Nathalie Voser, Julie Raneda, "Recent Developments on the Doctrine of Res Judicata in International Arbitration from a Swiss Perspective: A Call for a Harmonized Solution", *ASA Bulletin*, vol. 33, no. 4, Decemeber, 2015.

〔225〕 Jan Paulsson, "Delocalization of International Commercial Arbitration: When and Why It Matters", *International and Comparative Law Quarterly*, vol. 32, 1983.

〔226〕 William H. Knull Ⅲ, Noah D. Rubins, "Betting the Farm on International Arbitration: Is It Time to Offer an Appeal Option?", *The American Review of International Arbitration*, vol. 11, 2000.

〔227〕 Stephen SMID, "The Expedited Procedure in Maritime and Commodity Arbitrations", *Journal of International Arbitration*, vol. 10, April, 1993.

〔228〕 Christian Söderlund, "Lis Pendens, Res Judicata and the Issue of Parallel Judicial Proceedings", *Journal of International Arbitration*, vol. 22, no. 4, 2005.

〔229〕 Christopher R. Drahozal, "Is Arbitration Lawless?", *Loyola of Los Angeles Law Review*, vol. 40, fall, 2006.

〔230〕 Bernard Hanotiau, "Problem Raised by Complex Arbitrations Involving Multiple Contracts-Parties-Issues", *The Journal of International Arbitration*, vol. 3, 2001.

〔231〕 Thomas E. Carbouneau, "Rendering Arbitration Awards with Reason: The

Elaboration of a Common Law of International Transaction", *Columbia Journal of Transactional Law*, vol. 23,1985.

〔232〕 John H. Langbein, "The German Advantage in Civil Procedure", *The University of Chicago Law Review*, vol. 52, no. 4 fall, 1985.

〔233〕 Carlisle, "Getting A Full Bite of the Apple: When Should the Doctrine of Issue Preclusion Make An Administrative or Arbitral Determination Binding in A Court of Law?", *Fordham Law Review*, vol. 55,1986.

〔234〕 Spatt, "Res Judicata and Collateral Estoppel", *Journal of Arbitration*, vol. 42,1987.

〔235〕 Motomura, "Arbitration and Collateral Estoppel: Using Preclusion to Shape Procedural Choices", *Tulane Law Review*, vol. 63,1988.

〔236〕 Shell, "Res Judicata and Collateral Estoppel Effects of Commercial Arbitration", *The University of California Law Review*, vol. 35,1988.

〔237〕 Hulbert, "Arbitral Procedure and the Preclusive Effect of Awards in International Commercial Arbitration", *International Tax & Business Law*, vol. 7,1989.

〔238〕 Lowe, "Res Judicata and the Rule of Law in International Arbitration", *African Journal of International & Comparative Law*, vol. 8,1996.

〔239〕 Brekoulakis, "The Effect of An Arbitral Award and Third Parties in International Arbitration: Res Judicata Revisited", *American Review of International Arbitration*, vol. 16,2005.

〔240〕 Haubold, "Res Judicata: A Tale of Two Cities", *Global Arbitration Review*, vol. 2, July, 2007.

〔241〕 Reinisch, "The Use and Limits of Res Judicata and Lis Pendens as Procedural Tools to Avoid Conflicting Dispute Settlement Outcomes", *Law & Practice of International Courts & Tribunals*, vol. 3,2004.

〔242〕 Söderlund, "Lis Pendens, Res Judicata and the Issue of Parallel Judicial Proceedings", *Journal of International Arbitration*, vol. 22,2005.

〔243〕 Van den Berg, "Some Recent Problems in the Practice of Enforcement under the New York and ICSID Conventions", *ICSID Review-Forum of Investment Law Journal*, vol. 2,1987.

〔244〕 Barry, "Application of the Public Policy Exception to the Enforcement of Foreign Arbitral Awards under the New York Convention: A Modest Proposal", *Temple Law Quarterly*, vol. 51,1978.

〔245〕 Sanders, "A Twenty Years' Review of the Convention on the Recognition and Enforcement of Foreign Arbitral Awards", *International Law*, vol. 13,1979.

〔246〕 Victoria L. Hooper, "Avoiding the Trap of Res Judicata: A Practitioner's Guide to Litigating Multiple Employment Discrimination Claims in the Third Circuit", *Villance Law Review*, vol. 45,2000.

〔247〕 Gary H. Sampliner, "Enforcement of Nullified Foreign Arbitral Awards, Chromalloy Revisited", *Journal of International Commercial Arbitration*, vol. 14, no. 3, sept. 1997.

〔248〕 Neelanjan Maitra, "Domestic Court Intervention in International Arbitration:

The English View", *Journal of International Commercial Arbitration*, vol. 23, no. 3,2006.

〔249〕 R. Jason Richards, "Richards v. Jefferson County: The Supreme Court Stems The Crimson Tide of Res Judicata", *Santa Clara Law Review*, vol. 38,1998.

〔250〕 Brian Martin, "To What Extent Are Partnership Creditors More Than One Bite At The Same 'Apple?': TRPA Section 3. 05 And Its Interplay With Principles of Res Judicata, Collateral Estoppel, And Statutes of Limitation", *Baylor Law Review*, vol. 51,1999.

〔251〕 George A. Martinez, "The Res Judicata Effect of Bankruptcy Court Judgments: The Procedural And Constitutional Concerns", *Missouri Law Review*, vol. 62,1997.

〔252〕 Thomas H. Webster, "Functus Officio and Remand in International Arbitration", *ASA Bulletin*, vol. 27,2009.

〔253〕 Gabrielle Kaufmann-Kohler, "Arbitral Precedent: Dream, Necessity, or Excuse?", *Arbitration International*, vol. 23, no. 3,2007.

〔254〕 Michael Hwang, Andrew Chan, "Enforcement and Setting Aside of International Arbitral Awards: The Perspective of Common Law Countries", in Albert Jan van den Berg (ed.), *International Arbitration and National Courts: The Never Ending Story*, ICCA Congress Series, vol. 10,2001.

〔255〕 Robert D. A. Knutson, "The Interpretation of Arbitral Awards-When is a Final Award not Final?", *Journal of International Arbitration*, vol. 11,1994.

〔256〕 Paulsson, "May or Must under the New York Convention: An Exercise in Syntax and Lingusitics", *Arbitration International*, vol. 14,1998.

〔257〕 Pieter Sanders, "New York Convention on the Recognition and Enforcement of Foreign Arbitral Awards", *Netherland International Law Review*, vol. 6,1959.

〔258〕 Stefan Riegler, "The Award and the courts : Remission of the Case from the State Court to the Arbitral Tribunal", in Christian Klausegger, et al. (eds.), *Austrian Yearbook on International Arbitration*, 2012.

〔259〕 Alexis Mourre, "Is There a Life after the Award?", in Pierre Tercier (ed.), Post Award Issues, *ASA Special Series*, no. 38,2011.

〔260〕 Nathalie Voser, Anya George, "Revision of Arbitral Awards", in Pierre Tercier (ed.), Post Award Issues, *ASA Special Series*, no. 38,2011.

〔261〕 Louise Reilly, "Recent Developments in International Arbitration in Ireland and the United Kingdom", *Journal of International Arbitration*, vol. 33,2016.

（三）其他类

〔262〕 Pieter Sanders, *Enforcing Arbitral Awards under the New York Convention: Experience and Prospects*, UN No. 92 - 1 - 133609 - 0.

〔263〕 International Law Association, International Commercial Arbitration Committee, *Final Report on Lis Pendens and Arbitration*, para. 1. 8 (72d Conference, Toronto 2006).

〔264〕 Hanotiau, *The Res Judicata Effect of Arbitral Awards*, in ICC, Complex Arbitrations 43 (ICC Ct. Bull. Spec. Supp. 2003).

〔265〕 Lowenfeld, *Arbitration and Issue Preclusion: A View From America*, in

Arbitral Tribunals or State Courts: *Who Must Defer to Whom?* 55 (ASA Special Series No. 15 2001).

〔266〕 Veeder, Issue Estoppel, *Reasons for Awards and Transnational Arbitration*, in ICC, Complex Arbitrations 73 (ICC Ct. Bull. Spec. Supp. 2003).

〔267〕 http://www. uncitral. org/uncitral/zh/uncitral_texts/arbitration/NYConvention_status. html.

〔268〕 http://www. uncitral. org/uncitral/zh/uncitral_texts/arbitration/1985Model_arbitration_status. html.

〔269〕 https://www. fosfa. org/content/uploads/2018/03/FOSFA-Guide-to-Arbitrations-and-Appeals-April-2018. pdf.

〔270〕 https://treaties. un. org/pages/ViewDetails. aspx? src＝TREATY&mtdsg_no＝XXII-1&chapter＝22&lang＝en.

〔271〕 David Attanasio, "Controlling Chaos in Parallel Proceedings: A Report from the 30th Annual ITA Workshop", Kluwer Arbitration Blog, August 12 2018, http://arbitrationblog. kluwerarbitration. com/2018/08/12/controlling-chaos-in-parallel-proceedings-a-report-from-the-30th-annual-ita-workshop/.

〔272〕 https://www. hcch. net/en/instruments/conventions/status-table/? cid＝78.

〔273〕 Analytical compilation of comments by Governments and international organizations on the draft text of a Model Law on international commercial arbitration: report of the Secretary-General(A/CN. 9/263).

〔274〕 the International Law Association(ILA), *Recommendations on Res Judicata and Arbitration*, adopted at the 72nd ILA Conference in Toronto, 4 – 8 June 2006.

〔275〕 *Yearbook of the United Nations Commission on International Trade Law*(319th Meeting), Vol. 14, 1985.

〔276〕 Summary records for meetings on the UNCITRAL Model Law on international commercial arbitration(318th Meeting).

〔277〕 Analytical Commentary on the Draft Text of a Model Law on International Commercial Arbitration, report of the Secretary-General(A/CN. 9/264).

〔278〕 Yves Derains & Laurence Kiffer, *National Report for France* (2013), in Jan Paulsson & Lise Bosman (eds), *ICCA International Handbook on Commercial Arbitration*, Supplement No. 74, May 2013.

〔279〕 Commercial Court Users' Group, at https://www. judiciary. gov. uk/wp-content/uploads/2018/04/commercial-court-users-group-report. pdf.

〔280〕 UK Departmental Advisory Committee, "UK Departmental Advisory Committee on Arbitration Law 1996 Report on the Arbitration Bill", *Arbitration International* 13, 1997.

图书在版编目(CIP)数据

国际商事仲裁裁决效力研究/杨桦著. —上海：上海三联书店，2021.5
ISBN 978-7-5426-6833-2

Ⅰ.①国…　Ⅱ.①杨…　Ⅲ.①国际商事仲裁－仲裁裁决－法律效力－研究　Ⅳ.①D997.4

中国版本图书馆 CIP 数据核字(2019)第 248581 号

国际商事仲裁裁决效力研究

著　　者 / 杨　桦

责任编辑 / 宋寅悦
装帧设计 / 一本好书
监　　制 / 姚　军
责任校对 / 张大伟　王凌霄

出版发行 / 上海三联书店
　　　　　(200030)中国上海市漕溪北路 331 号 A 座 6 楼
邮购电话 / 021-22895540
印　　刷 / 上海惠敦印务科技有限公司

版　　次 / 2021 年 5 月第 1 版
印　　次 / 2021 年 5 月第 1 次印刷
开　　本 / 710×1000　1/16
字　　数 / 250 千字
印　　张 / 14
书　　号 / ISBN 978-7-5426-6833-2/D·436
定　　价 / 78.00 元

敬启读者，如发现本书有印装质量问题，请与印刷厂联系 021-63779028